JN232758

実践経済学

大塚 晴之 著

同文舘出版

はしがき

　本書は，大学などにおいて経済学をはじめて学ぶ学生や，公務員試験などの国家試験を目指す学生に対して，最低限必要な知識を最も短時間で獲得するためのテキストを提供することを意図して編集された。

　経済学のテキストとして，既に数多くの名著が存在する。研究者育成の観点から見れば従来のものでほとんど十分であろう。これに加えて，新たに本書を執筆するのは，筆者自身が，教育の現場にあって，入門学生に必要十分なテキストの必要性を強く感じていたことによる。実際，従来のテキストが初学者にとって冗長に過ぎたり，あまりにも専門的であったり，論点主義に過ぎていたり等で手頃なものが少ないという多くの学生の意見を耳にしてきた。

　本書では，できるだけこれ一冊で学習を完結することを意図して，基本的な概念から，練習問題の提示にいたるまで記述を配している。入門学生が取っつきやすいように，必要以上のことは記述していないし，厳密性に欠ける部分もあるが，初学者にとってはこれで十分なはずである。グラフを多用しているが，これを説明することができれば基礎力は十分である。（実際，国家Ⅱ種程度の試験なら，グラフの理解だけで解ける問題がかなりある。）学習を進める際，初めにグラフを理解し，次に数式を理解して，最後に練習問題に取り組むのがよいだろう。

　とかく，経済学は，数学的であるという理由で敬遠されがちである。しかし，大学卒業程度の経済学に必要な数学は限られており，経済学の学習において計算能力は二の次である。むしろ，理論構造のおもしろさを文学的に理解することの方が意義があるようにも思える。グラフを中心として，理論を理解しようと試みれば，自ずと数学的思考が身に付いてくるもので

ある。また，簡単な練習問題を行うことにより，数学に関する苦手意識は容易に払拭されるものと思う。

　本書の内容は，極めて一般的で包括的である。標準的な論点にはできるだけ触れることを心がけたので，国家試験等に対して十分対応できるものと思う。また，経済学の本質を理解する手がかりとなるよう，基本的概念について丁寧に論述したつもりである。本文中では，数学的に得られる結論の意味をしつこく記述によって再表現しているが，数学的な結論を記述的に説明でき，その含意を理解できて，はじめて経済学が理解できたといえるのである。このような意識での学習は，将来大学院等において上級の経済学の研究を志す学生にとっても十分有意義であると思う。紙幅の制約上，国家試験対策のための練習問題が不足している部分もあるが，これらについては，過去問等で補充すれば十分対応できるであろう。

　本書が，ミクロ，マクロのあらゆるコースのテキスト・参考書として利用され，多くの学生の経済学に対する関心を高める契機となれば望外の幸せである。

　本書作成の過程で，同文舘出版の秋谷克美氏には一方ならぬ労を執っていただいた。氏の暖かい励ましがなければ本書が世に送り出されることはなかったであろう。この場を借りて感謝申し上げたい。また，これまで，各方面で筆者の経済学の講義に参加し，有益なコメントをくれた多くの学生諸氏にも感謝したい。なお残る，不正確な記述，解りづらい点などについても学生との対話を通じて改善していきたいと考えている。

　平成14年1月

大　塚　晴　之

目　次

第Ⅰ部　ミクロ経済学編

第1章　家計の行動 —————————————————3
1　限界効用理論 …………………………………………3
2　無差別曲線分析 ………………………………………7
3　需要曲線と財の性質 …………………………………16
4　異時点間最適消費 ……………………………………27
5　最適労働供給 …………………………………………32

第2章　企業の行動 —————————————————36
1　最適要素投入 …………………………………………36
2　短期費用関数と短期供給曲線 ………………………44
3　長期供給曲線 …………………………………………51
4　要素需要曲線 …………………………………………55

第3章　市場均衡 ——————————————————58
1　市場均衡と解の安定性 ………………………………58
2　一般均衡 ………………………………………………67

第4章　独占と寡占 —————————————————74
1　供給独占 ………………………………………………74
2　複占 ……………………………………………………79

III

	3	ゲームの理論 ……………………………………… 83
	4	寡占 ……………………………………………… 86
	5	独占的競争 ……………………………………… 93
	6	差別独占 ………………………………………… 95
	7	需要独占 ………………………………………… 96

第5章　経済厚生 ──────────────────── 98
　　1　余剰分析 ………………………………………… 98
　　2　厚生命題 ………………………………………… 100

第6章　市場の失敗 ─────────────────── 105
　　1　独占 ……………………………………………… 105
　　2　外部性 …………………………………………… 106
　　3　費用逓減産業 …………………………………… 109
　　4　公共財 …………………………………………… 110

第7章　情報の経済学 ────────────────── 115
　　1　不確実性と保険 ………………………………… 115
　　2　通信的不確実性（情報の非対称性）………… 118

第8章　国際ミクロ経済学 ─────────────── 120
　　1　貿易パターンの決定 …………………………… 120
　　2　ヘクシャー＝オリーンの定理（要素賦存説）……… 123
　　3　貿易の利益と貿易政策 ………………………… 123

第Ⅰ部　練習問題 ──────────────────── 125

第Ⅱ部　マクロ経済学編

第9章　国民所得統計 —— 141
1　三面等価 …… 141
2　産業連関分析 …… 142

第10章　古典派マクロ経済モデル —— 145
1　総需要（貨幣数量説） …… 145
2　総供給 …… 146
3　総需要総供給均衡 …… 148
4　貸付資金説 …… 149

第11章　45度線分析 —— 151
1　有効需要の原理 …… 151
2　GNPの決定 …… 153
3　乗数 …… 155

第12章　消費関数 —— 160
1　ケインズ型消費関数 …… 160
2　消費関数論争 …… 162

第13章　投資関数 —— 164
1　ケインズ型投資関数 …… 164
2　新古典派投資関数論 …… 167
3　トービンのQ理論 …… 167

第14章　貨幣市場 —————————— 169
1　貨幣の定義と機能 …………………………… 169
2　貨幣供給 …………………………………… 170
3　貨幣需要 …………………………………… 171

第15章　IS-LM分析 —————————— 176
1　財市場均衡 ………………………………… 176
2　貨幣市場均衡 ……………………………… 179
3　マクロ均衡と安定性 ……………………… 181
4　政策効果 …………………………………… 182

第16章　労働市場分析 —————————— 192
1　ケインズの労働市場均衡 ………………… 192
2　固定価格モデル …………………………… 194

第17章　総需要総供給曲線分析 —————— 198
1　総需要（AD）曲線 ………………………… 198
2　総供給（AS）曲線 ………………………… 200
3　総需要総供給均衡と政策効果 …………… 201
4　インフレーション ………………………… 204

第18章　マネタリスト —————————— 206
1　フィリップス曲線 ………………………… 206
2　自然失業率仮説 …………………………… 208
3　新貨幣数量説 ……………………………… 210
4　マネタリストの政策命題 ………………… 211
5　合理的期待 ………………………………… 212

第19章　経済成長 ———————————————————216
    1　ハロッド＝ドーマーモデル ……………………………216
    2　新古典派成長モデル ……………………………………219

第20章　国際経済 ———————————————————222
    1　固定相場制 ………………………………………………222
    2　変動相場制 ………………………………………………227

第Ⅱ部　練習問題 ———————————————————231

付　録　マクロ経済学の歴史 ——————————————242

索　引 ————————————————————————245

第Ⅰ部 ミクロ経済学編

　経済学では，もののことを財という。財には，空気のようにいくらでも存在するものもあるが，一般にはその存在には限りがあり，これを資源の稀少性という。

　ミクロ経済学の目的は，この稀少な資源をどのように経済取引を行う人々（経済主体）に配分するのが望ましいかを明らかにすることを目的としている。これから本編では一貫してこれに関する議論を行うが，読者のほとんどは既にこの問題に関する議論を高等学校までに学んできている。需要・供給曲線というものを見たことがあるだろう。直感的に，価格が上がると消費量が減少し，生産量は増加すると考えられるので，横軸に生産量，縦軸に価格を取って，右下がりの需要曲線と，右上がりの供給曲線が描ける。しかし，読者は，この分析枠組みがよくわからないという印象を持っていたに違いない。それは当然で，説明が不十分なのである。実は，

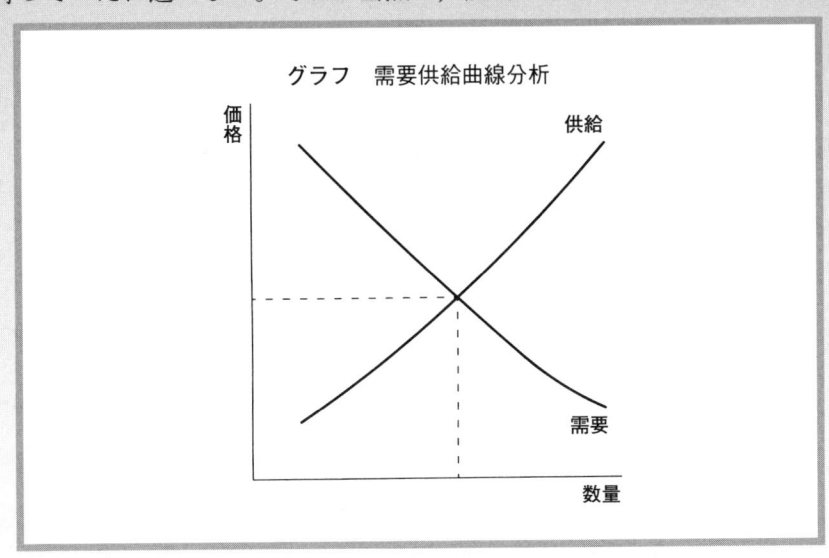

グラフ　需要供給曲線分析

需要曲線は，家計（消費主体）の，そして供給曲線は企業（生産主体）の最適な資源配分を実現しようとした結果なのである。読者は，本編において，まず，需要曲線の導出，供給曲線の導出，取引価格と数量の決定を中心に，家計，企業といった個別経済主体の行動を学習することになる。この議論の簡単な応用により，独占企業行動，公共財の供給，保険，国際経済取引等のより具体的な議論が可能になるであろう。

第1章 家計の行動

本章では，家計の需要行動について学ぶ。家計の行動基準は，所与の所得をもとに，できるだけ満足のゆく消費を行うことであるが，これを経済学的な分析用具を整備しつつ分析するというのが本章の目的である。本章の議論は，経済学のすべての分野における分析の基礎となる部分が多く含まれるので，最大の注意を払って学んでほしい。

1 限界効用理論

経済学の初期の発展は，アダム・スミスからリカードに至る**古典派**といわれる人々によって成し遂げられた。古典派経済学の時代には，経済現象は記述的に分析されるにとどまっていた。このような手法は感覚的にはわかりやすいが，論理的な整合性を保ちつつ議論をすることが極めて困難であるという難点がある。例えば，物価や利子率などといった分析対象が5個あったら，それらの関係を説明する記述は5つなければならない。数学的には5つ変数があれば5本の方程式がなければ解が得られないのは当然であるが，経済分析を記述的に行うときに，数学によって成し遂げられるような論理的な整合性を保った説明を実現するのは極めて困難であるといわざるを得ない。古典派経済学が科学として完成しなかった所以である。

科学的方法を早くから確立したのは物理学である。物理学が成功を収めた理由は，数学的手法とりわけ微分法を応用して物理現象を解明したことにある。これに触発されて，経済学においても，物理学に倣い数学的方法により経済現象を分析する試みがなされた。この経済学の近代的発展は，オーストリー学派の**メンガー**，ケンブリッジ学派の**ジェボンズ**，ローザン

ヌ学派の**ワルラス**らによってほぼ同時期に行われた**限界革命**といわれる理論的展開に始まった。彼らは，微分法を用いて限界概念を示し，これを利用することにより，資源の最適配分問題を初めて理論的に定式化した。これが**限界効用理論**である。本節ではこの議論を学ぼう。

(1) 効用関数と限界効用

　限界効用理論による家計の行動分析を見よう。

　家計は財の購入（消費）を行う経済主体であるが，限界効用理論では，各個人にとって重要なことは，ある経済活動の結果がもたらす満足の程度であると考える。この満足度を**効用**（*Utility*）という。また，効用は数値として測ることができ，足したり引いたりすることもできるものとする。一般にこれを**基数的効用**と呼ぶ。消費量と効用の間にはある一定の関係があると考えられるので，消費量をx，財を消費するときの効用をUとして，次のような関数を考えることができる。

$$U = U(x)$$

これは，Uがxの関数であるということを意味しており，効用関数と呼ばれる。財の消費量xを増すほど効用Uは大きくなる。

　効用は消費量を増すほど大きくなるが，消費量増大に伴う追加的な効用の増加幅は徐々に小さくなる。例えば，ポテトチップスを食べるとき，はじめのうちはとてもおいしく感じるが，食べる量を増やしていくとだんだん飽きてくることからもわかるであろう。追加的な効用の増分のことを**限界効用**（*Marginal Utility*）といい，限界効用が消費の増大に伴ってだんだん小さくなることを**限界効用逓減の法則**という。

　以上の関係をグラフに示そう。効用関数をグラフに示したものが効用曲線である。グラフに示すように単調に効用の追加的上昇幅が小さくなる（逓減的）線となるが，この形状を上に対して凸の形状という。限界効用は，ある消費量からのごく微小単位の消費増大から得られる効用の増分であるため，効用曲線の接線の傾きの大きさとなる。限界効用逓減の法則は，

グラフ1　効用関数

効用 U

MU'

x'　消費量 x

グラフ2　限界効用逓減の法則

限界効用 MU

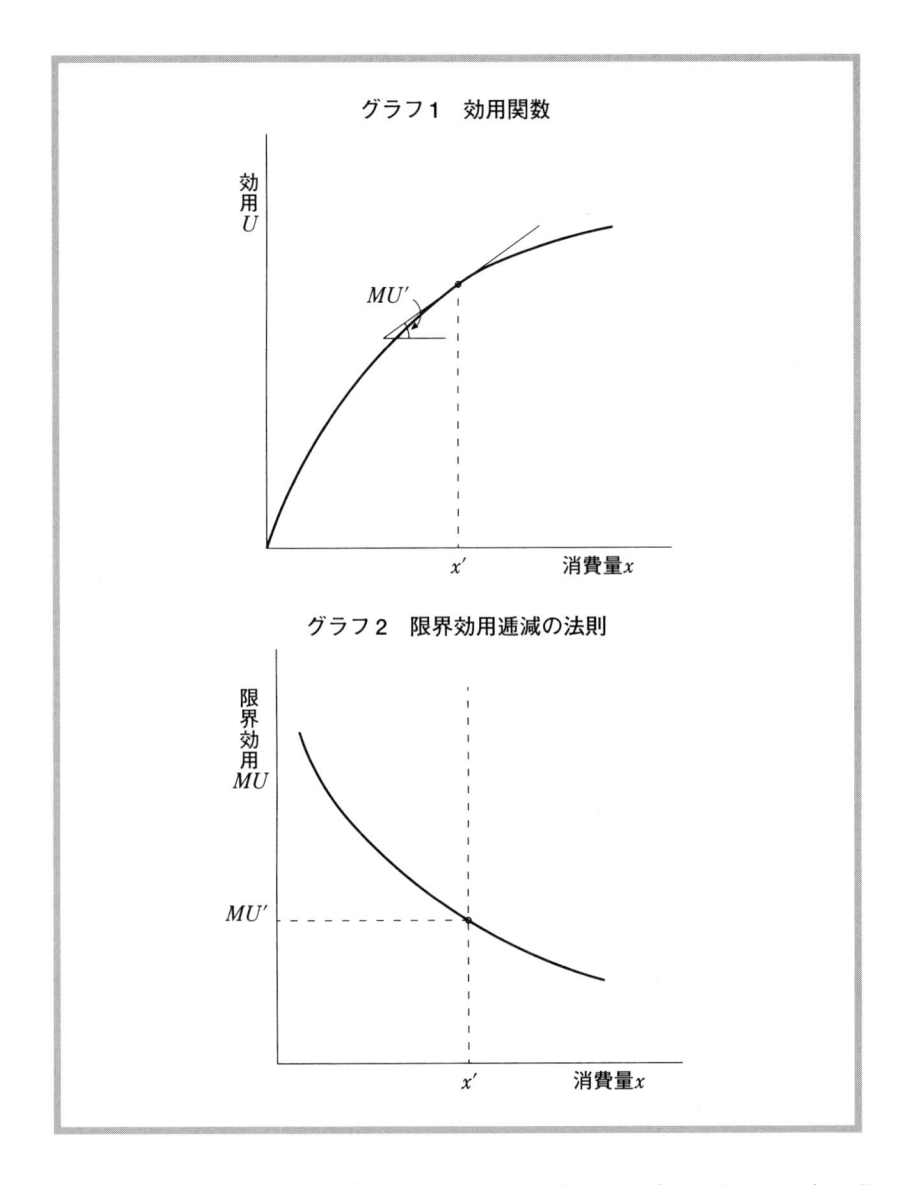

MU'

x'　消費量 x

接線の傾きが消費の増大に伴いだんだん小さくなることに現れており，限界効用と消費量の関係を示す限界効用曲線は右下りとなる。

第1章　家計の行動

(2) 限界効用と微分法

　消費を x, 効用を U としたときの限界効用は微分の記号で, dU/dx と表現される。d は微少量の変化を示し, x が微少単位 (dx) 変化するとき U が微小単位 (du) 変化することを示しており, 関数 U の微分値といわれる。また, 図形上は, 関数を表現する曲線の接線の傾きをその関数の微分値と見ることができる。一般に,

　　$Y = aX^b$　(a, b は定数)

に対して, その微分値は,

　　abX^{b-1}

である。

　$U(x)$ を x で二度微分したものは, $d(dU/dx)/dx$ と表現できるが, 一般に2次微分係数などと呼び, d^2U/dx^2 と表現する。ここの例では, 限界効用曲線の接線の傾きを示している。

　以上のことから, 効用関数の性質をまとめれば, 微分の記号を用いて,

$$\frac{dU}{dx} > 0$$

$$\frac{d^2U}{dx^2} < 0$$

と表現できる。

(2) 最適資源配分

　限界効用の分析用具を用いれば最適な消費配分問題を考えることができる。基本的なアイデアは次のようなものである。

　例えば, 100万円持っていて, リンゴとミカンを50万円ずつ消費している状況を考えてみよう。このとき, リンゴを追加的に1円消費する方がミカンを1円追加的に消費するより大きな追加的効用（限界効用）を実現するなら, ミカンの消費量を減らしてリンゴの消費量を増やすことにより効

用を増大させることができるであろう。この結果（限界効用逓減の法則より）リンゴの限界効用は減少，ミカンの限界効用は増大するので，効用増大を追求して消費行動を変化させていけば，やがて両財の1円当たり限界効用は等しくなるであろう。このように，ある所得をもとに複数の財を消費するとき，各財消費額の追加的1円当たりの追加的効用（加重限界効用）の大きさが均等するとき，最も効用が大きくなる。これを加重限界効用均等の法則という。

　第1財の価格をp_1，第2財の価格をp_2とし，第1財の限界効用をMU_1，第2財の限界効用をMU_2とする。それぞれの1円当たり限界効用をMU_i/p_iと表すことができるが，これより**加重限界効用均等の法則**は，

$$\frac{MU_1}{p_1} = \frac{MU_2}{p_2}$$

と表すことができる。

2　無差別曲線分析

　限界効用理論は，基数的効用を前提として構成されたが，効用を数値として計測可能であるとする前提はあまりにもきつい。効用が数値化できるなら，異なる個人の効用の比較ができることになるが，直感的にはこのようなことは不可能であろう。この理論問題を解決するため，効用は順序付け可能であるが測定不可能であるとする**序数的効用理論**と呼ばれる理論がパレートらによって展開された。各個人は，同一の効用を実現する財消費量の組合せは認識できるであろうから，そのような財消費量の組合せの比較を行うことにより，効用の順序付けをすることができるであろう。このような発想から，同一の効用を実現する財消費点の組合せである**無差別曲線**（*Indifferent Curve*）という分析枠組みが考え出された。もちろん，各個人は，高い効用を実現する無差別曲線上で消費を行いたいと考える。

　ここでは，無差別曲線を用いて，所与の予算をもとに行われる最適な消

グラフ3　無差別曲線

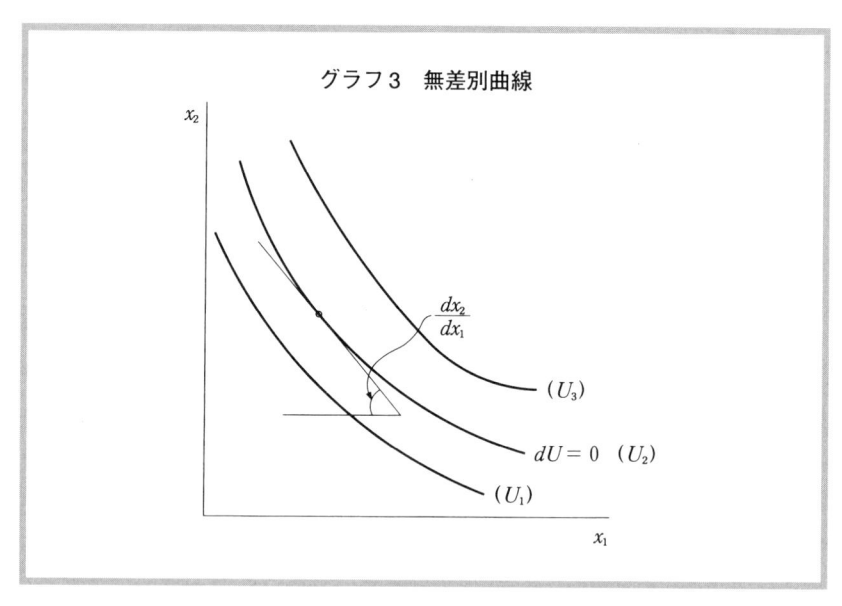

$$\frac{dx_2}{dx_1}$$

(U_3)
$dU = 0$ (U_2)
(U_1)

費計画を考える。

（1）無差別曲線

第2財を消費する消費者を考え，効用関数を次のように定義する。

$U = U(x_1, x_2)$

ここで，x_1は第1財の消費量，x_2は第2財の消費量，Uは効用水準である。（この効用水準は，順序付けは可能であるが，数値として表現することはできない。）また，第1財消費量が増えても第2財消費量が増えても効用は増大し，効用の追加的増大幅は消費量が増大するにつれて小さくなるものとする。(x_1, x_2)平面における任意の一点は，一つの効用水準に対応する。また，平面上のあらゆる一点は，何らかの効用水準に対応する。これらの点のうち，同一の効用を実現する点の軌跡を無差別曲線と定義する。グラフには，U_1，U_2，U_3という異なる効用水準に対応する無差別曲線が描かれている。

無差別曲線の代表的性質は，①右下がり，②右上のものほど高い効用，

③交わらない，④稠密に存在，⑤原点に対して凸　の5つである。それぞれの説明は次のようなものである。

①右下がり

　消費量を増すほど効用は増加する（不飽和の仮定）。また第1財消費による効用と第2財消費による効用とは交換可能である（代替性の仮定）。このため，ある任意の点から第1財消費を減じた場合，同じ効用水準を保つためには第2財消費が必ず上昇しなければならず，無差別曲線は右下がりとなる。

②右上のものほど高い効用

　いまグラフ4に示すように，U_1, U_2のような2本の無差別曲線があり，第1財消費において同量のa, a'の2点を考えよう。不飽和の仮定より，第2財消費の多いa'の方が高い効用水準に対応する。このため，右上方にある無差別曲線はより高い効用水準に対応する。

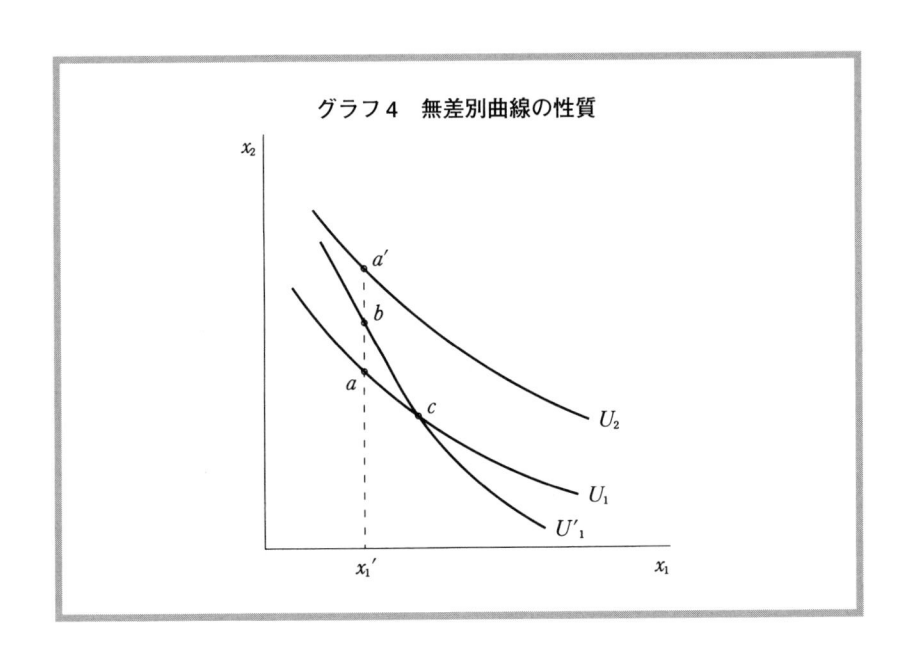

グラフ4　無差別曲線の性質

第1章　家計の行動

③交わらない

$a<b$, $b<c$なら$a<c$が成り立つといった論理関係が矛盾なく成立するとしよう(推移性の仮定)。いまグラフ4に示すように,U_1,U'_1のような2本の無差別曲線があり,互いに交わっていたとする。このとき,aとc,bとcはそれぞれ同一の無差別曲線上にあるため等しい効用を実現する。推移性の仮定からaとbが同一の効用を実現することになるが,それぞれ異なった無差別曲線上にあり,不飽和の仮定からbの効用の方が大きいため,論理的に矛盾している。したがって,無差別曲線が交わることはない。

④稠密に存在

不飽和の仮定から,ほんのわずかな消費量の変化に対しても効用の変化が発生するから,任意の第1財消費量において,異なるすべての第2財消費量に対して異なる無差別曲線が対応する。このため,無差別曲線は2次元平面上に密に存在する。

⑤原点に対して凸

ある財の消費量が相対的に小さくなると(稀少性が高まると),同一効用を実現するために代替させられるべき他財の消費量は大きくならなければならない(限界代替率逓減の法則)。このため,無差別曲線は原点に対して凸になる。

さて,無差別曲線の傾きは何を意味しているだろうか。これを知るために,無差別曲線の傾きの絶対値として**限界代替率**(*Marginal Rate of Substitution : MRS*)を定義しよう。これは,

$$\left(-\frac{dx_1}{dx_2}\right)_{dU=0}$$

と表現される。同一の効用をもたらす点の軌跡上で定義しているため,$dU=0$と添字が付されている。ある点において限界代替率を調べると,dx_1という消費減があったときにdx_2という消費増があれば$dU=0$が実現することがわかるのであり,限界代替率が消費者の主観的な財の交換比率,すなわち主観的価値評価を表していると見ることができる。また,マイナ

スの符号が付けられているが，これは，無差別曲線の傾き（dx_1/dx_2）がマイナスとなるため，プラスの値で表現するための工夫である。

例えば，リンゴ（第1財）とミカン（第2財）を消費する場合，ある消費の状態から，リンゴを1単位減少させたときミカンを2単位増やさなければ前と同一の効用が実現できないのであれば，限界代替率は2である。このとき，リンゴ1単位とミカン1単位では，リンゴの方が主観的に2倍の価値を持っているであろう。

（2）全微分と限界代替率の導出

一般に，関数$U(X, Y)$が存在したとき，Xのみの微小単位の変化がUに及ぼす影響を，$\partial U/\partial X$，Yのみの微小単位の変化がUに及ぼす影響を$\partial U/\partial Y$と表現し，偏微分係数と呼ぶ。（∂は微小変化を示し，ラウンドと読む。）これは，他の変数を定数として微分（偏微分）した値であり，$\partial U/\partial X$なら，Yを定数と見てUをXで微分した値である。

また，関数$U(X, Y)$が存在したとき，XとYが同時に変化したときUが受ける影響を

$$dU = \frac{\partial U}{\partial X} \cdot dX + \frac{\partial U}{\partial Y} \cdot dY$$

と表現できる。なぜなら，Xの微小変化がUに及ぼす影響が（$\partial U/\partial X$）なら，dXの大きさのXの変化がUに与える影響は（$\partial U/\partial X \cdot dX$）となるからである。一般に$U(X, Y)$からこのような形に変化させることを全微分するという。

さて，限界代替率は，同一の効用下での財の代替比率を示したものである。すなわち，第1財と第2財の消費量が変化して効用が一定である状況で定義されるため，効用関数を全微分した値がゼロとなる状況に対応している。

いま，前のように効用関数を

$$U = U(x_1, x_2)$$

として，これを全微分して財消費量変化の効用に及ぼす影響を考えると，同一の無差別曲線上では，

$$dU = \frac{\partial U}{\partial x_1} \cdot dx_1 + \frac{\partial U}{\partial x_2} \cdot dx_2 = 0$$

これより，

$$-\frac{dx_2}{dx_1} = \frac{\frac{\partial U}{\partial x_1}}{\frac{\partial U}{\partial x_2}}$$

となる。これが，限界代替率の公式である。先の無差別曲線の原点に対する凸性は，同一無差別曲線上で第1財消費量が増大するにつれて，$\partial U/\partial x_1$（第1財消費量1単位の効用に対する影響力）の値が小さくなり$\partial U/\partial x_2$（第2財消費量の効用に対する影響力）の値が大きくなることを意味している。このため，限界代替率の値は，第1財消費量が大きくなるにしたがって小さくなる。これが**限界代替率逓減の法則**の内容である。限界代替率の逓減は，限界代替率をx_1で微分しその値が負となること（グラフ5の傾きが負となること）を確かめればよい。限界代替率をMRSとすれば，限界代替率が逓減するとき

$$\frac{dMRS}{dx_1} < 0$$

が成り立つ。

（3）最適消費計画

　家計の目的は効用をできるだけ大きくするように消費量を選択することである。効用の最大化を追求するなら，上方に存在する無差別曲線上で消費を行えばよいことになり，制約がなければ際限なく消費量を増やせばよいことになる。しかし，それでは破産してしまう。家計には所得の制約があり，一般に予算制約に直面しているという。所得の制約の中で最も高い効用が実現できれば，それが最適な消費計画である。

いま，所得を m，財の消費量を x_1, x_2 とし，財の価格を p_1, p_2 とする。このとき所得いっぱいに消費するなら，**予算制約式**として次式が成立しなければならない。

$$m = p_1 x_1 + p_2 x_2$$

変形すれば，

$$x_2 = \frac{m}{p_2} - \frac{p_1}{p_2} \cdot x_1$$

となる。この一次方程式は，グラフ6に示すように，切片が (m/p_2) 傾きが $(-p_1/p_2)$ の直線として表現することができる。消費可能な財の組合せは三角形の内側であり，これを**購入可能領域**という。

消費者は購入可能領域から効用最大点を見つけだせばよい。グラフ上では，予算制約の範囲内で最も右上方にある無差別曲線を見つけることにより解を求めることができる。

効用最大消費点においては，予算線の傾きと無差別曲線の傾きが等しくなっており，限界代替率と価格比の均等が成立する。これが効用最大化の

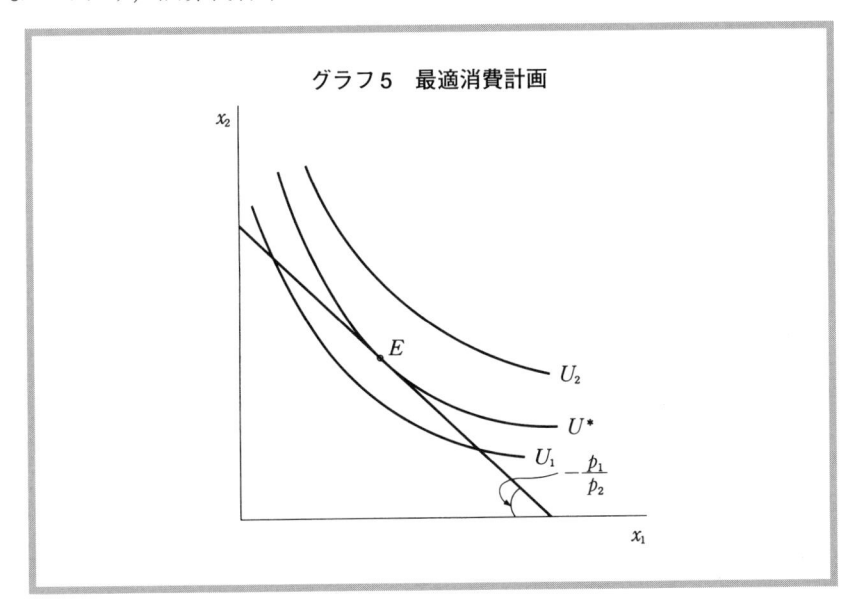

グラフ5　最適消費計画

ための均衡条件である。限界代替率と価格比が均等となり，なおかつ予算線上にある点は一つしかなく，これが最適消費計画である。数学的には，均衡条件式と予算制約式を連立させて解けば，最適消費計画が求まる。

限界代替率と価格比が均等するということは，財の主観的価値比較と，市場における財の価値比較が等しいということである。仮に，$MRS > p_1/p_2$なら，第1財については割安感，第2財については割高感が発生するため，第1財消費が増大し，第2財消費が減少して，MRSが低下する。このため，限界代替率と価格比の均等は消費量調整を通じて必ず実現する。このようにして実現する効用最大点は，主体がそれ以上の行動にでることはないため，**均衡点**とも呼ばれる。

ところで，無差別曲線は，財の性質により特別な形状となることがある。代表的なものは，両財が完全代替のケースと両財が完全補完のケースである。

完全代替とは，完全に代替的な財の関係のことである。財が完全に代替

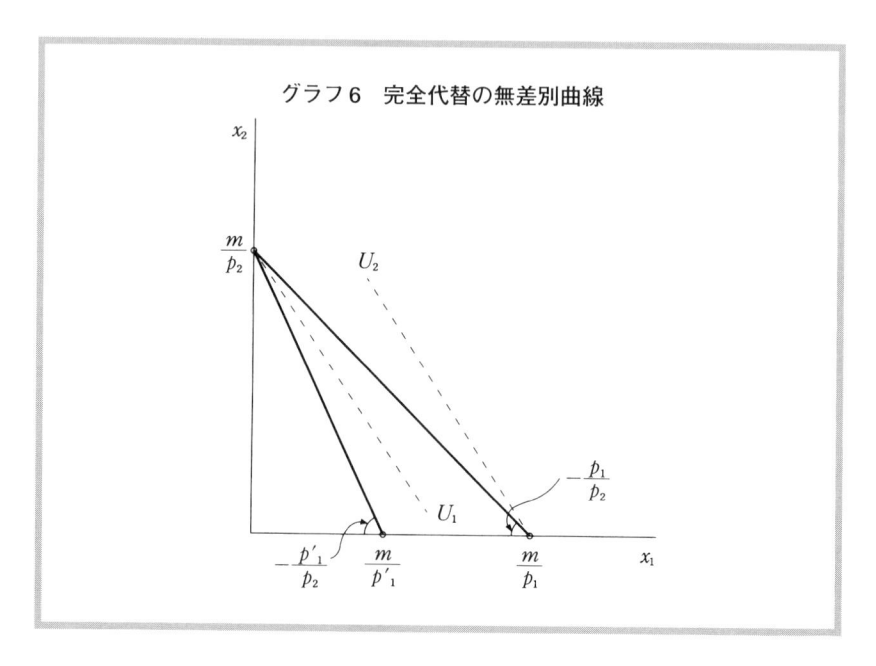

グラフ6 完全代替の無差別曲線

的かどうかは、形式的なものではなく、個人の心理的な条件によって決まる。ある人にとってはビールとウィスキーが完全に代替的であるかもしれない。この場合、消費量の大小に関わらず、財の交換比率は一定である。無差別曲線のすべての点で財の交換比率が一定であるなら、無差別曲線は直線（線形）となる。この場合、効用最大化問題を解くと、予算線の傾きにより、横軸あるいは縦軸上に端点解が現れる。すなわち、どちらかの財のみを消費することが最適となる。また、予算線の傾きと無差別曲線の傾きが等しければ、予算線と等しい解が現れる。この場合には、最適な財消費量の組合せは無数に存在することになる。このような結果が得られるのは、完全代替のケースで消費財の選択が価格の比較のみによって行われるためである。

一方、**完全補完**とは、財相互間に代替性が全くない関係のことである。例えば、ボルトを埋め込むために必ずナットが必要である場合、ボルト1つにナット1つが必要であるが、この場合ボルトとナットは完全に補完的である。ボルトが1本ならナットはいくつあっても、またナットが1つな

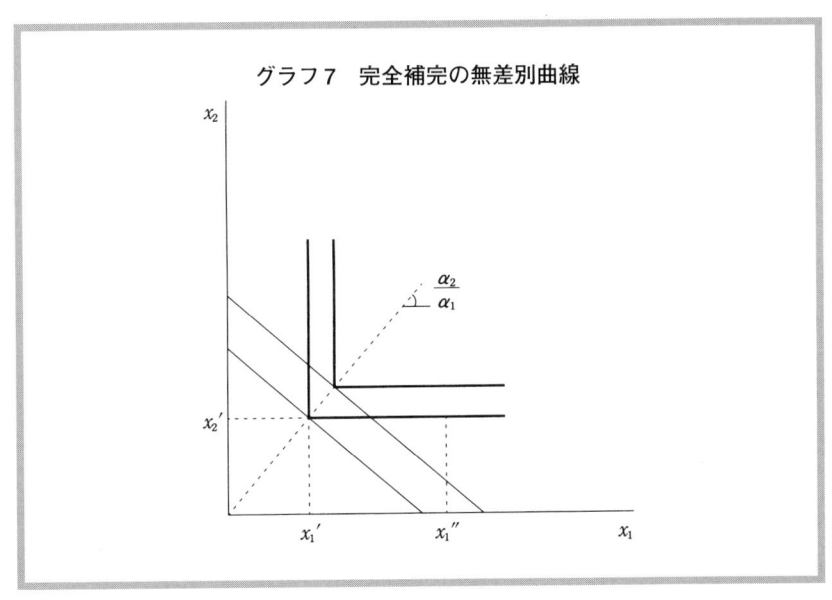

グラフ7　完全補完の無差別曲線

らボルトが何本あっても,ボルト1本とナット1本の実現する効用と同じである。このため無差別曲線は直角となる。第1財消費量が変化しても第2財との代替性がないので無差別曲線は右下がりにならないのである。最適消費計画は無差別曲線のコーナー上の点となる。コーナーの軌跡によりできる直線の傾きをa_2/a_1とすれば,完全補完の効用関数は次のように表記される。

$$U = min\left(\frac{x_1}{a_1}, \frac{x_2}{a_2}\right)$$

3 需要曲線と財の性質

　最適な消費計画は予算制約のもとでの効用の最大化によって求められる。このため,効用関数が変化して無差別曲線の形状が変化するか,所得や財価格の変化により予算制約式が変化すれば,最適な消費計画も変化することになる。ここでは,所得と価格の変化に伴う最適な消費計画の変化について見てみよう。

　価格変化に伴う需要量変化を示したものは一般に需要曲線と呼ばれるが,これは,価格変化に伴う効用最大化問題の結果として導くことができるであろう。また,需要曲線の形は財の性質によって変化するであろう。

　本節では,財の性質と需要曲線の形状を中心に分析を行う。

(1) 所得・価格変化と最適消費計画

　所得変化の最適消費計画に与える効果を考えよう。所得が上昇すると,予算制約線が上方に平行シフトする。所得変化に伴って変化する均衡点の軌跡を**所得消費曲線**という。直感的には,所得の上昇に伴い財の消費量が増大するものと考えられる。限界効用理論では,限界効用は常に正であるから,そのように考えても不自然ではないように思われる。しかし,無差別曲線分析では,複数の財の消費を考えているため,所得の変化が財消費

に与える影響は一義的ではない。例えば，ディスカウントストアの背広とブランド物の背広を組み合わせて買う人を考えた場合，金持ちになるとディスカウントストアの背広の消費量を減らす可能性もあるであろう。このように代替財を考えることにより，所得増加がある財の消費量を減少させる可能性が生まれるのである。

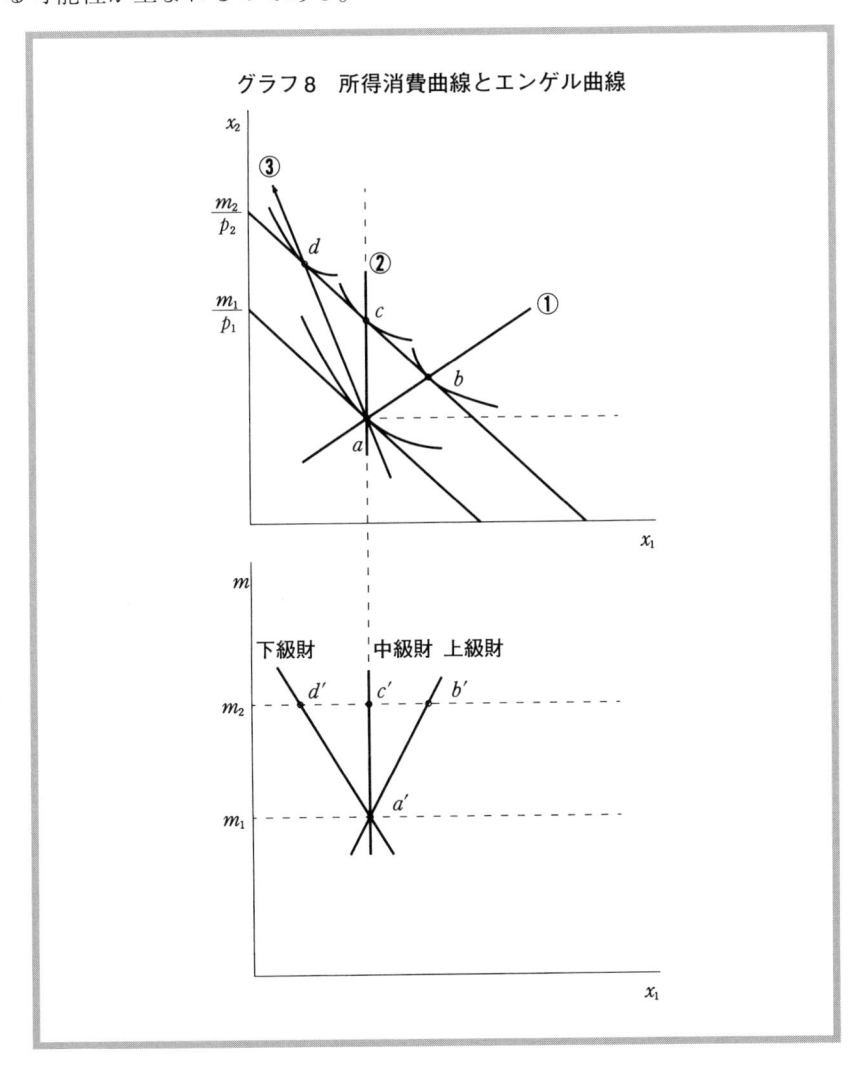

グラフ8　所得消費曲線とエンゲル曲線

グラフ8に示すように，所得消費曲線が，①右上がり，②垂直，③右下がり　となるケースが考えられるが，第1財は，①のケースでは所得の増加とともに消費量が増加するため**上級財**（正常財），②のケースでは所得の変化と消費量に関係がないため**中級財**，③のケースでは所得が増加したときにはもはやそのような財の消費は行われないため**下級財**であるといわれる。

　所得と財消費量との関係を示したものを**エンゲル曲線**という。

　消費量 x が需要関数で与えられるとき，所得 m で微分することにより財の性質が容易に判定できる。すなわち，

上級財なら　$dx/dm > 0$
中級財なら　$dx/dm = 0$
下級財なら　$dx/dm < 0$
（m：所得，x：消費量）

　次に価格変化の最適消費計画に与える効果について考えよう。第1財の価格が変化した場合，予算線の傾きのみが変化する。グラフ9は第1財価格が低下した場合について，均衡点が E_1 から E_3 に変化する様子を描いている。このような価格変化に伴って変化する均衡点の軌跡を価格消費曲線という。この均衡点の変化を分析する方法としてスルーツキーによるものとヒックスによるものがある。ここではヒックス分解と呼ばれる分析を説明しよう。

　ヒックス分解では，価格変化の効果を，代替効果と所得効果に分けて考える。**代替効果**とは，価格比の変化に伴って，より安くなった財をより好んで，財の主観的な評価である限界代替率と客観的評価である価格比を等しくさせる変化である。第1財価格が低下するケースでは第1財がより好まれるようになり，第1財消費量に対しては必ずプラスの効果が働く。一方，**所得効果**とは，例えば第1財価格が低下したときには，実質的に購入可能領域が広がり，あたかも所得が増えたかのような状態になるため，消費量が変化する効果をいう。前述のように上（下）級財なら所得効果の消

グラフ9　ヒックス分解

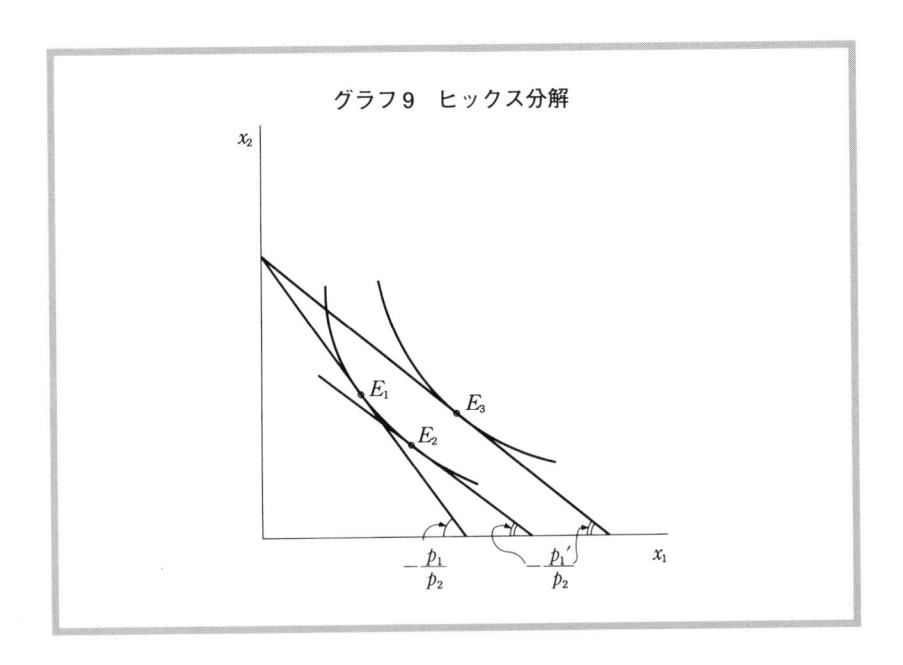

費量に及ぼす影響はプラス（マイナス），中級材なら所得効果による消費量変化はない。グラフは第1財が上級財であるケースについて描いたもので，代替効果で，価格比と限界代替率が等しくなるところE_2まで消費点が変化し，所得効果でさらに右上方E_3までシフトしている。

第1財価格が低下するときの価格消費曲線の形状は，第1財が上級財であれば緩やかな傾きを持つが，下級財では急な傾きを持ち，場合によっては負の傾きとなることもある。

（2）需要曲線の導出

価格の変化に伴って，その需要量の変化がどうなるのかを調べれば，**需要曲線**を導出することができる。グラフ10では，第1財が上級財であり価格が低下した場合の均衡点シフトの様子が上側に描かれており，この状況を価格・消費量平面に移し直した需要曲線が下側に描かれている。

需要曲線は，右上がりになることがある。**ギッフェン財**のケースである。

第1章　家計の行動　19

グラフ10 需要曲線の導出

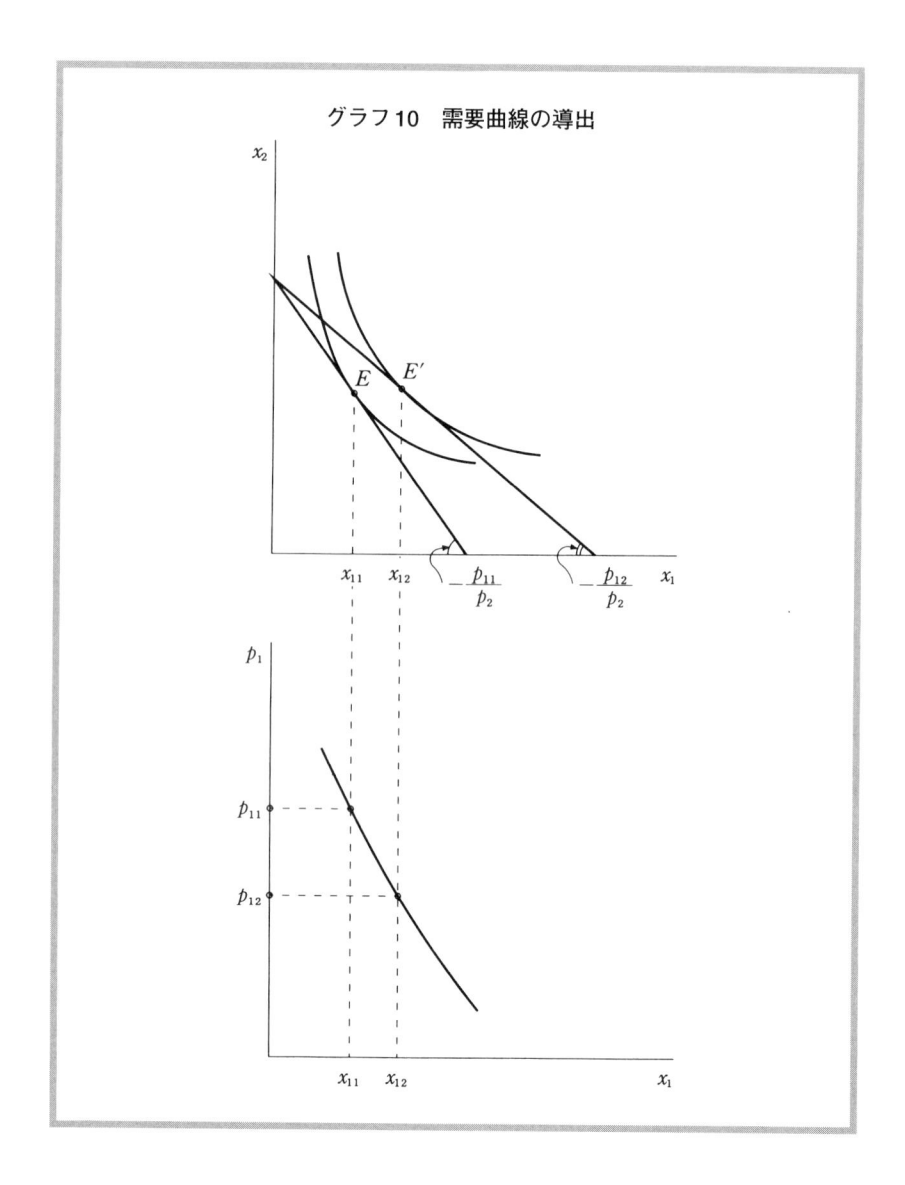

ギッフェン財とは，価格が低下（上昇）したときにその需要量が減少（増加）するような財である。価格が低下するとき，代替効果では必ず財消費量は増加する。このため，価格が低下して需要量が低下するためには，所

得効果がマイナスでなければならないので，ギッフェン財は下級財である。また，価格が低下したとき，結果として需要量が減少するためには，代替効果を所得効果が上回らなければならない。

　ギッフェン財では，価格が低下すると，代替効果により消費量が増加するが，実質所得増に伴う所得効果により，その消費量は減少し，結果とし

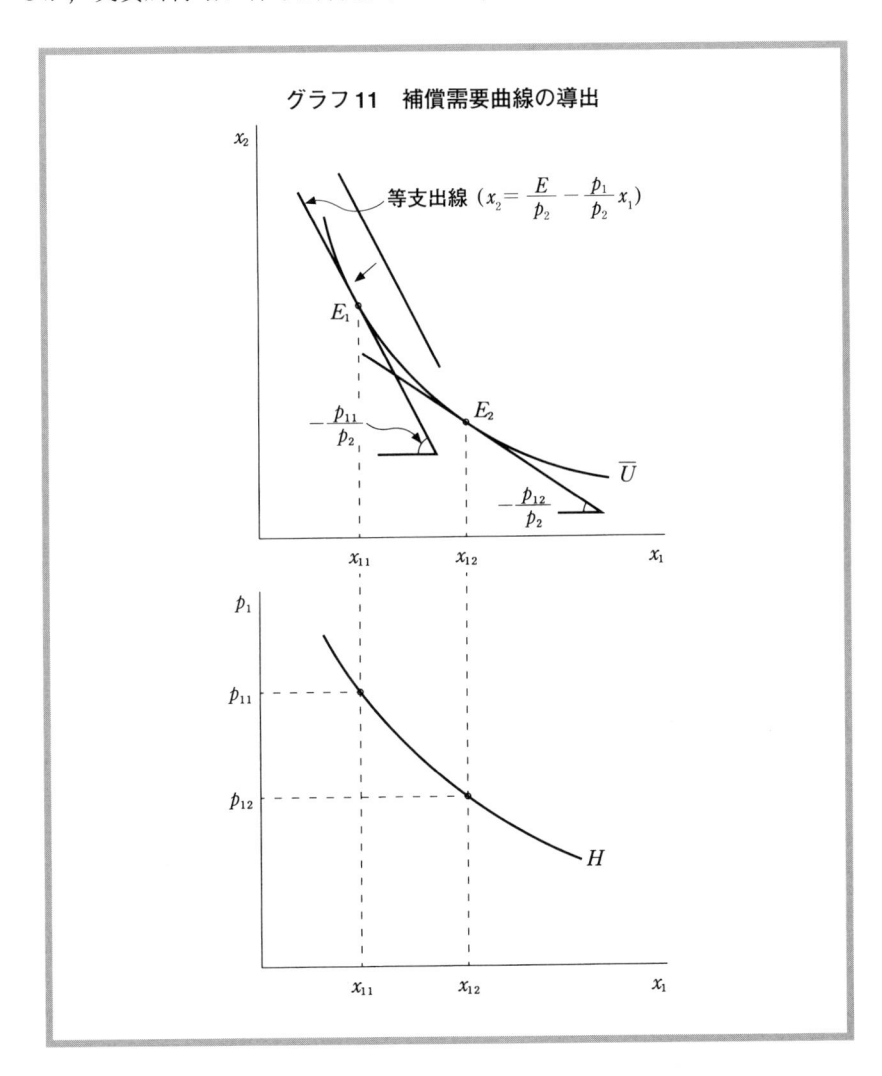

グラフ11　補償需要曲線の導出

等支出線 $\left(x_2 = \dfrac{E}{p_2} - \dfrac{p_1}{p_2}x_1\right)$

て，当初消費量を価格低下後消費量が下回るというパラドキシカルな現象が起こるのである。

（3）補償需要曲線の導出

通常の需要曲線は，**マーシャルの需要曲線**ともいわれるが，これとは別に**ヒックスの需要曲線**または**補償需要曲線**と呼ばれるものがある。これは，価格が変化したとき，価格変化前と満足度を同じにするための消費量の組合せがどのように変化するかを見たものである。補償需要曲線は，効用が一定という条件の下で（すなわち一本の無差別曲線上で），価格が変化したときの最適な需要量の変化を示したものである。この場合には，最も少ない支出で一定の効用を実現することが望ましいと考えられるので，均衡は，次式を解くことにより求めることができる。

　　最小化　　$E = p_1 x_1 + p_2 x_2$
　　制約条件　$U = U(x_1, x_2)$

ただし，ここで，効用 U は定数，支出 E は変数である。無差別曲線を一定として，所与の価格比において消費の支出を最小化する点では，常に価格比と限界代替率が等しくなる。無差別曲線が右下がりであることから，補償需要曲線は，常に右下がりとなる。

（4）間接効用関数と支出関数

予算制約下の効用最大化問題を解いた場合，最大効用を実現する消費の組合せ (x_1^*, x_2^*) が得られるが，この消費により実現する効用水準を，各財の価格と所得の関数として表現したものを**間接効用関数**という。すなわち，

　　$U = U(x_1^*, x_2^*)$

となる。例えば，効用関数が

　　$U = x_1 \cdot x_2$

であるとき，効用最大を実現する消費の組合せが

$(x_1^*, x_2^*) = (10, 20)$

と数値で求まっている場合には（一般的には関数で与えられる），間接効用は，

$U = 10 \cdot 20 = 200$

となる。

　一方，支出最小化問題の解として得られた消費量の組合せにより実現する支出最小の支出を，各財の所得と価格の関数として表現したものを**支出関数**（E）という。数学的には，

$E = p_1 x_1^* + p_2 x_2^*$

となる。いま，価格が

$(p_1, p_2) = (1, 1)$

で，支出最小消費が

$(x_1^*, x_2^*) = (10, 20)$

と具体的な数値で求まっているなら（一般的には関数で与えられる），支出関数は，

$E = 10 + 20 = 30$

である。

（5）弾力性と家計の支出

　所得1％の変化に対して，需要が何％変化するかを表す方法として**需要の所得弾力性**（ε_m）がある。所得をm消費量をxとし，その変化分をΔで表せば，

$$\varepsilon_m = \frac{\frac{\Delta x}{x}}{\frac{\Delta m}{m}} \doteqdot \frac{dx}{dm}\frac{m}{x}$$

となる。（Δの微少量をdとみなしている。）弾力性の値と財の性質には密接な関係があり，マイナスなら下級財，0なら中級財，0より大きければ上級財であり，弾力性値が大きいほど贅沢品（奢侈財）である。

これに対し，価格1％の変化に対して需要が何％変化するかを表したものが**需要の価格弾力性**（ε_p）である。財の価格をpとすれば，

$$\varepsilon_p = -\frac{\frac{\Delta x}{x}}{\frac{\Delta p}{p}} \fallingdotseq -\frac{dx}{dp}\frac{p}{x}$$

となる。ここでマイナスの符号となっているのは，絶対値で示すためである。需要の価格弾力性の値は需要曲線上の各点において異なる。例えば，グラフ12のように需要曲線が右下がりの直線のとき，接線の傾きはどの点でも同じでありdx/dpの値は一定であるが，p/xの値はxが大きくなるにつれて小さくなる。このため，需要の価格弾力性は需要曲線の各点で異なるのである。（グラフ上では，bよりaの価格弾力性の方が大きい。）

　ただし，需要曲線が直角双曲線のときのみ需要の価格弾力性は需要曲線上のどの点でも同一となる。なぜなら，直角双曲線は，反比例の式，

　　$px = k$　（kは定数）

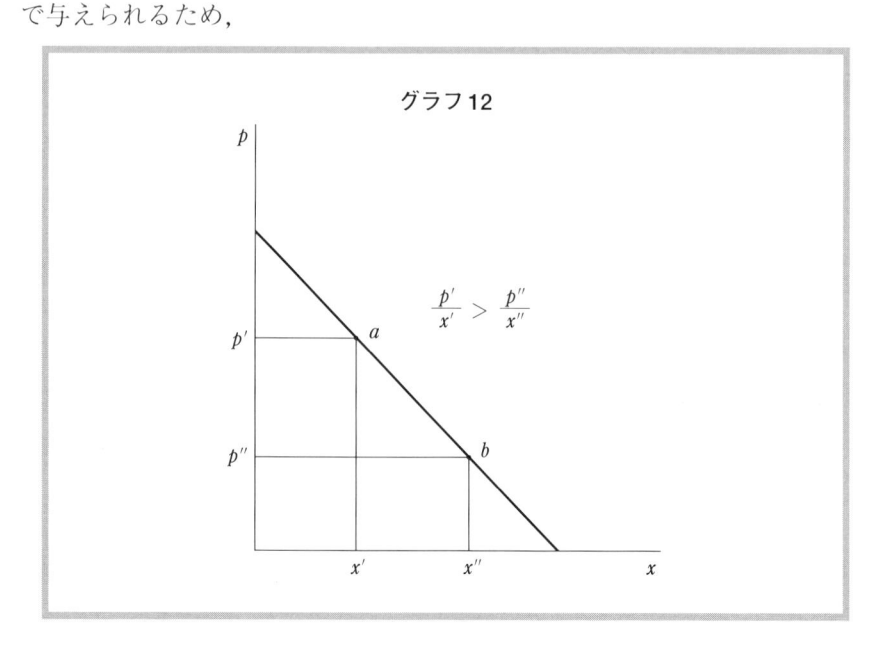

で与えられるため，

グラフ12

$$\frac{p'}{x'} > \frac{p''}{x''}$$

$$p = \frac{k}{x}$$

これをxでわると，

$$\frac{p}{x} = \frac{k}{x^2}$$

一方，xで微分すると

$$\frac{dp}{dx} = -\frac{k}{x^2}$$

となるからである。これらより，需要の価格弾力性は，

$$-\frac{dp}{dx} \cdot \frac{x}{p} = -\left(-\frac{k}{x^2}\right) \cdot \left(\frac{x^2}{k}\right) = 1$$

となるのである。

　また，生活必需財は，価格に関わらず必要とされる財であるから，需要の価格弾力性は小さな値となる。極端なケースは，需要曲線が垂直なケースで，($dp/dx = -\infty$ すなわち $dx/dp = 0$ なので) 需要の価格弾力性はゼロである。

（6）スルーツキー方程式と連関財

　ヒックスは価格変化の効果をヒックス分解によって示したが，これと異なった方法でスルーツキーは，財の需要量が，当該財の価格とともに，関連する他の消費財（連関財）の価格にも影響を受けることを示した。これが**スルーツキー方程式**である。

　いま，スルーツキーに従い，第2財が存在し，第1財価格の変化が第2財需要量に与える影響を表現してみよう。

$$\frac{\partial x_2}{\partial p_1} = \left(\frac{\partial x_2}{\partial p_1}\right)_{dU=0} - x_1 \frac{\partial x_2}{\partial m}$$

ここで，所得はm，財価格はp_i，財需要量はx_iである。

　右辺第1項は，効用水準一定のもとで，第1財価格が変化したとき第2

財がどれだけ好まれるようになったか（代替効果）を示しており，**代替項**と呼ばれる。添え字の$dU=0$は，効用一定のもとという条件が示されている。3財以上の関係を見るときには，財相互の関係により代替項は，正の値も負の値もとりうる。例えば，コーヒーとクリープとジュースの3財において，コーヒーの価格が上がると，クリープの需要量が減るので，コーヒー価格とクリープ需要量の関係で見た代替項は負となる。この場合には，コーヒーの代替財であるジュースの需要量が増加することにより，効用を一定に保つことができる。（しかし，第2財のみの消費を考えたときには，効用一定の仮定の下で，第1財価格が上がれば第1財消費量が減るので，第2財消費量は増加しなければならず，代替項は必ず正となる。）

右辺第2項は，第1財の価格変化に伴う実質的所得変化が，第2財の需要量をどれだけ変化させるか（所得効果）が示されており，**所得項**と呼ばれる。この項は次のように考えれば理解できる。例えば，第1財の価格が1円だけ上がったとすれば，それに伴って（1円×x_1）だけの支出の増加が発生する。所得額に変化がなければ，その分第2財の消費に振り向けることができる予算が減る。予算1単位の変化が第2財需要量に及ぼす影響は（$\partial x_2/\partial m$）であり，第1財価格1円の上昇がもたらす予算額変化が（$-x_1$）であるから，第1財価格の上昇が，第2財購入予算額変化を通じて，第2財消費量に及ぼす効果は（$-x_1 \partial x_2/\partial m$）となるのである。

連関財（相互に関係し合う財）の価格変化と需要量変化の関係により，財の性質を次のように定めることができる。

①粗代替財

　所得一定のもとで，第1財価格が上昇したとき，第2財の需要量が増加するとき，第2財は第1財の粗代替財である。

②粗補完財

　所得一定のもとで，第1財価格が上昇したとき，第2財の需要量が減少するとき，第2財は第1財の粗補完財である。

③代替財

効用一定のもとで，第1財価格が上昇したとき，第2財の需要量が増加するとき，第2財は第1財の代替財である。

④補完財

効用一定のもとで，第1財価格が上昇したとき，第2財の需要量が減少するとき，第2財は第1財の補完財である。

第1財の価格が1パーセント変化したとき，第2財の需要量が何パーセント変化するかをはかったものを，**需要の交差弾力性**（ε_{12}）という。数式では，

$$\varepsilon_{12} = \frac{dx_1}{dp_2} \cdot \frac{p_2}{x_1}$$

となる。この値が正なら粗代替財，負なら粗補完財ということになる。

4 異時点間最適消費

これまでの議論では，家計の消費は1期間で完結していた。しかし，実際の経済には金融機関が存在し，家計は，多期間にわたり稼得する所得をもとに，貯蓄や借り入れを行いながら消費パターンを決定する。このような多期間にわたる消費計画を，**異時点間消費計画**という。家計の消費計画が長期に拡張されても，予算制約下で効用最大化をするという家計の目的に何ら変化はない。そこで，家計が異時点間でどのように消費配分を決定するのかを，無差別曲線分析を応用することにより明らかにしよう。

（1）予算制約

今年と来年の2期間にわたって所得が発生する家計を考えよう。予算としては，この2年の所得額の合計を考えるわけであるが，利子が発生する経済において，現在時点で予算額を考える場合，2期間の所得を単に合計しても正確な予算額評価とはいえない。このことは，利子率が10％で今年と来年にともに100万円の収入がある場合を考えればわかる。この経済

では，100万円を1年おけば利子が10万円ついて110万円となる。ということは，来年110万円もらうことと今年100万円もらうことは同一の価値を持つ。同じことであるが，金利をrとすれば，来年のA円は今年の$A/(1+r)$円と同一の価値である。$A/(1+r)$円を一年運用すれば$A/(1+r)\cdot(1+r)=A$円を得ることができる。）つまり，来期の取得金額を現在において評価するためには，金利を用いて割り引く必要がある。これを**割引現在価値**という。予算を考える際にも，この割引現在価値で評価しなければならないであろう。

いま，今期y_1来期y_2の所得がある家計を想定する。利子率をrとすれば，来期のy_2円の現在における評価（割引現在価値）は$y_2/(1+r)$円と考えることができる。これより，2期間の所得合計の割引現在価値は，

$$y_1+\frac{y_2}{1+r}$$

と考えることができる。この所得を，今期消費C_1と来期消費C_2に振り向けるわけであるが，同様にして2期間の消費合計の割引現在価値を，

$$C_1+\frac{C_2}{1+r}$$

と考えることができるので，予算制約式は，

$$y_1+\frac{y_2}{1+r}=C_1+\frac{C_2}{1+r}$$

すなわち，

$$C_2=y_1(1+r)+y_2-(1+r)C_2$$

と表すことができる。これより，傾きが$-(1+r)$，切片が$y_1(1+r)+y_2$の直線として表される予算制約線を得る。予算制約線によって囲まれる三角形は，選択可能な今期消費と来期消費の組合せを示している。

（2）**無差別曲線と最適消費選択**

2期の消費に直面する家計の効用関数は，

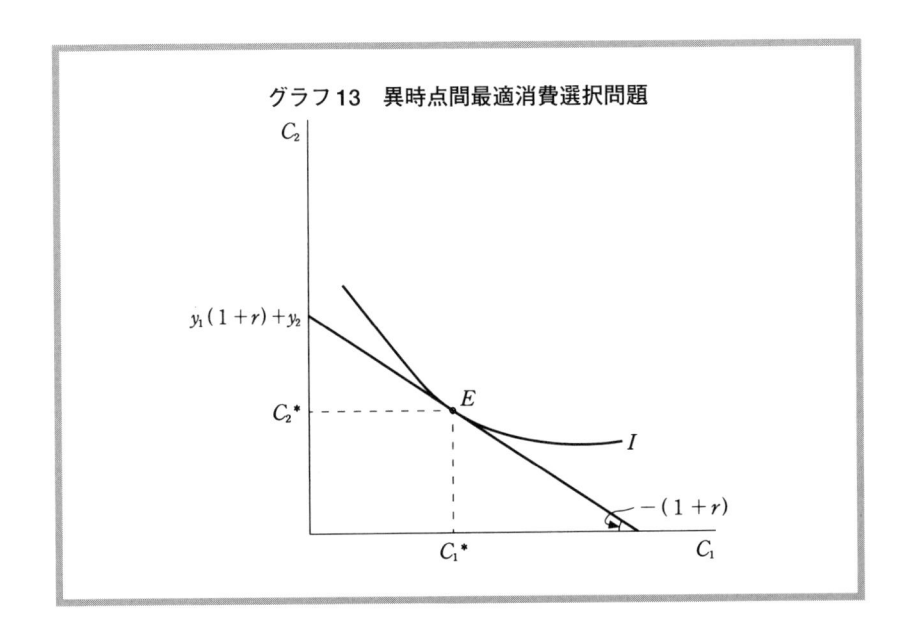

グラフ13 異時点間最適消費選択問題

縦軸 C_2、横軸 C_1。切片 $y_1(1+r)+y_2$、均衡点 E(C_1^*, C_2^*)、無差別曲線 I、予算線の傾き $-(1+r)$。

$$U = U(C_1, C_2)$$

と表すことができる。C_1, C_2 を通常の財の消費額と同一視することに何の問題もないので、原点に対して凸の無差別曲線群を想定することができる。家計の解くべき問題は、

　　最大化　　$U = U(C_1, C_2)$

　　制約条件　$y_1 + \dfrac{y_2}{1+r} = C_1 + \dfrac{C_2}{1+r}$

であり、グラフによって均衡点を求めればグラフ13のE点のようになる。均衡にあっては、予算線の傾きが無差別曲線の傾きと等しくなる。すなわち、

$$-\frac{dC_2}{dC_1} = 1 + r$$

が均衡条件である。

均衡条件式の左辺に示される2期の消費の無差別曲線の傾きの絶対値

第1章　家計の行動　29

は，**異時点間限界代替率**と呼ばれる。異時点間限界代替率は，同一の効用（一本の無差別曲線）のもとでの今期の消費と来期の消費の交換比率，すなわち主観的価値評価を表していると考えられる。例えば，今期消費を1万円減少させたとき来期消費を1万1千円増加させれば同一の効用を維持できるとすれば，異時点間限界代替率は，

$$-\frac{dC_2}{dC_1} = -\frac{(+1.1)}{(-1)} = 1.1$$

である。異時点間限界代替率は，通常の限界代替率と同様に計算することができる。したがって，公式は，

$$-\frac{dC_2}{dC_1} = \frac{\frac{\partial U}{\partial C_1}}{\frac{\partial U}{\partial C_2}}$$

である。

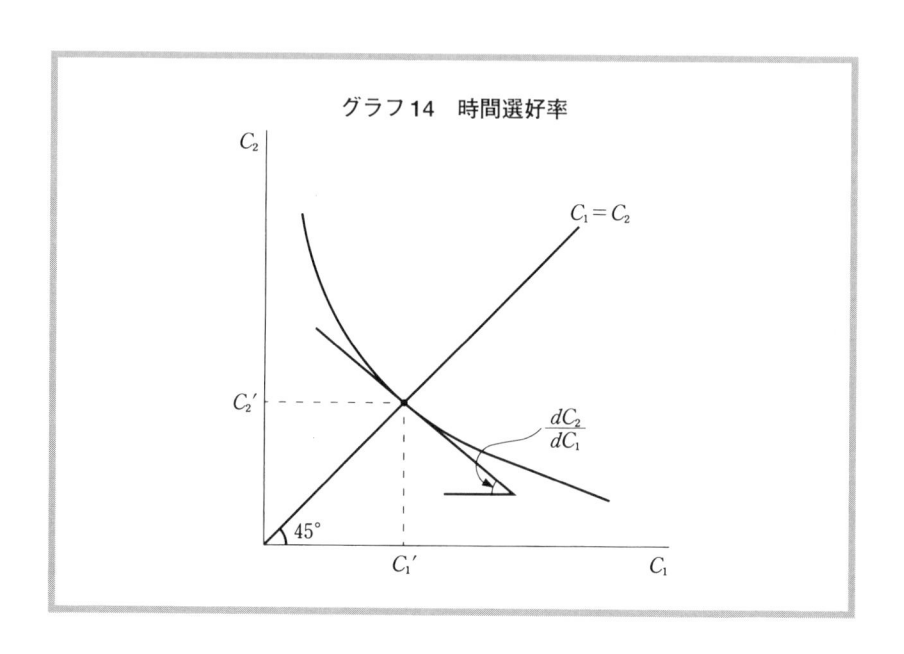

グラフ14　時間選好率

グラフ15　借入家計と貯蓄家計

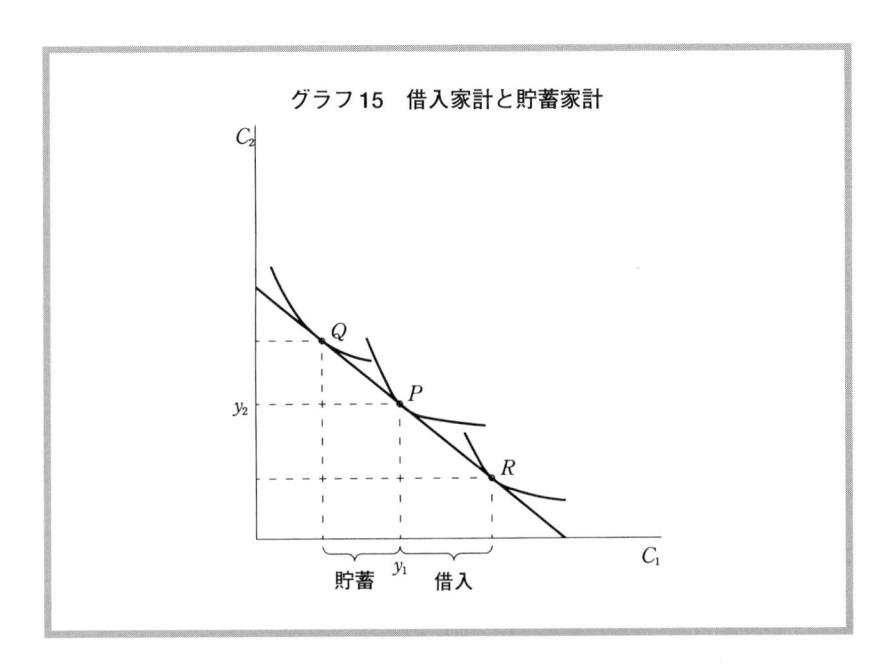

　さて，今期消費と来期消費の価値を比較するためには，$C_1 = C_2$の点において一方の消費を減少させた場合，他方の消費をどれくらい増加させることにより同一の効用が保たれるか，すなわち限界代替率を考えればよい。現在消費と将来消費を無差別と考えるときには，限界代替率は1，現在消費の方が価値が高いと考えれば1より大，逆なら1より小ということになる。現在の消費に比べて将来の消費がどのくらい好まれているかを表すために，**時間選好率**という概念が用いられる。時間選好率は，一般に，

　　（$C_1 = C_2$時の）限界代替率－1＝時間選好率

と定義する。現在消費と将来消費の額が同一であるという条件で現在消費と将来消費の交換比率を考えなければ，純粋に時間的要素のみが選好に与える効果を見ることができない。このため，ここでいう限界代替率は$C_1 = C_2$のときの無差別曲線の接線の傾きの絶対値ではかられる。今期の100万円と来期の120万円がちょうど等しい値であると評価する個人の異時点間限界代替率は1.2であり，時間選好率は0.2である。時間選好率が0

第1章　家計の行動

より大きければ時間選好が存在するという。また，先の結論から，均衡では限界代替率が1＋利子率に等しいので，時間選好率は利子率に等しい。これは，今期消費と来期消費の主観的な価値比較と市場の価値比較（利子率）が一致しなければならないことを示している。実際，時間選好率を利子率が上回れば，預金が増加する結果，今期消費が減少するが，これは，無差別曲線上のより限界代替率の高い点への移動を意味しており，結果として時間選好率と利子率は必ず均等する（逆は逆）であろう。

ところで，家計は，購入可能領域において消費パターンを決定するのであるから，$C_1 = y_1$かつ$C_2 = y_2$とならない限り，貯蓄を行うか借り入れを行うかのいずれかである。グラフ15に示すように，均衡がRであれば今期消費が今期所得を上回るので借り入れ家計となり，均衡がQなら逆に貯蓄家計となる。

5　最適労働供給

経済において家計は，生産要素である労働を提供し，その対価である所得をもとに消費活動を行っている。家計の目的は，効用の最大化であるから，労働供給についても効用最大化の結果としてその最適量が決定されるであろう。そこで，無差別曲線分析を応用して，家計がいかにして労働時間を決定するかを明らかにしよう。

家計は効用を最大化するように行動するが，家計の効用を決定する要因は，所得を得て消費をすることと余暇を享受することである。所得が増大しても，余暇が増大しても，ともに効用は増大すると考えられるが，所得を増大させるためには余暇時間をあきらめて労働をしなければならないので，所得と余暇はトレードオフの関係にある。

いま，余暇時間をl，所得をmとすれば，家計の効用関数を，

$U = U(l, m)$

とすることができる。所得と余暇はともに効用に対してプラスの影響を与

グラフ16　余暇と所得の選択

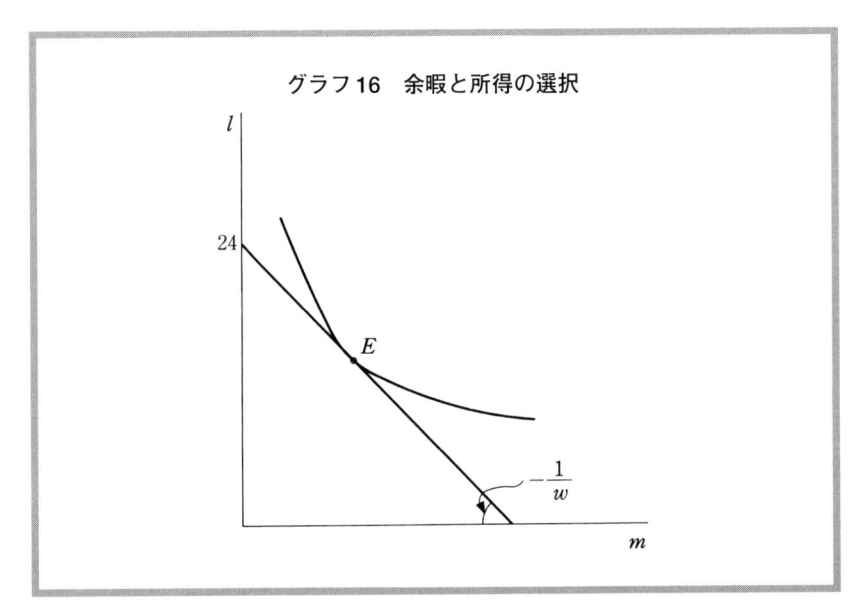

え，代替的な関係にある。m, l を通常の財と見なすことには何の問題もないので，原点に対して凸の無差別曲線群を得ることができる。労働者の目的はできるだけ右上方の無差別曲線上で余暇時間（労働時間）を決定することである。

労働者が直面する時間の制約を1日24時間とし，これを労働 h と余暇 l に配分するものとする。また時間当たり賃金を w とすれば，次式が成立する。

$$24 = h + l$$
$$m = wh$$

これらより，

$$l = 24 - \frac{1}{w} \cdot m$$

を得る。この式が労働者が直面する予算制約式である。これをグラフに示せば，切片が24で傾きが $-1/w$ の直線となるが，選択可能な l, m の組合せは，これによって作られる三角形の内側である。

労働者が解くべき問題は,

　　最大化　　$U = U(l, m)$

　　制約条件　$l = 24 - \dfrac{1}{w} \cdot m$

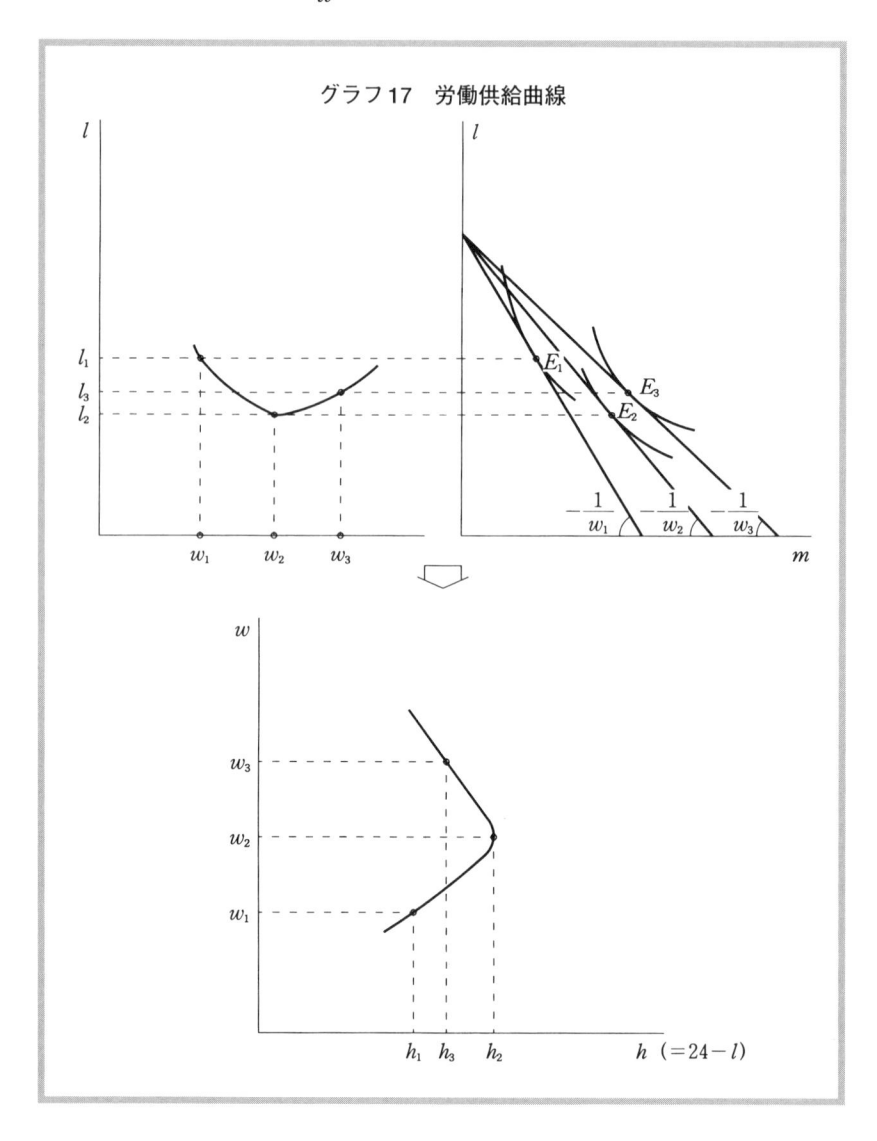

グラフ17　労働供給曲線

であり，これより効用を最大化する余暇時間と所得の組合せが求まる。均衡では，

$$-\frac{dl}{dm} = \frac{1}{w}$$

が成立する。左辺は余暇と所得の限界代替率である。この形ではわかりにくいが，両辺の分母分子を逆転して考えれば，同一無差別曲線上（効用一定下）での所得と余暇の交換比率が賃金に等しい（$-dm/dl = w$）ことを示していることがわかる。すなわち余暇が一単位減少（労働が一単位増加）したとき，同一の効用を実現するための所得の増加分が賃金に等しい，換言すれば余暇と所得の主観的な価値比較が労働市場における価値比較と等しいことが均衡条件式の意味であることがわかる。賃金が割高（$-dm/dl < w$）だと考えれば労働供給を増加させるので，余暇が減って$-dm/dl$の値が上昇し，均衡が実現されるであろう。

　賃金が変化すれば予算線の傾きが変化し，均衡点が変化する。この変化の様子を示したものがグラフ17の上右図である。この均衡点の変化は，やはり，代替効果と所得効果に分離して考えることができる。代替効果では，賃金が上昇すると，より有利になった財の需要，すなわち労働時間の上昇，余暇時間の低下が発生する。また，所得効果では，余暇が上級財であるとすれば，賃金上昇による所得上昇により，余暇時間が上昇する。一般に，賃金水準が低いうちは，代替効果が所得効果を上回り，賃金上昇が労働時間を上昇させるが，高賃金水準になると，所得が大きくなるので，所得効果が代替効果を上回って，賃金上昇が労働の低下をもたらすことになる。この様子は，グラフの下側に示されるが，一般に，労働供給曲線は後屈（バックワード・ベンド）するといわれる。

第2章 企業の行動

　本章においては，企業の行動について扱う。

　家計が消費する財は企業によって生産される。企業は，生産活動を行うために労働や資本といった生産要素を購入し，生産技術を駆使して財を産出する。さらに，企業は，このようにして生産した財を市場で販売し収入を得る。収入から生産要素に対するコストを引いたものが利潤である。企業の究極的な目的は，この利潤を最大化することである。

　利潤を最大化するためには，できるだけ安価に生産を行い，できるだけ大きな収入を上げる必要があり，企業は常にこのための努力をしている。したがって，企業の行動を分析するためには，生産技術，最適生産要素投入，最適生産量といった側面からの検討が必要である。そこで，本章ではこれらに関する分析を取り扱う。結果として，価格と財の最適産出量との関係として示される，供給曲線，要素価格と最適要素需要量との関係として示される要素需要曲線に関する分析が可能になるであろう。

　ただし，ここでは，純粋競争すなわち，同質的な財を生産する企業が多数存在し，企業が単独で価格を決定する（プライステイカーの仮定）ことができないものとする。また，第6章で説明されるその他の市場の失敗の要因は存在しないものとする。さらに，第7章で説明される不確実性は存在せず，経済主体は取引に関して等しく完全情報を持っていると仮定される。

1 最適要素投入

　企業は，資本や労働，土地などの**生産要素**を購入し，生産技術を用いて

生産活動を行う。企業の目的は，生産技術の制約の下で，最も低い費用で最も高い生産を行って，最終的に利潤を最大化することであると考えられる。

企業が事業を行う際，使えるお金の額があらかじめ決まっている場合がある。この場合には，費用の範囲内でできるだけ大きな産出を行うように生産要素を投入すれば利潤が最大化されるであろう。また，これとは異なり，ある一定の財を注文されることもある。この場合には，一定の産出を実現しつつできるだけ低い費用となるような生産要素の投入を行えば利潤が最大化されるであろう。このように，要素投入量を望ましい水準に決定することが企業にとって重要な問題なのである。そこで，ここでは，企業目的を実現するために，どのような生産要素をどれだけ購入することが望ましいかを分析する。

このために，はじめに生産関数を定義し，その性質を見る。そのうえで，費用制約下の産出最大化問題，あるいは産出制約下の費用最小化問題として，企業の要素選択問題を解こう。

（1）生産関数と等量線

一般に，生産要素投入量と生産量の関係を示したものを**生産関数**という。いま，要素投入量を y，産出量を x とすれば，

$$x = x(y)$$

と表される。ここで，$x(\cdot)$ の形が，生産技術を表している。生産要素は1つの場合もあれば複数の場合もある。例えば，労働を可変的な生産要素として，生産量の変化を考えてみよう。労働投入量が小さいうちは労働を投入するに従い（例えばチームによる分業のメリットなどにより）生産が効率的になり，追加的な労働が実現する産出量は大きくなっていく。しかし，ある広さの工場で生産を行っているような場合，労働を追加しても生産がだんだん伸びなくなってくるであろう。このため，ミクロ経済学で想定する生産関数で最も代表的なものは，グラフ18に示すような，要素

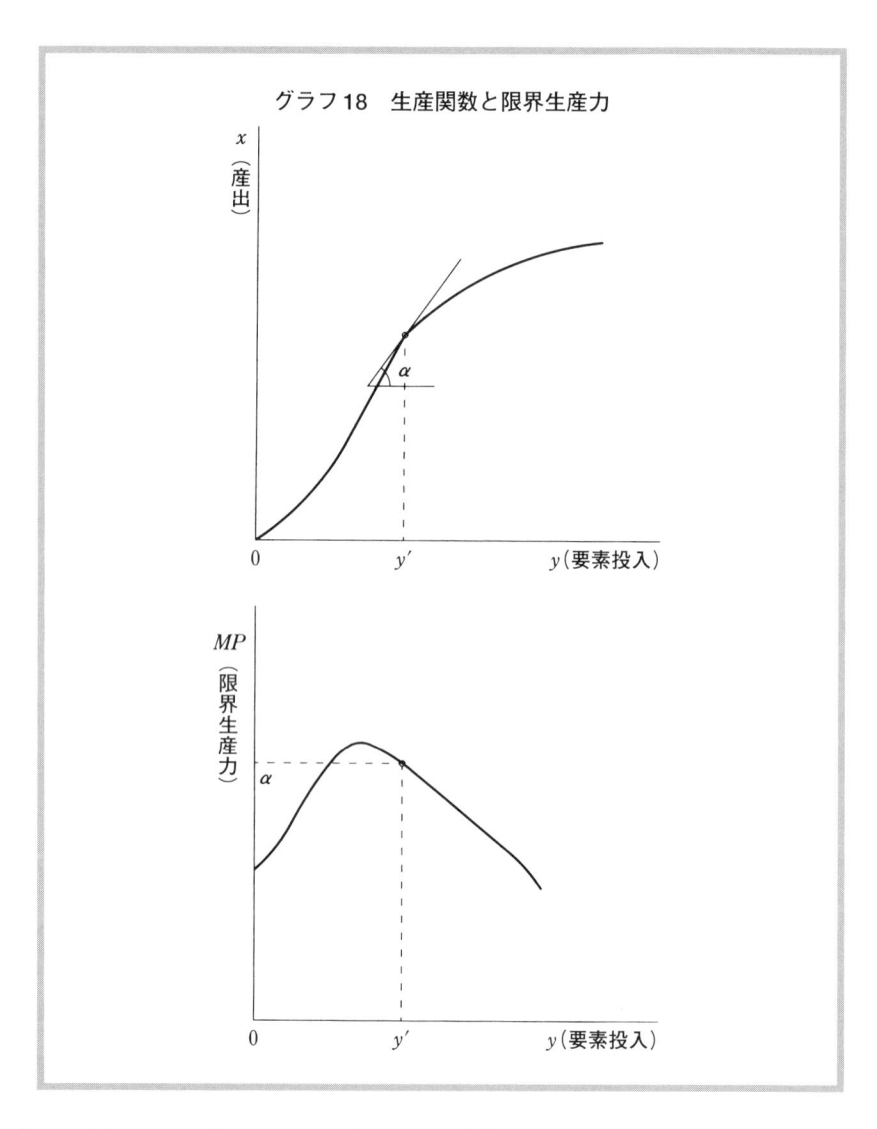

グラフ18 生産関数と限界生産力

投入が小さな水準では，生産要素1単位当たりの生産量（**限界生産力**（*Marginal Product*））が逓増的で，生産要素投入が大きくなると限界生産力が逓減的になるものである。限界生産力は生産関数から描かれるグラフの接線の傾きであり，限界生産力を MP とすれば，

グラフ19　等量線

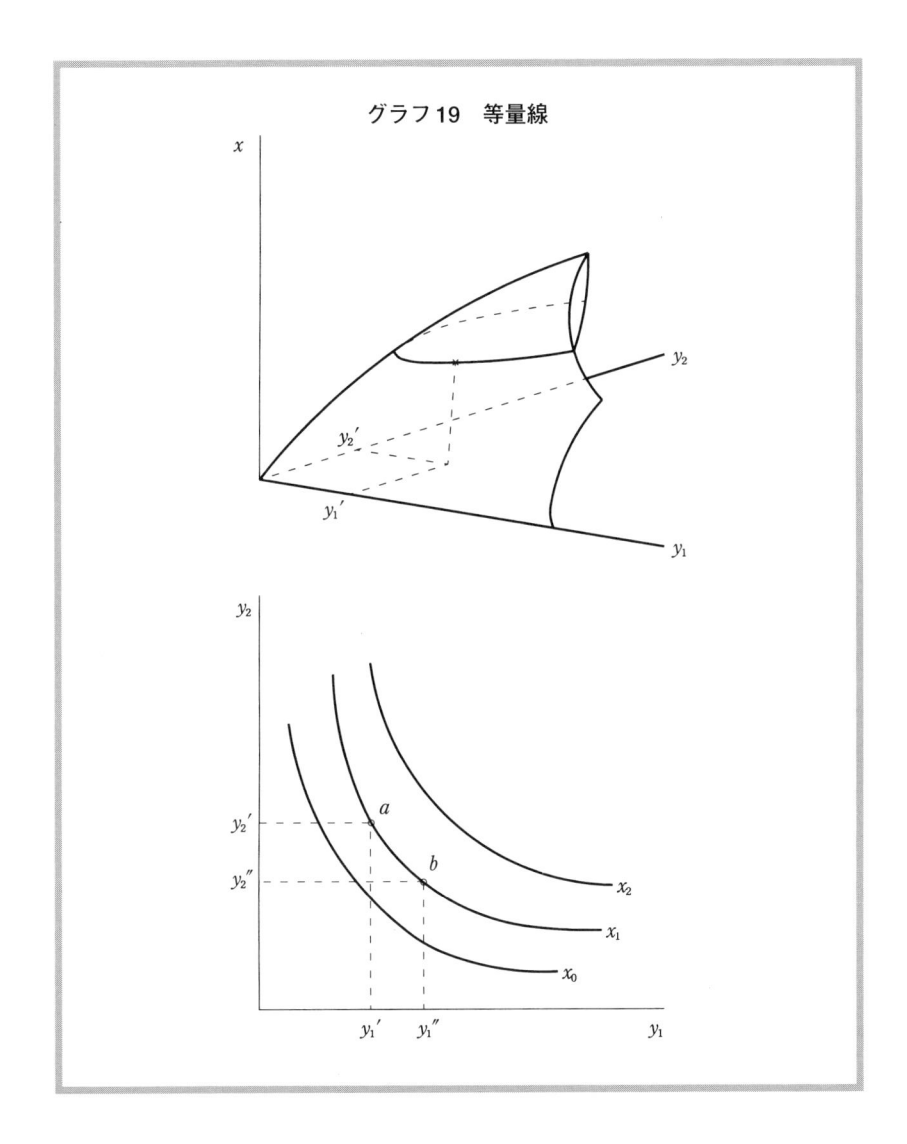

$$MP = \frac{dx}{dy}$$

と表現される。

2つの生産要素が存在し生産が行われる場合，第1生産要素と第2生産

要素の投入量の組合せを（y_1, y_2）とすれば，生産関数は，

$x = x(y_1, y_2)$

と表現される。どの生産要素が増大しても産出は増大し，各生産要素の限界生産力については，生産量増大とともに逓減するものとする。この生産関数をグラフ上で表現するためには，生産要素の投入量の一つの組合せ（y_1, y_2）に対して，一つの生産の大きさxが定義できるので，3次元のグラフが必要となるが，これは取り扱い上不都合である。そこで2次元のグラフでこれらの関係を示すために，縦軸にy_1を，横軸にy_2をとって，同一の産出量を実現する生産要素の組合せの点を結んだ線として**等（産出）量線**を定義する。ある生産要素が減少したときの生産量減少を他の生産要素を増加させることにより埋め合わせることができるとき，要素間に代替性があるといい，通常の生産関数では要素間の代替性が認められている。生産要素が代替的なら，等量線は右下がりとなる。なぜなら，一方の生産要素が減少したとき，同一の等量線にとどまるためには必ずもう一方の生産要素投入量は増大しなければならないからである。例えば，グラフ19のa点から第2生産要素を減少させる（$y_2' \rightarrow y_2''$）場合，同一の等量線上にとどまるためには第1生産要素を増大させて（$y_1' \rightarrow y_1''$），b点上で生産を行う必要がある。また，限界生産力は常に正であることから，右上の等量線ほど高い産出に対応する。定義上，等量線は交わらず，あらゆる生産要素の組合せが何らかの生産量に対応することから等量線は稠密に存在する。

さらに，限界生産力が逓減することから，等量線は原点に対して凸の形状となる。例えばy_1が大きくy_2が小さいとき，y_2一単位の減少が大きな生産の減少を発生させるため，これによる生産減を埋め合わせるための（限界生産力の小さな）第1生産の要素投入量y_1の増大幅は大きくなければならず，等量線の傾きが緩やかになる。逆に，y_1が小さくy_2が大きいとき，等量線の傾きは急になる。

このように，等量線は無差別曲線に類似した性質を持つ。

さて，等量線の性質を表す道具として，**技術的限界代替率**（MRTS）を

定義しよう。

$$MRTS = \left(-\frac{dy_2}{dy_1}\right)_{dx=0}$$

これは，等量線の傾きの絶対値をとったものであるが，意味としては，同

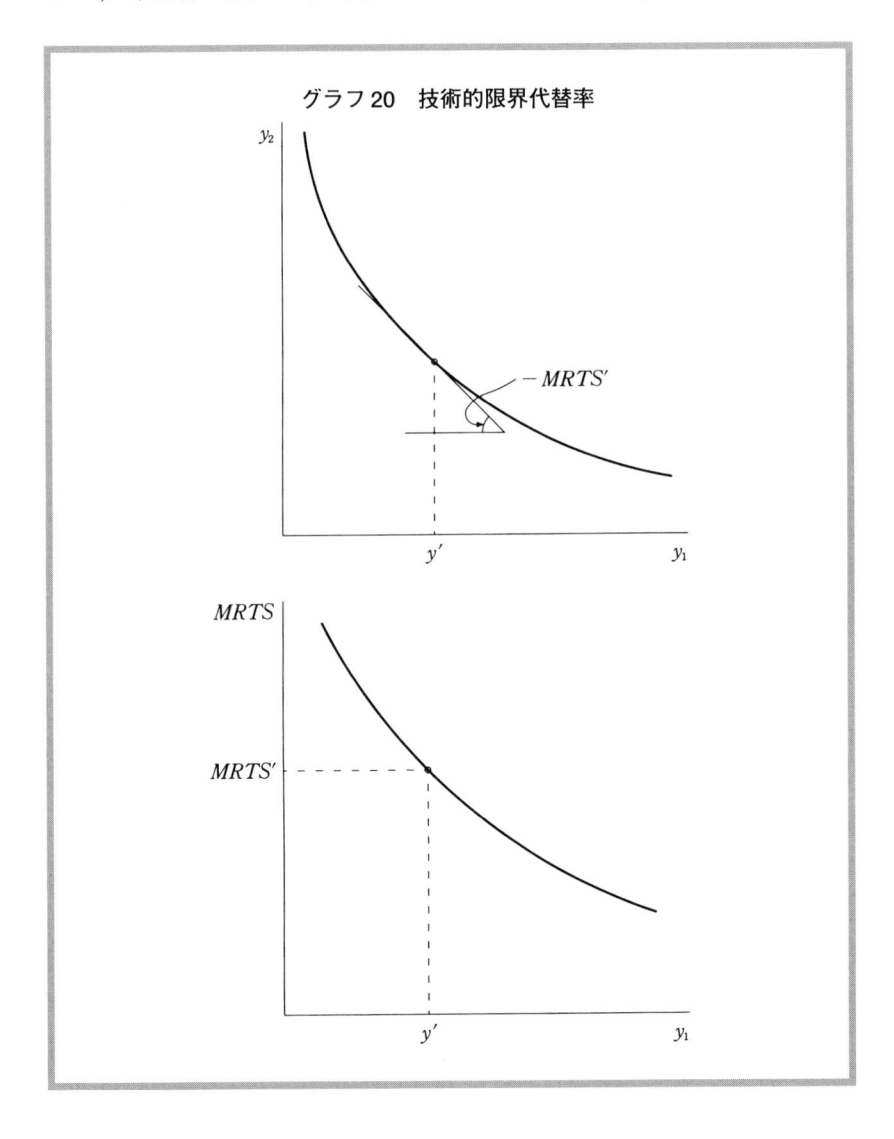

グラフ20　技術的限界代替率

第2章　企業の行動

一の産出を実現するために，第1生産要素を1単位減じたとき第2生産要素をどのくらい増加させればよいかを表している。技術的限界代替率は，同一の産出を実現することを前提とした生産要素の交換比率であり，生産要素の技術的な価値比率である。生産要素の価値は限界生産力で測ることができると考えられるので，技術的限界代替率の公式として次式が用いられる。(この式は，限界代替率と同様に，生産関数を全微分することによって求められる。)

$$MRTS = \frac{\frac{\partial x}{\partial y_1}}{\frac{\partial x}{\partial y_2}}$$

グラフ20下図に示すように，技術的限界代替率は，要素投入の増大とともに低下する。これを**技術的限界代替率逓減の法則**という。

(2) 最適要素投入

企業は生産を行うにあたって生産要素を購入する必要があるが，このために要する費用が企業の生産費用であり，一般に**要素費用**と呼ばれる。2つの生産要素により生産が行われる場合，生産要素の価格を第1および第2生産要素に対してそれぞれ q_1, q_2 とすれば，総要素費用 C は，

$$C = q_1 y_1 + q_2 y_2$$

となる。これを (y_1, y_2) 平面に移せば，切片 C/q_2 で傾き $-q_1/q_2$ の直線となる。

さて，一般の経済取引において，企業は，一定の費用の提示を受けて産出を請け負う場合と，一定の産出の注文を受けて産出を請け負う場合がある。企業は利潤最大化のため，前者の場合，一定の費用のもとで産出を最大にするように生産要素を投入すればよいし，後者の場合には，一定の産出を実現することを前提として要素費用を最小化するように生産要素を投入すればよい。

所与の費用のもとで産出を最大化する企業は，

グラフ21　最適要素投入

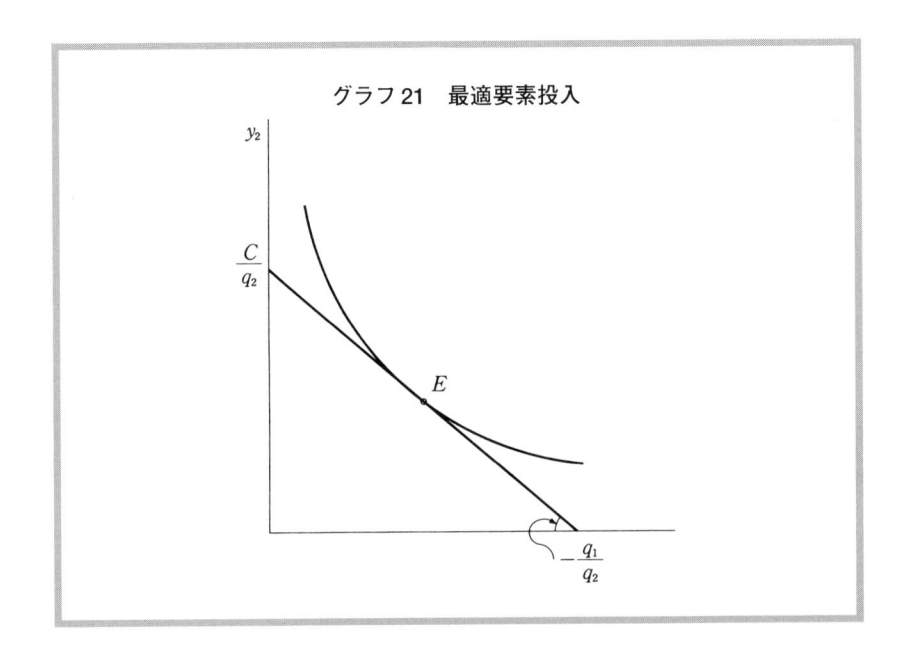

　　　最大化　　$x = x(y_1, y_2)$

　　　制約条件　$C = q_1 y_1 + q_2 y_2$

という問題を解く。この場合，一定の費用制約線上で最も上方にある等量線上で要素投入量を決めればよいことになる。一方，産出水準があらかじめ決まっていて費用を最小化しなければならない場合には，

　　　最小化　　$C = q_1 y_1 + q_2 y_2$

　　　制約条件　$x = x(y_1, y_2)$

という問題を解くことになる。この場合には，一定の等量線上で，最も下方にある費用線上で要素投入量を決めればよい。いずれの問題を解いた場合でも，結果として現れる均衡条件は，グラフ21に示すE点のように，費用線の傾きと等量線の傾きの一致である。換言すれば，技術的限界代替率と要素価格比の均等，すなわち，

$$MRTS = \frac{q_1}{q_2}$$

第2章　企業の行動　43

という関係が成立しなければならない。この関係は，各生産要素の技術手技術的な価値比較と，市場における価値比較が等しくなることを意味している。仮に生産要素の市場における価値比が技術的な価値比を上回っていたとするなら，第1生産要素が相対的に高すぎると判断され，第1生産要素が相対的に減少させられる。このため，第1生産要素の限界生産力が相対的に高まり，均衡条件式が成立することになる。

このようにして見つけられる要素投入量が最適要素投入量である。この結論は，ラグランジュ未定乗数法によっても容易に導くことができる。

2　短期費用関数と短期供給曲線

(1) 短期費用関数

企業は生産要素投入量を変化させることにより産出量を変化させることができる。また生産要素投入量の変化は同時に要素費用を変化させる。したがって，費用と産出の関係を導出することができるが，これが**費用関数**と呼ばれるものである。費用関数をグラフ化したものが**費用曲線**であり，生産関数が逓増から逓減に向かう形をしているのに対応し，費用関数は逓減から逓増に向かっている。生産量が上昇するにつれ技術的にみて効率的な生産が可能になり，費用をかけずに生産をあげることにできるようになるが，あまり大きな産出になるとそれ以上の生産増は技術や設備のボトルネックにより困難となるので費用がかさむと考えればよい。

一般に費用には，工場設備の維持費などのように短期的にはその大きさを変化させられない**固定費用**（*Fixed Cost : FC*）と，生産規模に応じて追加的に調達する資材や人のような可変費用（*Variable Cost : VC*）がある。このため，**短期総費用**（*Shortrun Total Cost : STC*）は，固定費用と可変費用の合計であり，グラフ22上図のように固定費用の大きさの切片を持つ逓増から逓減に向かう曲線となることになる。グラフ23において，産出

グラフ22 費用関数と生産関数

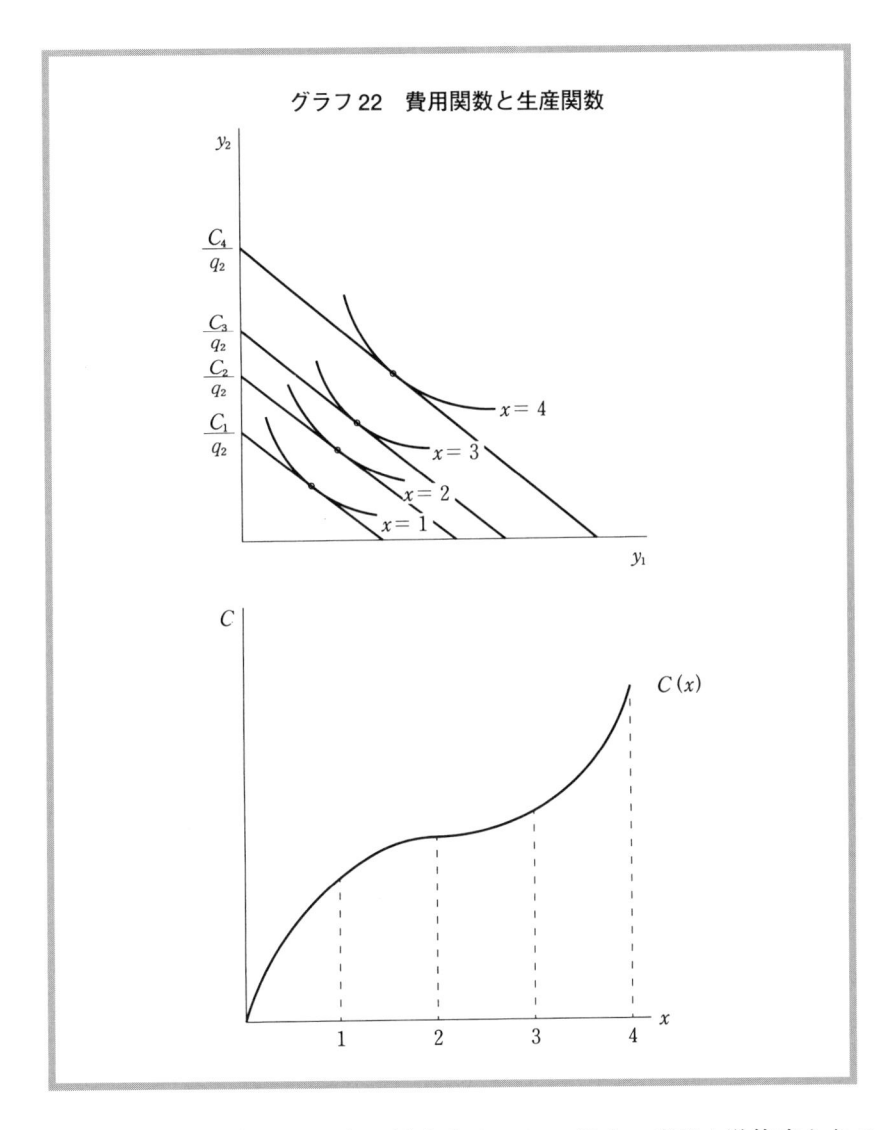

x_0 において短期総費用は Q 点に対応する。この場合，産出1単位当たりの平均的費用を**平均費用**（*Average Cost : AC*）と呼べば，その値は STC/x であるから原点と Q を結ぶ直線の傾きとなる。同様に，産出1単位当たりの平均的可変費用を**平均可変費用**（*Average Variable Cost : AVC*）と呼べば，

その値は VC/x であり，$0'$ を原点として Q と結んだ直線の傾きになる。また，産出1単位当たりの平均的な固定費用を**平均固定費用**（*Average Fixed Cost : AVC*）と呼べば，その値は，FC/x_Q となる。さらに，x_Q から追加的に

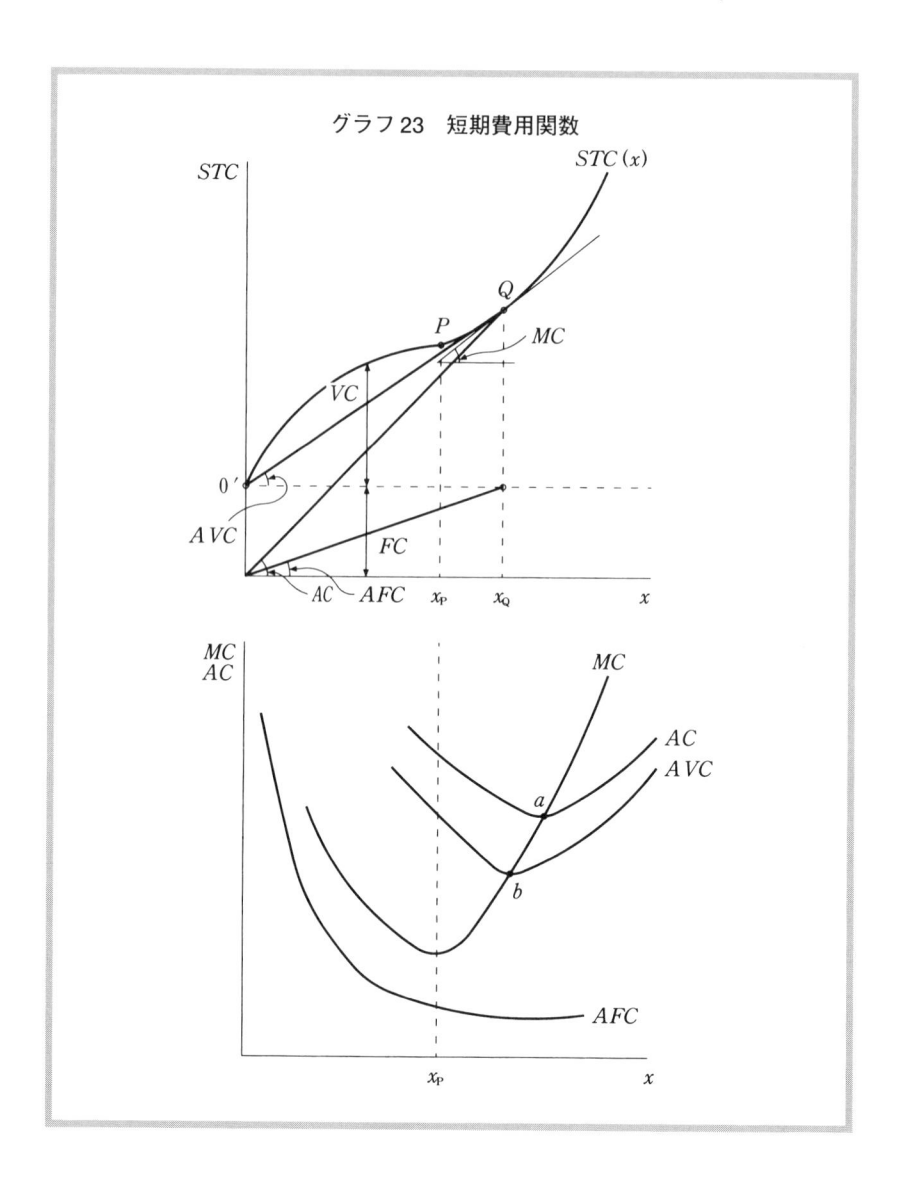

グラフ23　短期費用関数

1単位産出を上昇させるときの追加的な費用の増分を**限界費用**（*Marginal Cost*：*MC*）と名付ければ，その値は微分値 $dSTC_Q/dx_Q$ となり，Q における接線の傾きとなる。産出水準変化に伴うこれらの費用の動きを示したものがグラフ23下図である。この曲線の位置関係については自ら検討してみてほしい。その際 *AC*，*AVC* の最低点を *MC* が突き抜けていること，*AC* と *AVC* の差が *AFC* となることに注意されたい。

（2）最適産出量と企業利潤

企業の総収入（*Total Revenue*：*TR*）は，完売を前提とすれば，産出量（x）に価格（p）をかけたものとなる。企業の利潤（π）は，総収入から総費用を引いたものであるから，

$$\pi = px - C(x)$$

となる。ここで，価格は市場で与えられたもので，各企業はそれを受け入れればすべての生産物を売りきることができる（プライステイカーの仮定）。例えば，缶コーヒーを製造すれば必ず市場において120円で売れるということを考えればよい。また，費用は費用関数によって与えられる。グラフ24上図で，総収入 *TR* と総費用 *STC* の差である利潤が正になる部分が企業が問題とすべき領域であり，この領域において利潤を表すグラフは上に凸の山形となる。利潤曲線の山の頂点において生産 x^* を決定すれば利潤が最大化されることになる。利潤曲線の山の頂点では接線の傾きがゼロとなるので，利潤関数を x で微分してその値がゼロとなる点を見つけて生産を行えば利潤が最大化される。（最大化問題の解を得る方法として微分値＝0の計算がしばしば用いられる。）この点はまた，*STC* と *TR* の差が最大となる点であり，*STC* の接線である *MC* と *TR* の傾き p が等しくなる点である。このことは数学的に次のように確認することができる。

$$\frac{d\pi}{dx} = p - \frac{dC(x)}{dx} = p - MC = 0$$

$$\therefore p = MC$$

第2章　企業の行動

このように完全競争企業の利潤最大条件は$p = MC$であることがわかる。TRをxで微分したもの（p）を**限界収入**（*Marginal Revenue : MR*）と名付ければ，一般的には，$MC = MR$を利潤最大化条件とみることができる。仮に限界収入が限界費用が上回っていれば，1単位の生産増加がもたらす収入が1単位の生産増加がもたらす費用を上回っていることになり，生産の追加が望ましいことになる。生産の増大は，限界費用を高めるので，均衡では必ず限界収入と限界費用が均等する。

限界収入と限界費用が等しいという原則は，経済学のすべての分野において利用される。これは結局，それ以上の変化が追加的利潤を生むか生まないかの分岐点が$MC = MR$の点であることを示しており，利潤最大化条件を示しているのである。

いま市場において，p^*という価格が決まっていたとする。このとき費用構造が，例えばグラフ25のようであると仮定すれば，価格と限界費用の

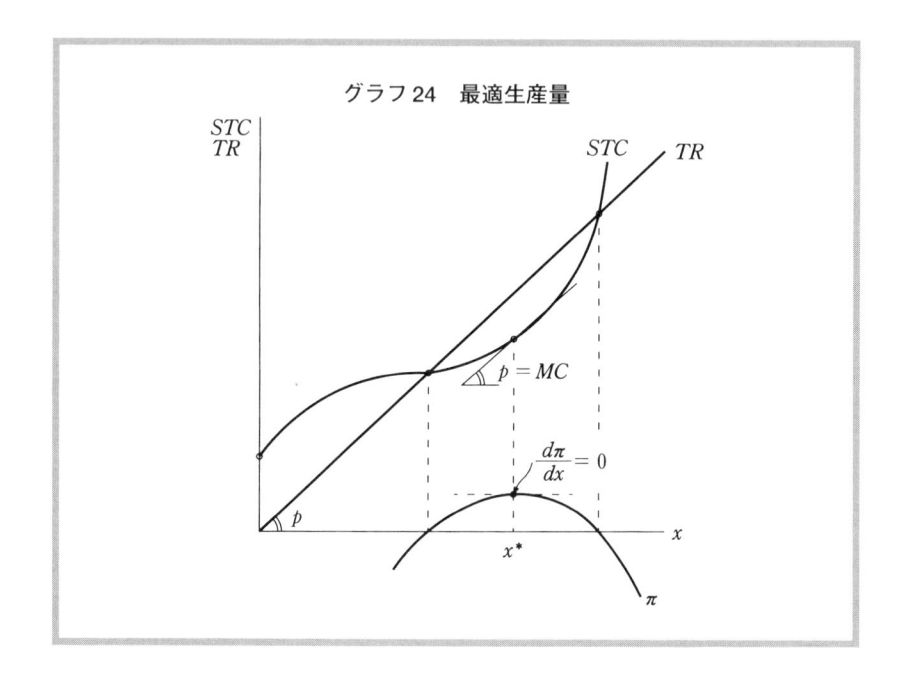

グラフ24　最適生産量

グラフ25　企業利潤と市場価格

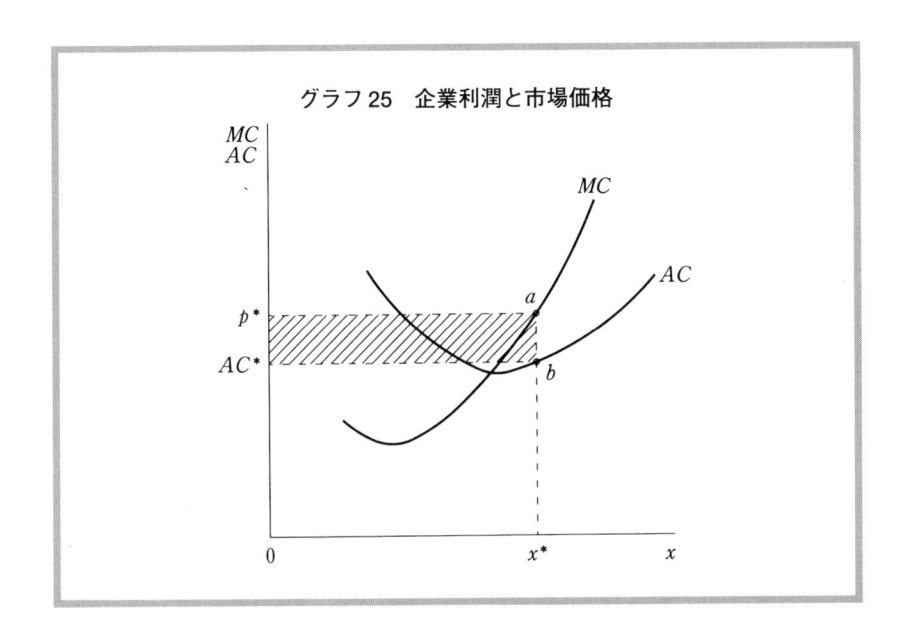

均等条件から，x^* が最適生産量であることがわかる。この産出のとき，平均費用は AC^* であるから，総費用は $AC^* \cdot x^*$ となる（平均費用はもともと総費用を x で割ったものであることに注意）。このときの企業利潤は，四角形 $0x^*ap^*$ から四角形 $0x^*bAC^*$ を引いてできる，四角形 p^*AC^*ba の面積で表現することができる。

（3）短期供給曲線

　市場価格の変化に応じて産出量が決定されるが，横軸に産出，縦軸に価格を取ることによってこの関係を示したものを一般に個別企業の供給曲線という。利潤最大化条件より，$p = MC$ であるから，結果としてこの曲線の形状は MC 曲線と同一になる。しかし，MC 曲線のすべてが供給曲線になるわけではない。直感的には，あまりにも市場価格が低ければ利益があがらないため，供給がなされないと考えられるであろう。それでは，MC 曲線のうちどの部分が供給曲線となるのであろうか。これを明らかにする

ために，グラフ26に示す a 点を考えてみよう。この点の高さに価格が決まっていると，産出は x_a 平均費用は価格に等しく AC_a となるので，利潤はゼロである。すなわち，

$$\pi_a = p_a x_a - AC_a \cdot x_a = 0$$

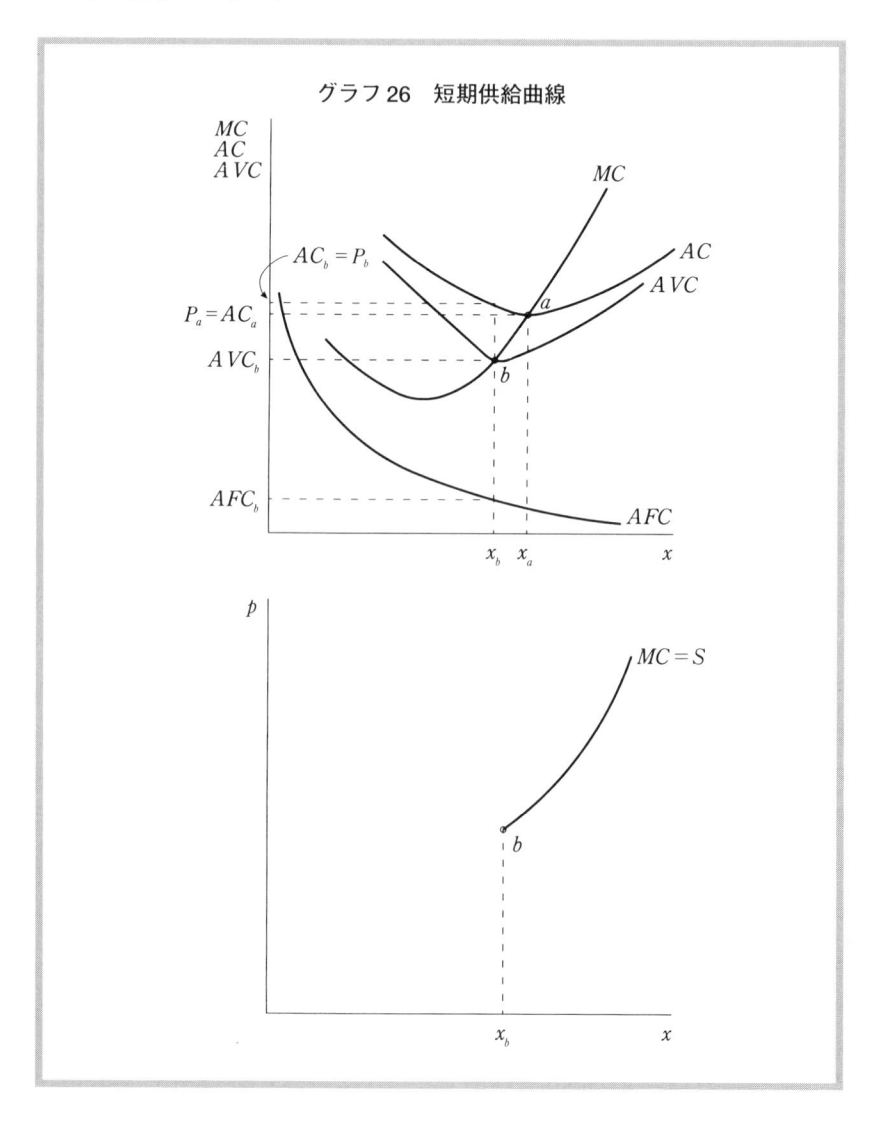

グラフ26　短期供給曲線

である。このため，a 点を**損益分岐点**という。しかし，利潤がゼロでも企業は生産を止めない。なぜなら，例えば工場設備を保有しており，その維持費が産出に関わりなく発生するのであれば，利潤ゼロ点で生産を止めてしまえば，その固定費用分だけ損をしてしまう。生産を続ければ赤字とはならず，利潤はゼロですむのであるから，a 点は操業停止点にはなり得ない。次に，b 点の高さに価格が決まった場合を考えてみる。このとき価格と平均可変費用が等しいこと，平均費用と平均可変費用の差が平均固定費用に等しいことを考慮すると，利潤は次式で示される。

$$\pi_b = p_b x_b - AC_b \cdot x_b = x_b(p_b - AC_b) = x_b(AVC_b - AC_b) = -x_b(AC_b - AVC_b)$$
$$= -x_b \cdot AFC_b = -FC$$

すなわち，ちょうど固定費と等しい赤字が発生することになり，操業継続の意味が全くなくなる。このため，b 点を**操業停止点**と考えることができ，これより上方の MC 曲線を企業の短期供給曲線と考えることができる。

3 長期供給曲線

（1）長期総費用

　長期においては，企業はすべての生産要素の組合せを選択することができるため，短期において固定的とされる工場の維持費のような固定費用は存在しない。合理的な企業であれば，同一の産出を最も低い費用で実現するように固定資本設備を選択する。したがって，生産量がゼロなら，生産要素は投入されず，費用もゼロとなる。また，直感的に，大きな生産をするためには大きな固定資本設備を用いた方が効率的な生産ができると考えられるが，これはグラフ27のように表現される。グラフ上図には，様々な固定資本設備（K）に対応する短期費用関数が描かれている。固定資本設備が大きいほど生産を増大させてもなかなか費用が逓増しないので，K が大きいほど平べったい費用曲線となっている。これらの費用関数のうち，

企業は産出量に対して最も低い費用を実現するものを選択しようとし，それを実現する資本規模が選択される。生産量に応じて費用曲線は異なるものが選ばれるが，選択されるべき短期費用関数はすべての短期費用曲線群

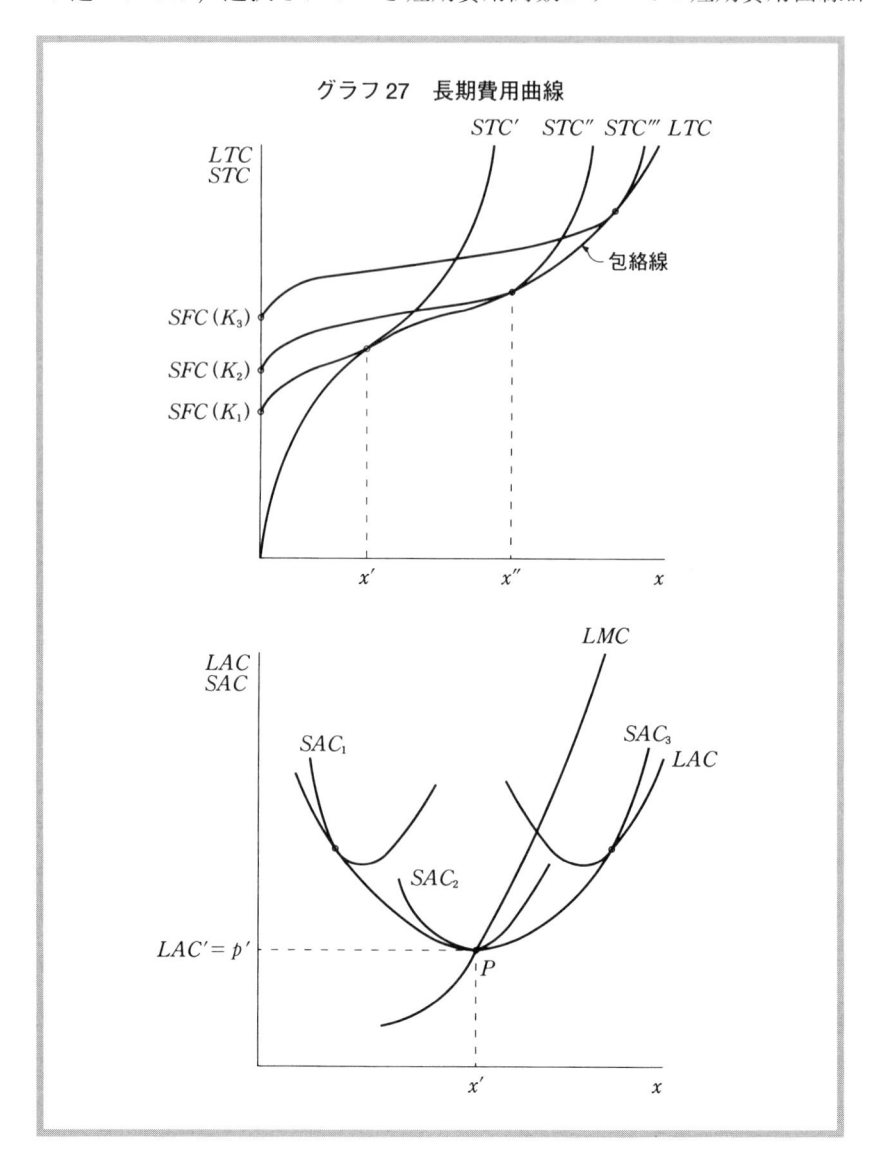

グラフ27　長期費用曲線

を下から包む線(包絡線)に接するものとなる。

例えば,x'の産出のためにはSTC',x''の産出のためにはSTC''が実現するような資本規模が選択される。このように考えると,包絡線はすべての産出に対して必要な最小費用を表し,なおかつそれが企業によって選択されるのであるから,包絡線を企業の**長期総費用曲線**(*Longrun Total Cost Curve*:*LTC*)と見ることができる。この形状は短期総費用曲線と同一であるが,産出0のとき費用も0であるから,原点からはじまる線となっている。グラフ27下図に示すように,**長期平均費用曲線**(*Longrun Average Cost Curve*:*LAC*)は短期平均費用曲線の包絡線になっており,長期平均費用曲線の最低点を突き抜ける**長期限界費用曲線**(*Longrun Marginal Cost Curve*:*LMC*)を描くことができる。当然限界費用曲線も短期の場合同様U字型となる。

(2) 長期供給曲線

長期においても企業は利潤を最大化するように産出量を決める。利潤は,
$$\pi = px - LTC(x)$$
であるから,利潤最大産出量は次のように求まる。
$$\frac{d\pi}{dx} = p - \frac{dLTC(x)}{dx} = p - LMC = 0$$
$$\therefore p = LMC$$

すなわち,市場価格と長期限界費用が均等するように産出量を決めれば利潤が最大化される。

ところで,短期においては将来利益が上がるのであれば赤字でも生産を行おうと考えるが,長期にあっては,企業にとって意味のある生産は利潤が正になる生産のみである。いま,価格がp'産出量がx',長期平均費用と価格が等しいとするなら,
$$\pi = p' \cdot x' - LAC' \cdot x' = 0$$
となる。このとき,p'より市場価格が高くならないと,この企業は生産す

グラフ28 長期供給曲線

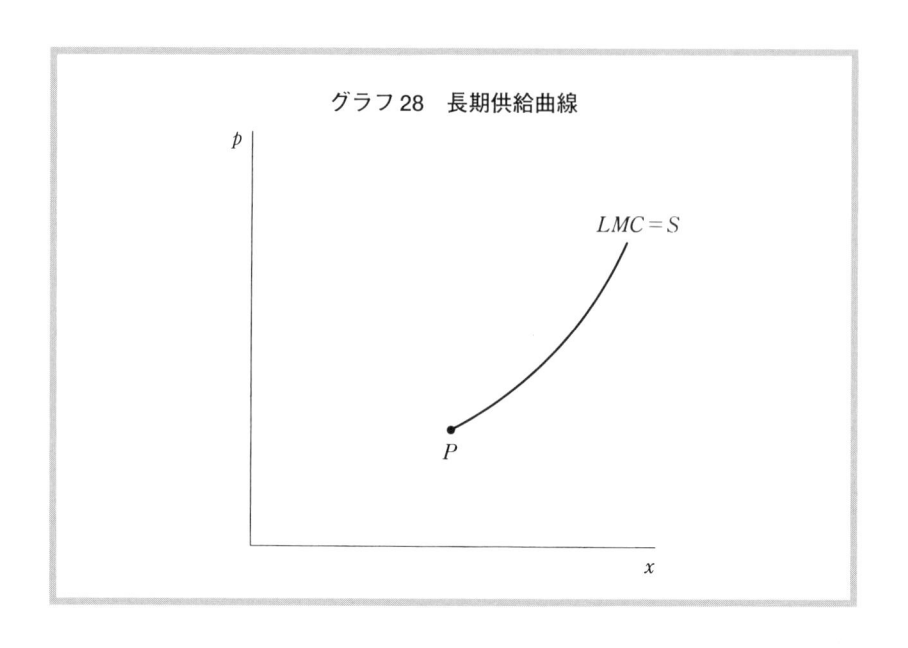

$LMC = S$

P

る意味がない。このため点 P 以上の MC に対応して，長期供給曲線が描かれる。

(3) 長期産業均衡

　ある市場において利潤が発生しているなら，この利潤を求めて新規の生産者が市場に参入するであろう。また，市場において利潤を得られなくなってしまった企業は生産を止めて市場から退出するであろう。インターネット上で新規の事業が発生し利潤が得られるとわかったとき，いくつもの企業が同じ事業を開始したのは参入の例である。もしこの産業において供給者が過剰になり，利潤を得ることができなくなれば参入は止むであろうし，赤字を出すようになれば技術力に欠ける企業は市場から退出せざるを得ないであろう。

　このように，市場への参入退出が自由であるとき，長期において価格及び産出量はどのような点に落ち着くであろうか。市場に存在するすべての

グラフ 29　長期産業均衡

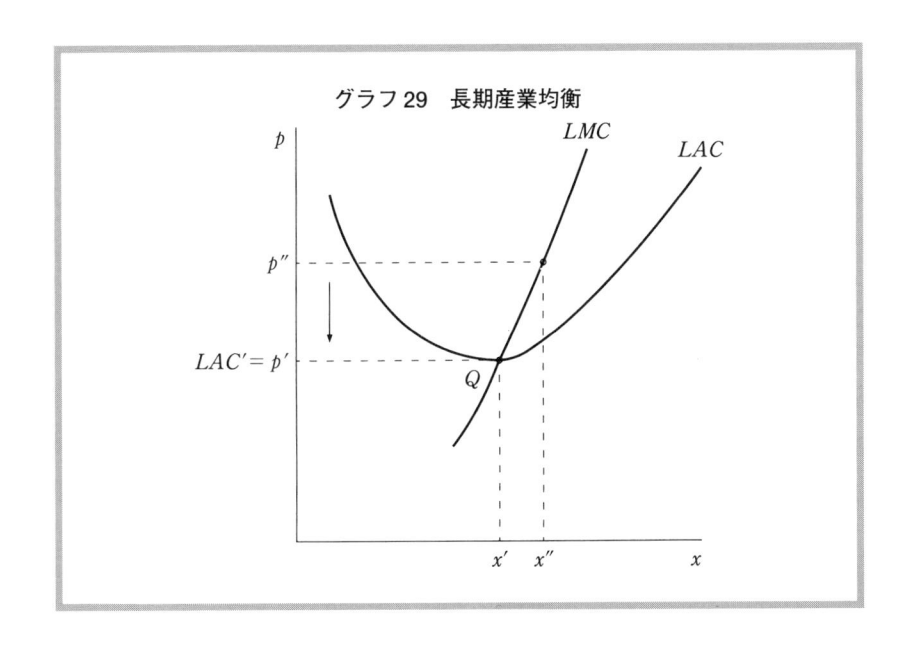

企業の費用構造が同一であるとして，代表的企業の費用構造を考える。図に示すように，例えば p'' のように価格が決まっていたとき，企業の利潤は正である。このような超過利潤が存在していると，これを求めて，市場への企業の参入が発生する。この結果，市場全体の供給が増加するから，需要が一定なら市場価格は低下するものと考えられる。結果として，超過利潤はゼロとなり，価格 p' 産出 x' において均衡が成立することになる。このような均衡を一般に**長期産業均衡**という。

4　要素需要曲線

　企業は生産要素を用いて生産を行うが，生産要素の価格が変化すれば生産要素需要量は変化する。例えば，直感的には，企業は賃金が上昇したとき労働者の雇用量を減らすと考えられるであろう。ここでは，企業が生産要素を購入する場合，生産要素価格に対応してどのような需要行動をとる

かを明らかにしよう。

ある生産要素を用いて生産が行われる場合の生産関数を，

　　$x = f(y)$　　（x：産出量，y：生産要素投入量）

とし，要素価格をq物価をpとすれば，企業利潤πは，

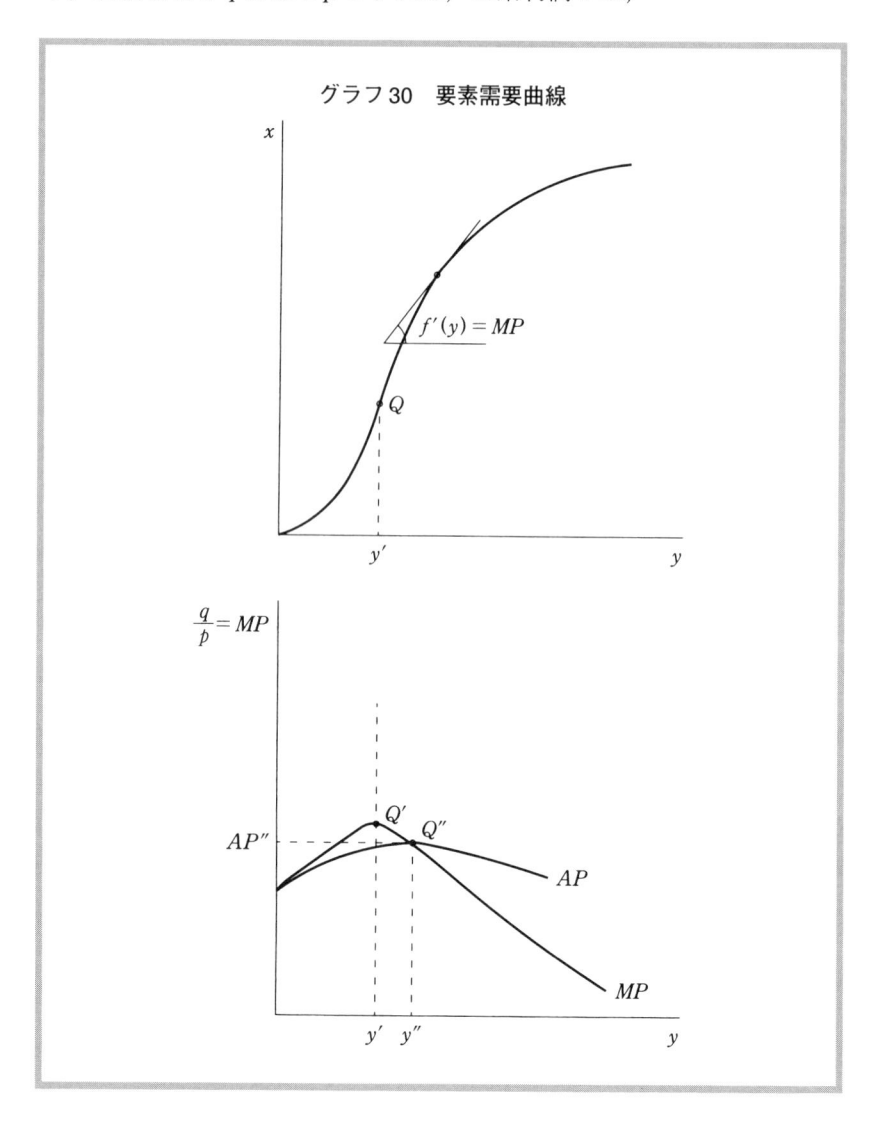

グラフ30　要素需要曲線

$$\pi = px - qy = pf(y) - qy$$

となる。利潤を最大化する要素投入量の条件は,（微分値＝0の計算より,）

$$\frac{d\pi}{dy} = \frac{pdf(y)}{dy} - q = pf'(y) - q = 0$$

$$\therefore pf'(y) = q \quad \text{または} \quad f'(y) = q/p$$

となる。生産関数を要素投入量で割ったものを要素の**平均生産力**（*Average Product* : *AP*）という。また、生産関数を微分したものは追加的な要素1単位当たりの生産力でこれを限界生産力（*MP*）、これに物価を乗じたものを**価値限界生産力**と呼ぶ。利潤最大化を実現する要素需要条件は、価値限界生産力＝要素価格である。また要素価格を物価で除したものを**実質要素価格**と呼び、限界生産力＝実質要素価格として扱う場合もある。この結論は、要素投入の限界収入が限界生産力であり、要素投入の限界費用が実質賃金であると考えれば限界収入＝限界費用と同一である。限界生産力が実質賃金を上回る限り要素投入を追加することにより利潤が大きくなり、利潤を取り尽くした状態が限界生産力と実質賃金の均等である。

要素投入量と限界生産力の関係をグラフ化したものを限界生産力曲線という。限界生産力と実質要素価格が等しい利潤最大化が実現した状態では、限界生産力曲線と要素投入量と実質賃金の関係を示した労働需要曲線は同じ形状となる。ただし、利潤が正にならなければ意味がないので、グラフ30下図の利潤0の点 Q'' より右側の *MP* が**要素需要曲線**となる。なぜなら、Q'' 点では、実質収入（生産量）が $AP'' \cdot y''$、実質要素費用が $q/p \cdot y''$ で、両者がちょうど等しく利潤がゼロになり、それより左の要素投入量では q/p が *AP* を上回って、利潤が負になってしまうからである。

第3章 市場均衡

　需要者と供給者が出会い，取引がなされる場が市場である。市場では価格が形成され，取引数量が決定される。このようにして決定する価格と取引量の組合せを**市場均衡**という。本章では，このような均衡がどのようなものであるかを学ぶ。

　市場均衡において問題とされるのは，市場均衡が存在するか（解の存在証明）と，解が市場均衡からはずれた場合，市場均衡が実現するか否か（安定性分析）である。本章ではまずこのことについて学ぶ。また，各経済主体の行動は相互に関係し合っているので，経済における複数の市場の存在を前提とした枠組み（一般均衡分析）によって均衡の姿を検討してみよう。

　本章を学ぶことにより，均衡解の安定性に関する問題（ワルラス的安定性，マーシャル的安定性，蜘蛛の巣理論），競争均衡解とその安定性に関する問題（オファーカーブ，純粋交換均衡，パレート最適性，ワルラス法則）が理解されるであろう。

1　市場均衡と解の安定性

(1) 市場需給曲線

　市場における取引について分析するために，初めに市場全体の需要曲線を導出しよう。いま簡単化のため，市場にはA, Bの2主体が存在しているものとする。市場の需要曲線はそのすべての経済主体の需要曲線の水平和である。なぜなら，例えば価格p'における各主体の需要量はそれぞれx_A',

x_B' であるから，市場全体の需要量は $x_A' + x_B'$ ということになるからである。
右下がりの市場の需要曲線（D）が得られるが，この傾きは，各主体の需

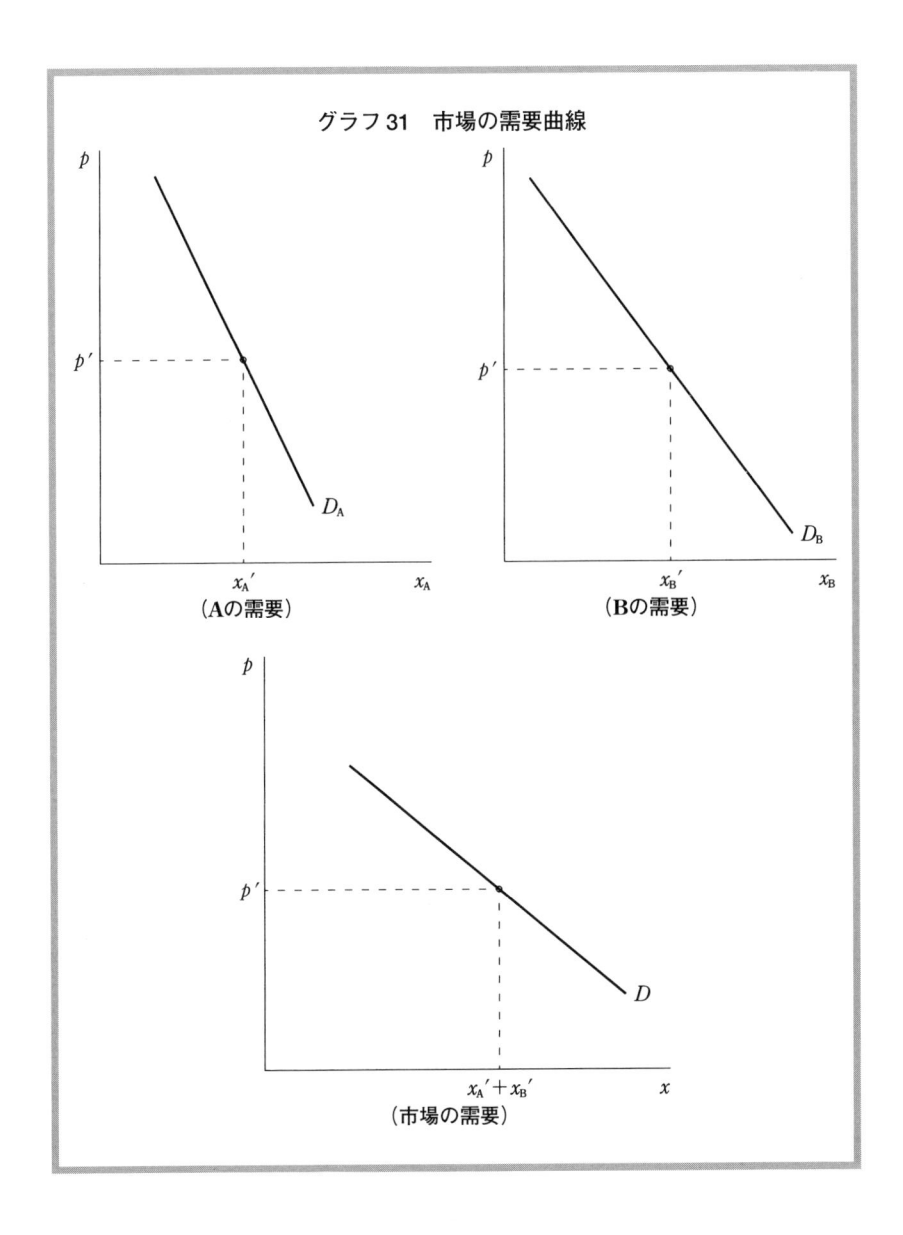

グラフ31　市場の需要曲線

（Aの需要）

（Bの需要）

（市場の需要）

第3章　市場均衡　59

グラフ32　市場の供給曲線

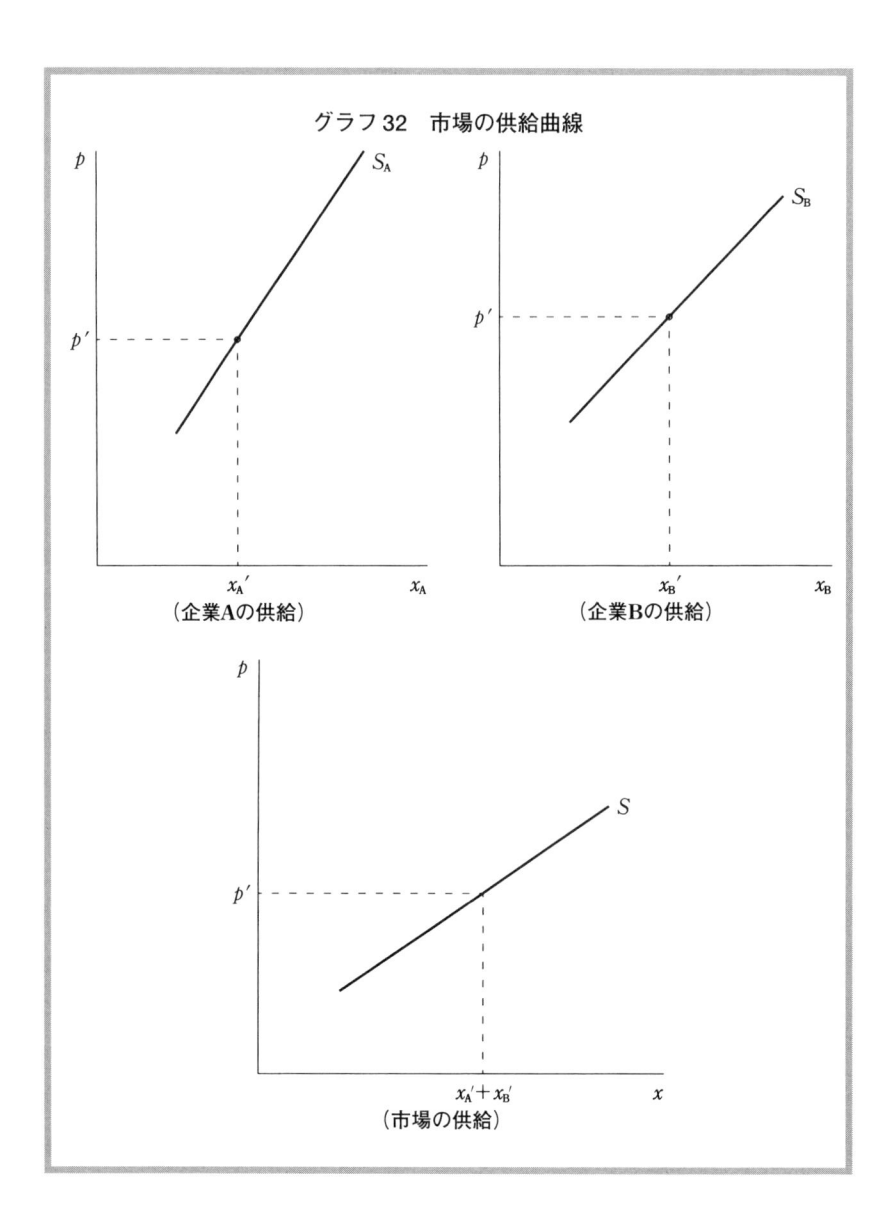

（企業Aの供給）

（企業Bの供給）

（市場の供給）

要曲線の傾きよりも必ず緩やかである。同様の理由で，供給曲線も個別主体の供給曲線の水平和になり，その傾きは個別供給曲線より緩やかである。

（2）解の存在

市場の需給曲線は，それぞれ，経済主体の最適化行動の結果（これを**主体的均衡**という）であるから，経済取引はその曲線上でしか成立しない。すなわち，需要曲線と供給曲線の交点において市場の取引が成立し，価格と市場全体の取引量が決定するのである。主体的均衡と，需給均衡が実現しているこのような状況を市場均衡（あるいは**客体的均衡**）とも呼ぶ。市場均衡が成立すれば，あらゆる経済主体が望ましい状態となり，社会的に最も望ましい状態となる。（この状態は，後述のパレート最適な状態である。）

ところで，市場均衡解は，常に存在するわけではない。経済学にとって意味のあるのは，取引量と価格が正の値をとり，グラフ上の非負象限において数学的な解が得られる場合のみであるから，負の象限に解が現れたり，

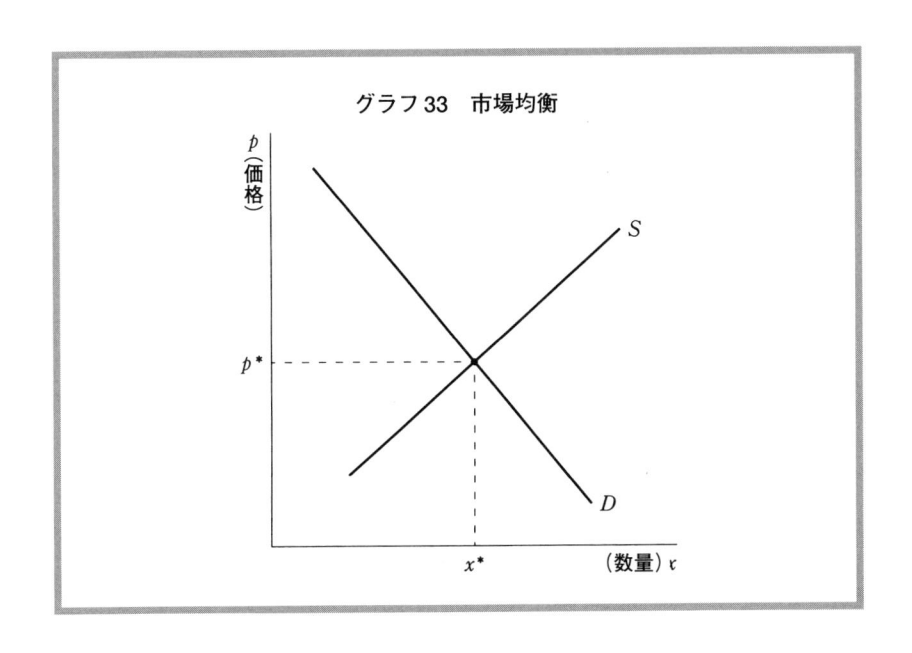

グラフ33　市場均衡

グラフ34 解の非存在

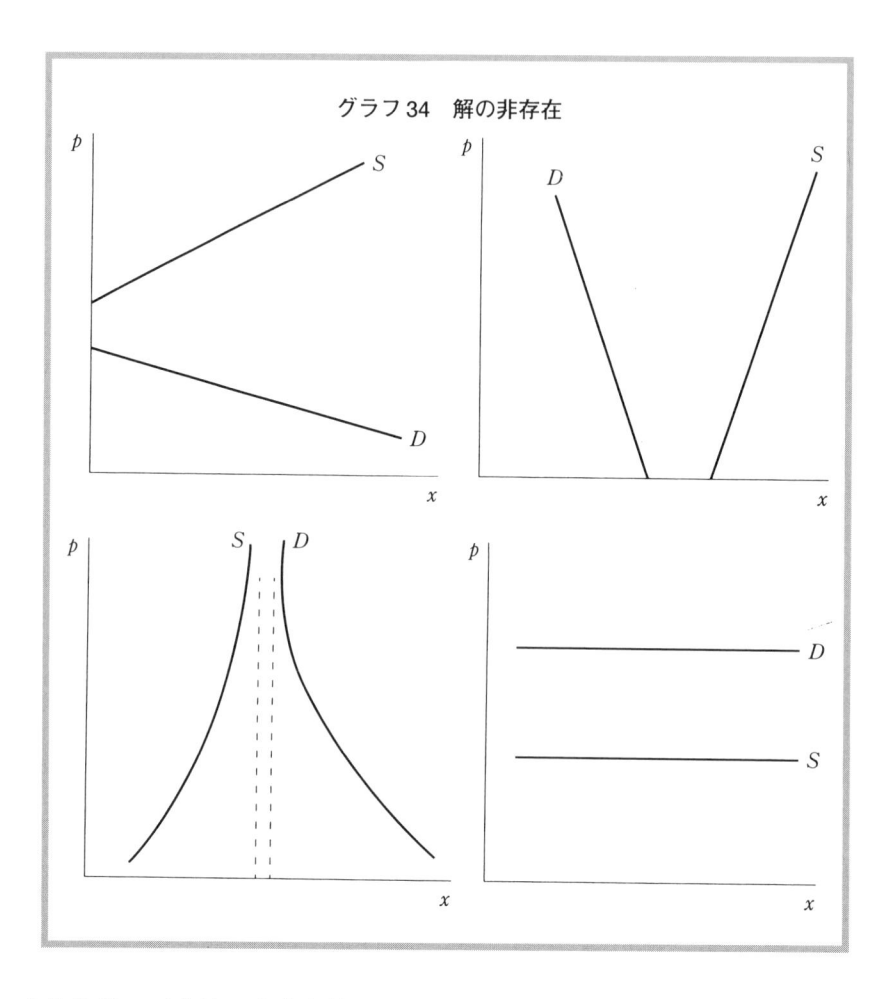

非負象限で両曲線が交点を持たないような場合においては解は存在しないということになる。

(3) 安定性分析

　需要供給均衡が, 非負象限に存在する状況において, たまたまその解からはずれた取引が行われようとした場合, 市場均衡解に収束するか否かという問題がある。これに対して, ワルラスによる安定性分析, マーシャル

による安定性分析，蜘蛛の巣理論といった代表的な分析枠組みが存在する。

① ワルラス的安定性

　株式市場や外国為替市場では，一日に何度も価格が変動し需給が調整されて，取引が成立する。ワルラスの安定性分析は，このように価格が需給調整を行い，調整速度が極めて速いマーケットを対象としている。

　いま，需要曲線（D）供給曲線（S）が与えられており，均衡解（E）が存在することが確認されているとしよう。このとき均衡解から価格がはずれたとき，その値は均衡に収束するであろうか。

　ワルラスは，任意の価格における需要量と供給量の差分として測られる**超過需要**（ED）がプラスであるときには価格は上昇し，マイナスであるときには価格は低下すると仮定してこの問題を分析した。例えばグラフ35のp_1は，高価格水準であるため，需要量より供給量の方が大きく，$-ED$の大きさの負の超過需要が存在している。したがって，価格は低下し

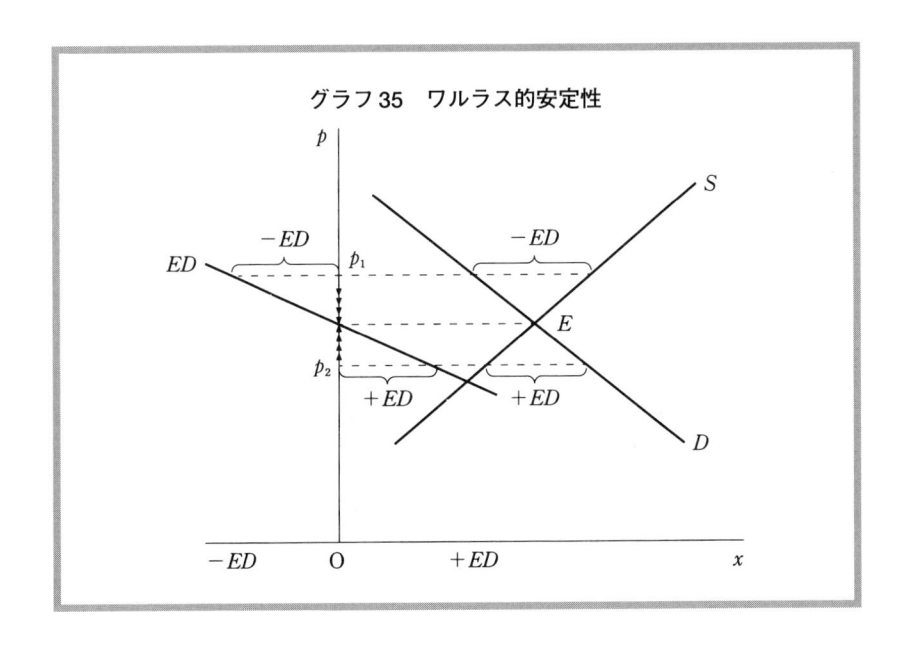

グラフ35　ワルラス的安定性

第3章　市場均衡

ていくことになる。一方。p_2の時には，低価格水準であり超過需要が+EDだけ存在するので，価格は上昇する。したがって，この体系では，価格が均衡からはずれても均衡価格に戻る。これをワルラス的安定と呼ぶが，この安定性を見分ける技術的な方法として，**超過需要曲線**を描く方法がある。これが，グラフに示すED線で，価格と超過需要の関係を示している。この線が右下がりであれば体系はワルラス的に安定ということになる。数学的には，

$$\frac{dED}{dp} < 0$$

のとき安定である。

②マーシャル的安定性

　住宅の市場のように，需要者が高くても買いたいと思っても，即座には供給が実現しないようなマーケットがある。この場合供給量が緩慢に増加することになる。マーシャルの安定性分析は，このように需要者がつける価格と供給者のつける価格の差違が供給量の調整を発生させ，調整速度が極めて遅いマーケットを対象としている。

　前と同様の状況で，供給量が均衡からはずれたとき，その値は均衡に収束するであろうか。これを分析するために，マーシャルは，任意の数量に対して需用者が払ってもよいと考える価格と供給者が要求する価格の差を**超過需要価格**（EDP）とし，この値がプラスであるとき供給量が上昇し，マイナスであれば供給量が低下すると仮定した。例えば，通常の右上がりの供給曲線と右下がりの需要曲線を前提とすると，生産数量が小さいときには，需要者は高くても欲しいと考えているのに対し，供給者は低い限界費用で生産が可能であるため低い価格しか要求しない。このため，正の超過需要価格が発生し，生産量は増えるであろう。逆に生産量が大きいときには，需要者の財に対する評価は低くなり，供給者の限界費用は高くなるので，負の超過需要価格が発生し，生産量は減少させられるであろう。一般に，マーシャル的市場の安定性を見分けるためには，**超過需要価格曲線**

グラフ36 マーシャル的安定性

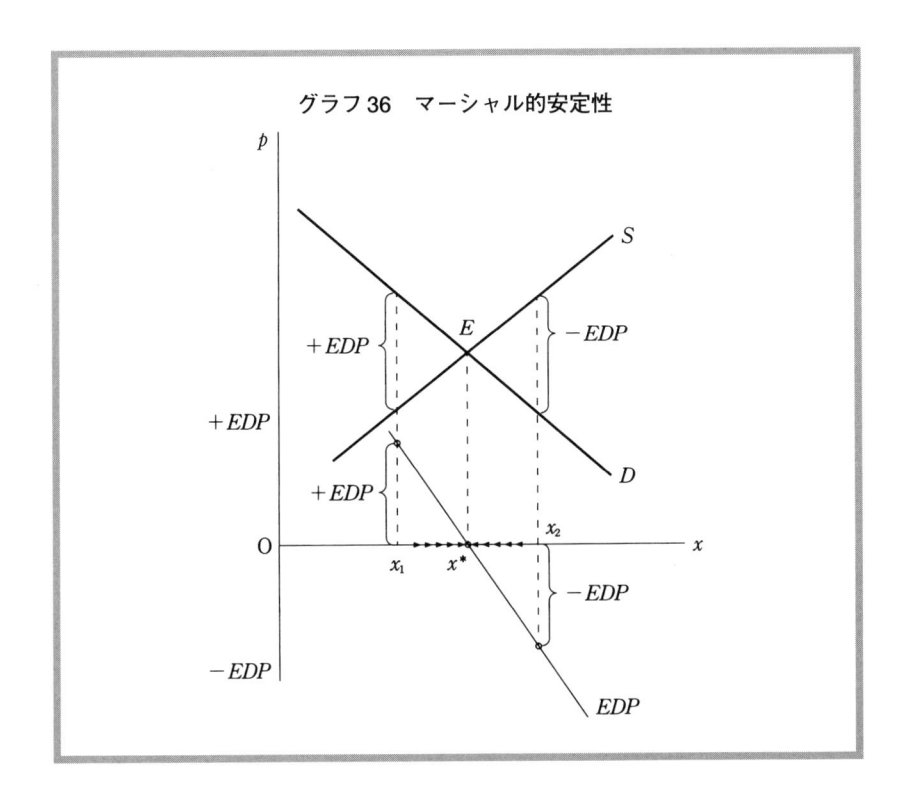

を描き，この傾きを調べればよい。超過需要曲線が右下がりになれば均衡数量へと落ち着く。これをマーシャル的安定という。数学的には，

$$\frac{dEDP}{dp} < 0$$

のとき安定である。

（4） 蜘蛛の巣理論

取引が均衡解以外で成立し，その値が経時的に均衡に向かうか否かを調べる最も有名なモデルは蜘蛛の巣理論である。農産物市場では，天候などの要因により供給量に不確実性が存在する。このため，いくらで売れるかについては予測しなければならない。このように，供給者が，十分な情報

第3章 市場均衡

を持たず，前期の状況が来期も続くという期待（**静学的期待**）を持つ場合，解の変動はどのようになるだろうか。

このモデルの前提は数学的には次のように表現される。

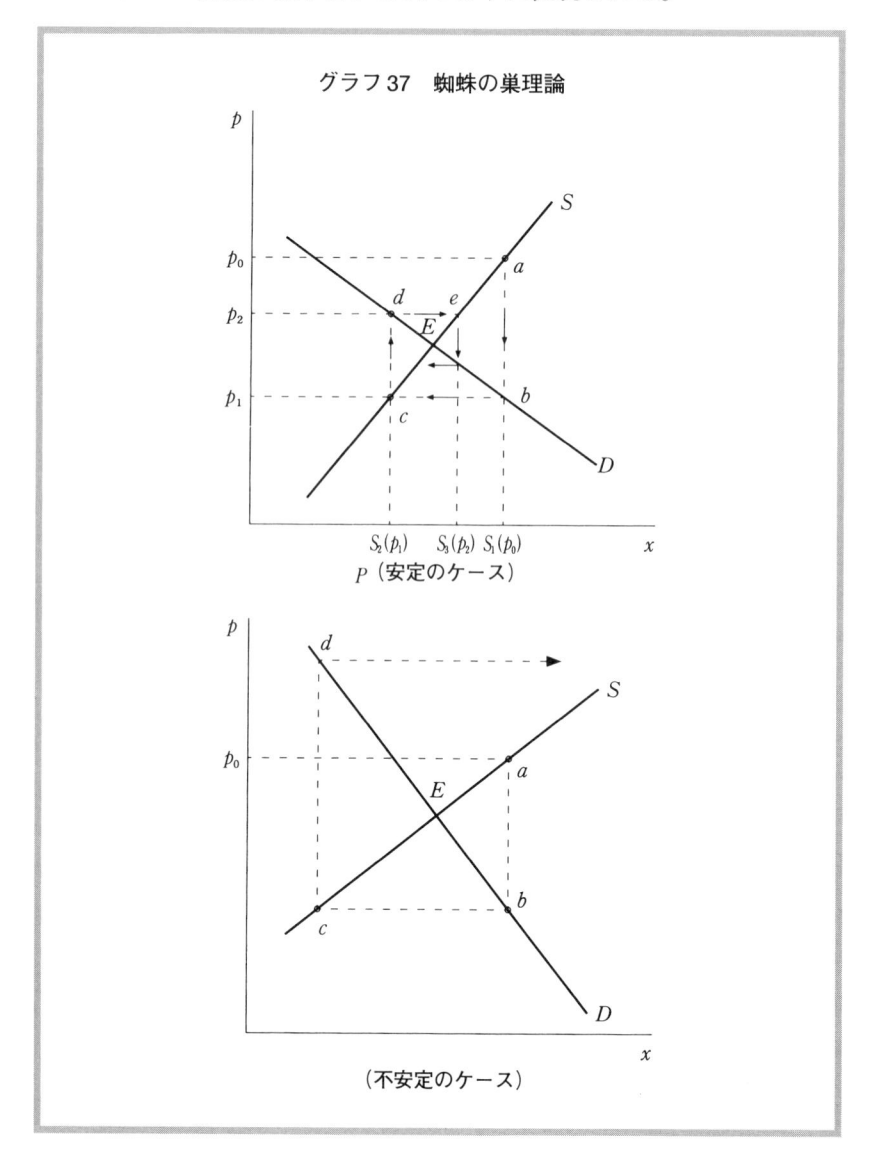

グラフ 37　蜘蛛の巣理論

P（安定のケース）

（不安定のケース）

① $p_t = p_t(x_t^d)$
② $x_t^s = x^s(p_{t-1})$
③ $x_t^d = x_t^s$

①は今期の価格p_tが今期の需要x_t^dによって決定されること，②は今期の生産が（x_t^s）前期の価格p_{t-1}を参照して決められること，③は各期において売り尽くしが実現することを表している。

農産物を例にとって，グラフ37上図で取引量と価格の移動プロセスを検討しよう。0期に価格p_0が成立したとする。生産者はこの価格を参照して第1期の産出S_1（a点）を決定する。生産物は売り尽くされなければならないので，価格がp_1（b点）に下がる。第2期にはこの価格を参照して生産S_2（c点）が決定される。このとき需要により価格が決定されるので価格はp_2（d点）となる。この価格は第3期の産出を決める。このプロセスが繰り返されると，需要曲線の傾きの絶対値が供給曲線の傾きの絶対値より小さいとき，均衡Eを実現する。しかし，需要曲線の傾きの方が大きいと均衡には収束しないで，発散してしまう。数学的には，

$$\left|\frac{dp}{dx^d}\right| < \left|\frac{dp}{dx^s}\right|$$

のとき安定である。しかし，グラフが与えられている場合，きれいに蜘蛛の巣を描ける場合には安定であり，そうでないときには不安定であるから，調べるのは容易である。

2　一般均衡

経済には，いくつもの市場が同時に存在し，互いに影響し合って各市場の均衡値が決定する。例えば，労働者の数が増えて労働市場における超過供給が発生すると，賃金が下がり，均衡労働量は増加する。その結果代替的な生産要素である資本財需要が減少し，やがて資本財価格も下がるであろう。このように各市場間の相互依存により決定される均衡を**一般均衡**と

いう。これを理解するために，消費者間の財の配分，生産要素市場の均衡，財生産量の同時決定モデルを見ることにしよう。

(1) 消費者間の最適契約

第1財と第2財の2財が存在し，それぞれの存在量がx_1, x_2であるとする。この財を個人Aと個人Bの間でどのように分け合うことが望ましいであろうか。これを考えるために，グラフ38のように左下方にAの原点O_A，右上方にBの原点O_Bをとって，横軸，縦軸にそれぞれ1財2財の存在量をとる。すると，このボックスの中の点により，各個人への財のあらゆる配分が表現されることになる。このようなボックスを，**エッジワース・ボックス（ダイアグラム）**という。

さて，これらの選択可能な配分点のうち，合理的経済主体に受け入れられる点はどのような点であろうか。消費者の目的は効用の最大化であり，高い効用に対応するできるだけ上方の無差別曲線を選択しようとする。いま，個人Bの効用水準がある一定の値（U_B）に決まっていて，個人Aの効用（U_A）のみを増加させることを考えてみよう。すなわち，

　　　　最大化　　U_A
　　　　制約条件　U_B

という問題を解けば，この解は2人が存在する社会における一つの望ましい消費配分を実現する。あらゆる個人Bの無差別曲線を制約としたときの個人Aの最適点の軌跡をとると，ee'の点線のようになる。これは，個人Aの無差別曲線を制約としたときの個人Bの最適点の軌跡と一致する。すなわち，各個人の最適な配分点（契約点）はこの線上のすべての点となる。この線のことを，**エッジワースの契約曲線**という。また，この契約曲線上の点は**パレート最適点**であるともいう。

以上からわかるように，パレート最適点とは，「他の経済主体の効用を減ずることなく自らの効用を最大化する点」である。社会全体としてみれば，すべてのパレート最適点は効率的な資源配分であり望ましい点である

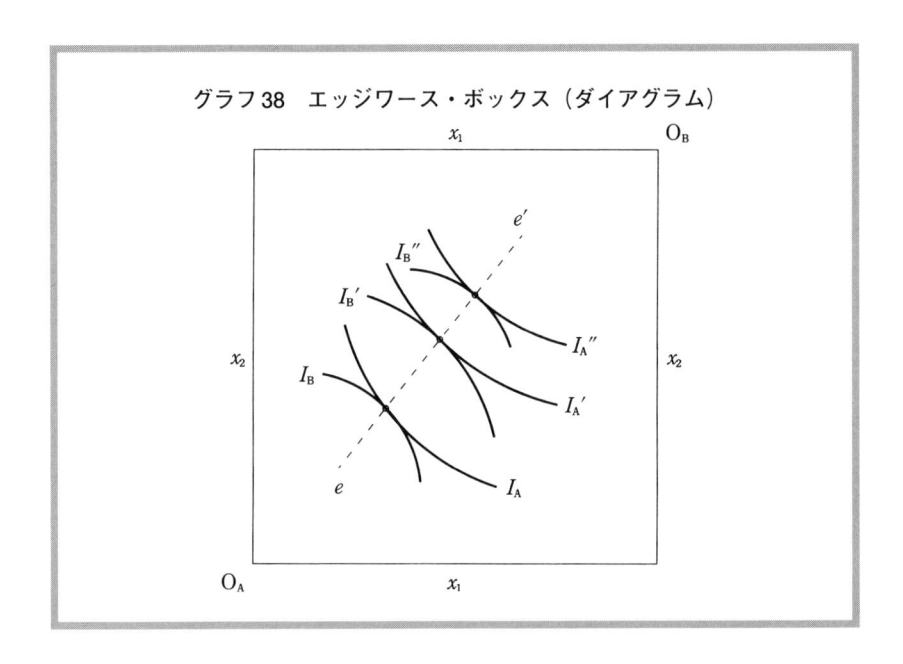

グラフ38　エッジワース・ボックス（ダイアグラム）

が，個人間の分配の公正の問題が無視されている。パレート最適性が満たされていても，社会において極端に貧しい人と豊かな人が存在するという不公平が発生し得るのである。

（2）最適生産要素配分と利潤最大生産

　生産要素が1種類，企業が2つ，生産物が2つ存在する経済における一般均衡を考えよう。生産要素の存在量をyとし，これを第1財の生産にy_1，第2財の生産にy_2だけ用いるものとする。このとき，第i財の生産量をx_iとすれば，

　　　$x_1 = f(y_1)$　　　第1財の生産関数
　　　$x_2 = g(y_2)$　　　第2財の生産関数
　　　$y = y_1 + y_2$　　　生産要素制約

が成立している。生産関数は単調に逓減的であると仮定する。これらの関係から，この経済において実現可能なx_1とx_2の組合せを示したものが，グ

ラフ39の第1象限である。第2，第4象限には生産関数，第3象限には要素制約が示されている。第1象限のグラフは，一般に**生産可能性曲線**といい，現在の生産技術と要素存在量においてぎりぎり生産可能な点の軌跡を示している。この曲線の内側は**生産可能領域**と呼ばれる。また，生産可能性曲線の接線の傾きの絶対値を**限界変形率**といい，

$$\left(-\frac{dx_2}{dx_1}\right)_{dy=0}$$

と表す。意味合いは，要素一定下（$dy=0$）においてx_1を1単位増加させ

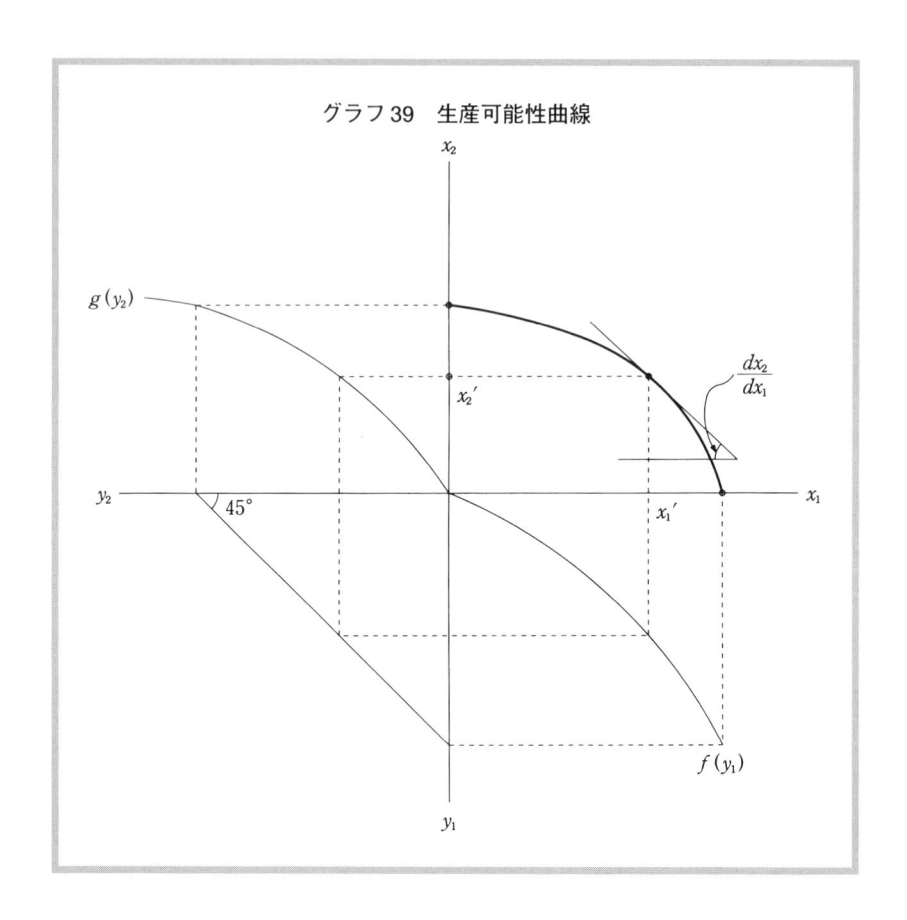

グラフ39　生産可能性曲線

るためにはx_2をどれほどあきらめなければならないかということである。いま労働量が一定の状況で，第1財生産を増やすためには，第2財の生産にあたっていた労働者を第1財生産にまわす必要がある。第1財を1単位増やすために労働者が追加的に1人必要で，第2財を1単位増やすために労働が者が追加的に2人必要なら，第1財を1単位増やすためには，第2財を生産する労働者を1人減らす必要があるので，第2財は0.5単位減ることになる。このときには，限界変形率は，

$$-\left(\frac{-0.5}{+1}\right) = \frac{1}{2}$$

となる。また，この値は，第1財の限界生産力（$dx_1/dy_1 = 1$）と第2財の限界生産力（$dx_2/dy_2 = 2$）の比率になっていることがわかる。

ところで，企業の収入Rの合計は，財価格をそれぞれp_1，p_2とすれば，

$$R = p_1 x_1 + p_2 x_2$$

であるから，Rを可変的なものとみることにより，

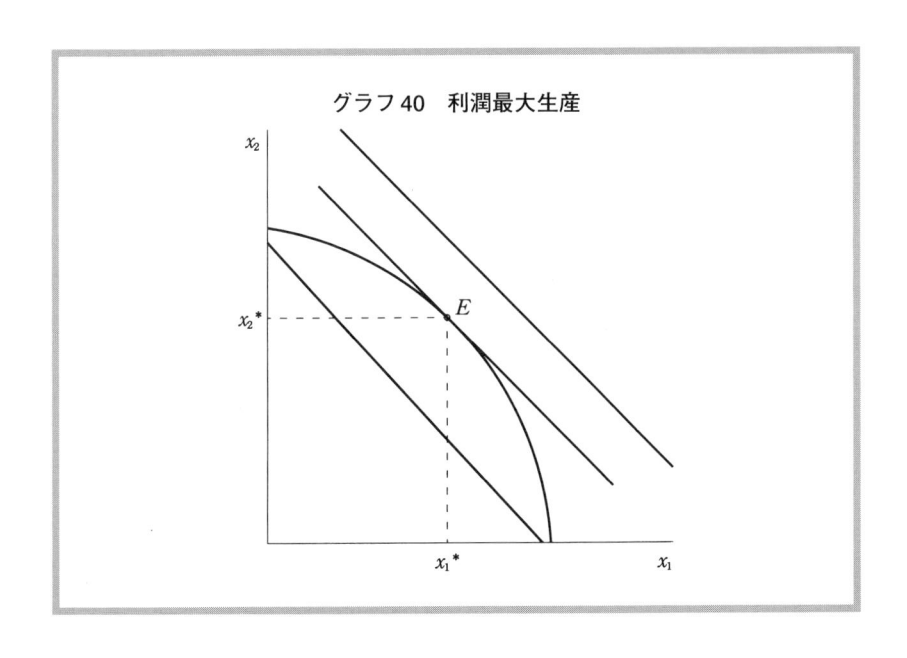

グラフ40　利潤最大生産

$$x_2 = \frac{R}{p_2} - \frac{p_1}{p_2} \cdot x_1$$

で表される**等収入線**が描ける。企業は生産可能性領域のうちでできるだけ多くの収入を上げれば利潤を最大化することになるので，生産可能性曲線を制約とし等収入線を目的関数とする最大化問題を解くことになる。この結果，均衡点が求まるが，利潤最大化条件は，限界変形率と価格比の均等である。以上をまとめると，利潤最大化が実現しているときには次式が成立することになる。

  限界変形率＝限界生産力比＝価格比

（3）閉鎖体系下のミクロ一般均衡

　さて，これまでの議論を総合して全体の議論を統一的に把握する，すべての財と市場を含んだ分析枠組みである一般均衡体系のモデルを提示しよう。ただし，簡単化のため，2財の供給が行われ，2人の個人が消費を行う経済を考える。

　グラフ41に示すように，第1象限に，利潤最大生産点Pが示されている。この点が決まれば最適要素投入点y_1'，y_2'が同時に決定する。また，P点により消費可能量が決定されるので，これによりエッジワース・ボックスを開くことができる。最適消費は，1章で学んだように限界代替率と価格比の均等を要求する。これにより最適消費点がCとなることも明らかであろう。また，利潤最大点では限界変形率と価格も等しい。さらに，完全競争下では価格と限界費用が等しく，生産関数と費用関数は逆の関係にある。これより次式が得られる。

  限界代替率＝価格比＝限界費用比＝限界生産力比＝限界変形率

　ところで，市場間の相互依存関係について一般均衡論の創始者ワルラスにより重要な法則（**ワルラスの法則**）が発見されている。それは，多数の市場が存在したとき，各市場の超過需要（*ED*）を足すと，その値は常に0に等しいというものである。すなわち，市場をiとし，各市場の需要をx_i^D，

グラフ41　一般均衡

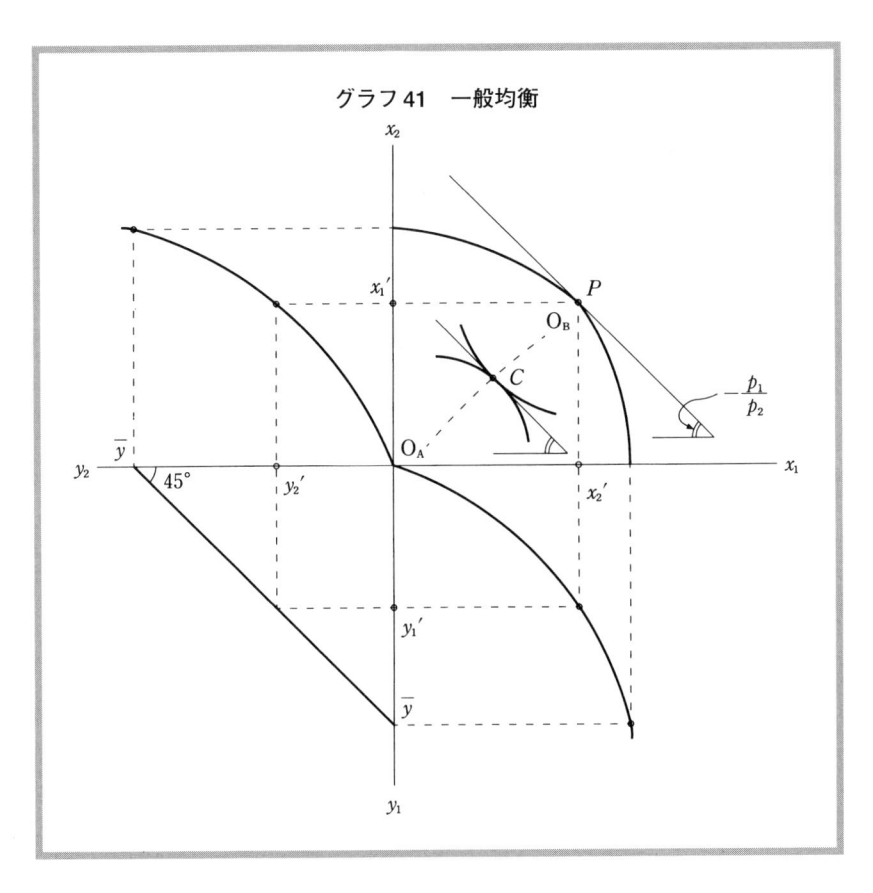

供給をx_i^Sとすれば，

$$(x_1^D - x_1^S) + (x_2^D - x_2^S) + (x_3^D - x_3^S) + \cdots = 0$$

である。これは，一般均衡では，ある市場が超過需要なら，別の市場でそれを相殺するだけの超過供給が発生することを意味する。また，このことは，同時に，n個の財の市場が存在し，$n-1$個の市場が均衡しているときには，残りの市場の均衡も保証されることを意味している。

第4章 独占と寡占

　これまでの議論では，市場には無数の企業が存在しており，同質的な財を生産していたため，個々の企業が価格支配力を持つことがなかった。しかし，実際には，市場に同一の財を生産する企業が1つしか存在しないケースや，2つ，あるいは少数しか存在しないケースなどがあり得る。また，生産する財の性質が他企業と異なるような場合もある。このようなケースでは，企業に価格支配力が発生し，企業は産出量だけでなく価格の選択も同時に行う。また，市場にある企業が2つというようなケースでは，企業の戦略をゲームとして把握することもできるであろう。この場合には，ゲームの理論の成果を応用することにより，企業の行動を説明することができる。本章ではこのようなケースについて取り扱い，価格と産出量の決まり方を明らかにする。

　本章を学ぶことにより，独占，複占，寡占，ゲーム論の応用に関する問題を解くことができるようになる。

1　供給独占

　はじめに，市場に企業が1つしか存在しないケース（独占）について，企業の最適化問題を考えよう。供給者は1企業だけであるから，企業は価格を自由に決定することができる。ただし，売れ残りが発生しては意味がないから，市場における需要曲線上で価格を決定する必要がある。これを踏まえて，企業は利潤を最大化するように価格と数量の同時決定を行うが，はじめにこの定式化を行おう。また，このような独占企業に税金が課された場合，均衡がどのように変化するかも確認しておこう。

（1） 独占均衡と独占度

　独占企業においては，自らが直面する需要が市場の需要曲線に一致し，これを考慮して価格を自ら決定する。産出を x，価格を p，費用を C とすれば，企業の利潤（π）は，

$$\pi = px - C(x)$$

と表現されるが，ここでは産出に応じて価格を変化させることができるので，価格は産出量の関数として，

$$p = p(x)$$

と表現される。MC を限界費用，MR を限界収入とすれば，利潤最大化を行う企業では，

$$\frac{d\pi}{dx} = \frac{d(p(x)x)}{dx} - dC(x) = MR - MC = 0$$

すなわち，

$$MC = MR$$

が実現される。これが独占企業の利潤最大化条件である。限界収入と限界費用が等しくなるとき利潤が最大となることは，完全競争時と同一である。（たまたま，完全競争時では，生産一単位を増加させるときの追加的収入である限界収入が財価格に等しかったにすぎない。）

　今ひとつの例として，a, b を定数として需要曲線が，

$$p = a - bx$$

と表されるものとする。総収入 TR は，

$$TR = px = ax - bx^2$$

となり，限界収入は，

$$MR = \frac{dTR}{dx} = a - 2bx$$

すなわち，需要曲線の2倍の傾きを持つ直線となることがわかる。グラフ42に示すような限界費用曲線が描けるとすれば，利潤最大生産量は，限

グラフ 42　供給独占

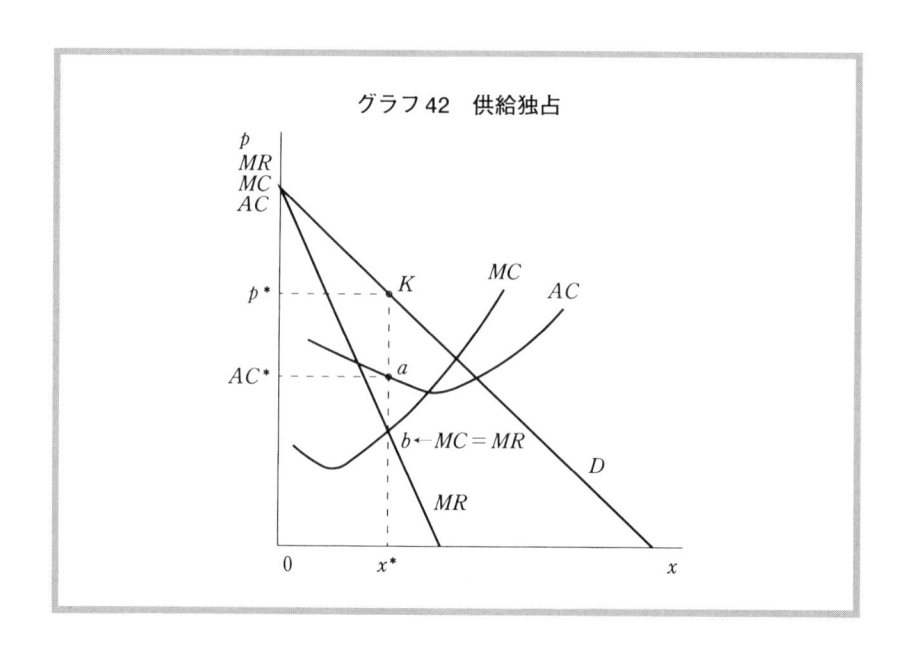

界費用＝限界収入を実現する x^* ということになる。この産出量がすべて売り切れるためには p^* の価格がつけられなければならないが，x^* から描く垂線と需要曲線の交点 K をクールノーの点と呼ぶ。このときの利潤が四角形 p^*AC^*aK の面積になることを，自ら確認してほしい。

さて，企業の独占的市場支配力というものをどのように測ったらよいであろうか。これは，独占企業の供給する財に代替財が存在するか否かに強く依存する。仮に，独占企業が価格を引き上げたとき市場から需要が逃げ出していってしまうのであれば，企業の市場支配力は弱いと考えられるし，逆に，価格を引き上げても需要者がその財の消費量を変化させることができないのであれば，企業の市場支配力は強いと考えられる。

ラーナーは独占企業の市場支配力を測定する指標として，**独占度** μ を次のように示した。

$$\mu = \frac{p - MC}{p}$$

完全競争時には，価格と限界費用が等しくなるため，独占度は完全競争においてちょうど0となる。また，

$$\mu = \frac{p - MC}{p} = \frac{1}{\varepsilon_p}$$

すなわち，ラーナーの独占度が需要の価格弾力性 ε_p の逆数となることを確かめることができる。（計算を試みられたい。）生活必需品では需要の価格弾力性は小さな値をとり，独占度は大きくなる。生活必需品には代替財が存在せず，需要量は価格の変化に関わらず固定的であるため，独占企業の市場支配力が強くなることに対応している。

（2）課税の効果

生産量に課される税金を**従量税**という。従量税が独占企業に課された場合の最適な生産量と価格はどのようになるであろうか。生産量1単位当たり税額を α とすれば，総税額は αx である。利潤 π は，

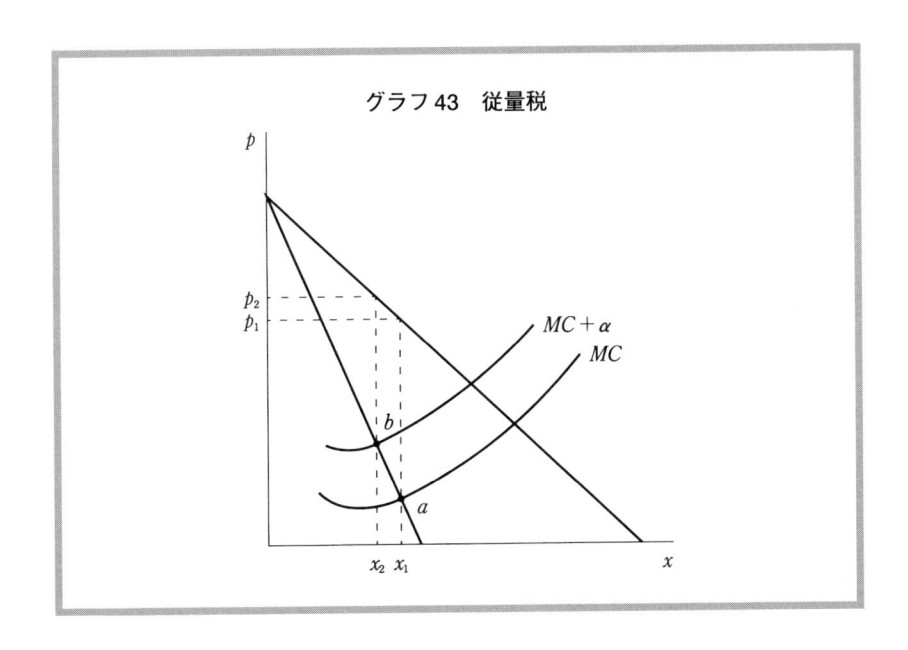

グラフ43　従量税

第4章　独占と寡占

$$\pi = p(x)x - C(x) - \alpha x$$

となる。最大化問題を解くと,

$$\frac{d\pi}{dx} = MR - MC - \alpha = 0$$

すなわち

$$MR = MC + \alpha$$

を得る。これは,企業が生産を1単位追加したときの追加的費用が限界費用と税金であり,これと限界収入が等しくなれば利潤が最大化されることを意味している。このケースでは限界費用曲線を α だけ平行に上方シフトさせ,均衡点を見つければよい。この結果,新しい均衡では産出がより小さく,価格がより高くなる。

さて,価格に対してかけられる税金を**従価税**というが,従価税が独占企業に課せられた場合,均衡はどのように変化するであろうか。価格 p に β の率で従価税をかけると,生産が x だけ行われるときの総税額は βpx とな

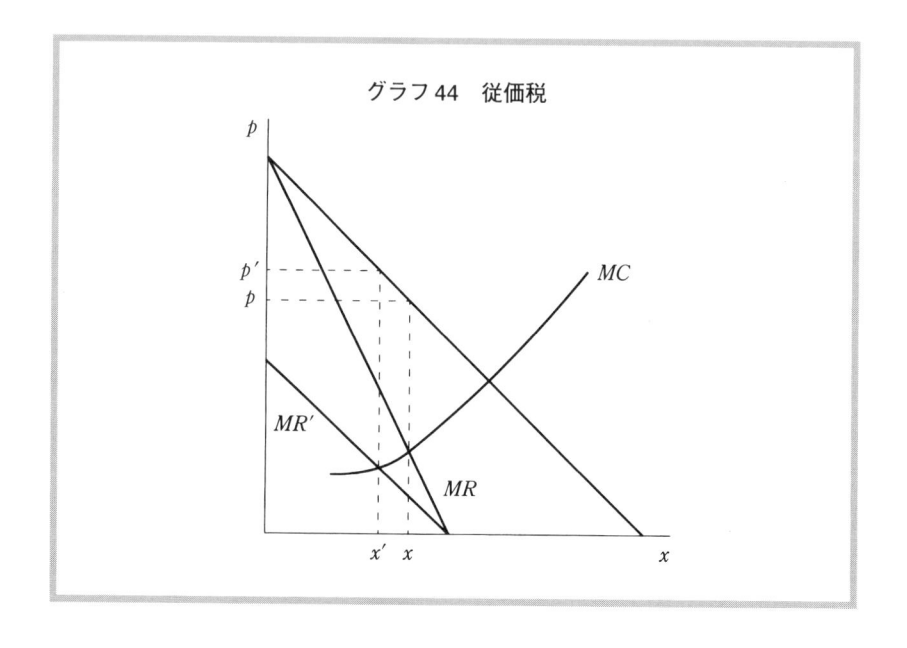

グラフ44　従価税

る。利潤は，

$$\pi = p(x)x - C(x) - \beta px = TR - TC - \beta TR$$

となる。利潤最大化問題を解くと，

$$\frac{d\pi}{dx} = MR - MC - \beta MR = 0$$

すなわち，

$$MR(1 - \beta) = MC$$

を得る。グラフ44を用いて均衡点の変化を確認すれば，限界収入曲線（MR）をツイストさせて，これ（MR'）と限界費用曲線との交点から均衡点を見つけることができる。これにより，やはり数量が低下し価格は上昇することがわかる。

2 複占

市場に企業が2つだけ存在するという状況を考える。この場合，一般的には，2つの企業のは互いに相手企業の生産量がどのような水準に決められるか正確には知り得ない。(すなわち市場には不確実性が存在している。) このため企業は，不確実性下での最適化問題を考えなければならない。このとき，2つの企業が全く対等である場合と，2つの企業に力の差があって，片方の企業がリーダーとなり，もう一方がそれに追従するといったケースが考えられるが，双方に関して分析を行おう。

(1) クールノーモデル

クールノーは，次のようなアイデアに基づいて複占均衡を定式化しようとした。「複占者は互いに相手の生産量に関して正確な情報を持ち得ないため，各々が相手の生産量を所与として利潤最大生産量を決定するように行動する（クールノーの仮定）。各企業の相手企業の生産量に関する予想が外れた場合，各企業の生産量は最適ではないため，予測を改定して行動

を変化させるであろう。予想と実現値が一致し，2つの企業の主体的均衡が同時に成立すれば，そこで各企業の行動変化は止み，市場均衡が実現する。」

以上のアイデアをモデル化しよう。

市場に存在するA，Bの2企業の生産量をx_A，x_B，価格をp，費用をそれぞれC_A，C_Bとすれば，利潤はそれぞれ，

$$\pi_A = px_A - C_A$$
$$\pi_B = px_B - C_B$$

となる。市場価格は，市場における需要量を所与のものとすれば2企業の供給する産出量に依存して決まるので，

$$p = p(x_A + x_B)$$

であるから，利潤関数は結局，

$$\pi_A = p(x_A + x_B)x_A - C_A$$
$$\pi_B = p(x_A + x_B)x_B - C_B$$

となる。この利潤関数から等しい利潤の組合せをとったAの等利潤線を描けば，グラフ45の山形の線のようになることが知られている。

等利潤線は下のものほど高利潤を表している。なぜなら，例えば，aとbではaの方が企業Bの産出が大きく，市場全体の供給量が大きいことから市場価格が低くなるため，aを通る等利潤線の方が小さな利潤を示すことになるからである。クールノーの仮定に従い，企業Aが企業Bの産出を所与と考えて利潤最大の産出を決めるとすれば，等利潤線の頂点のみが選択すべき点の候補となる。

利潤関数の頂点を結んだ点は，相手企業の生産を所与としたときの自己企業の利潤最大生産量の軌跡であり，主体的均衡点の軌跡である。この線を求めるためには，

$$\frac{\partial \pi_A}{\partial x_A} = 0$$

グラフ45　等利潤線

グラフ46　利潤最大化

$$\frac{\partial \pi_B}{\partial x_B} = 0$$

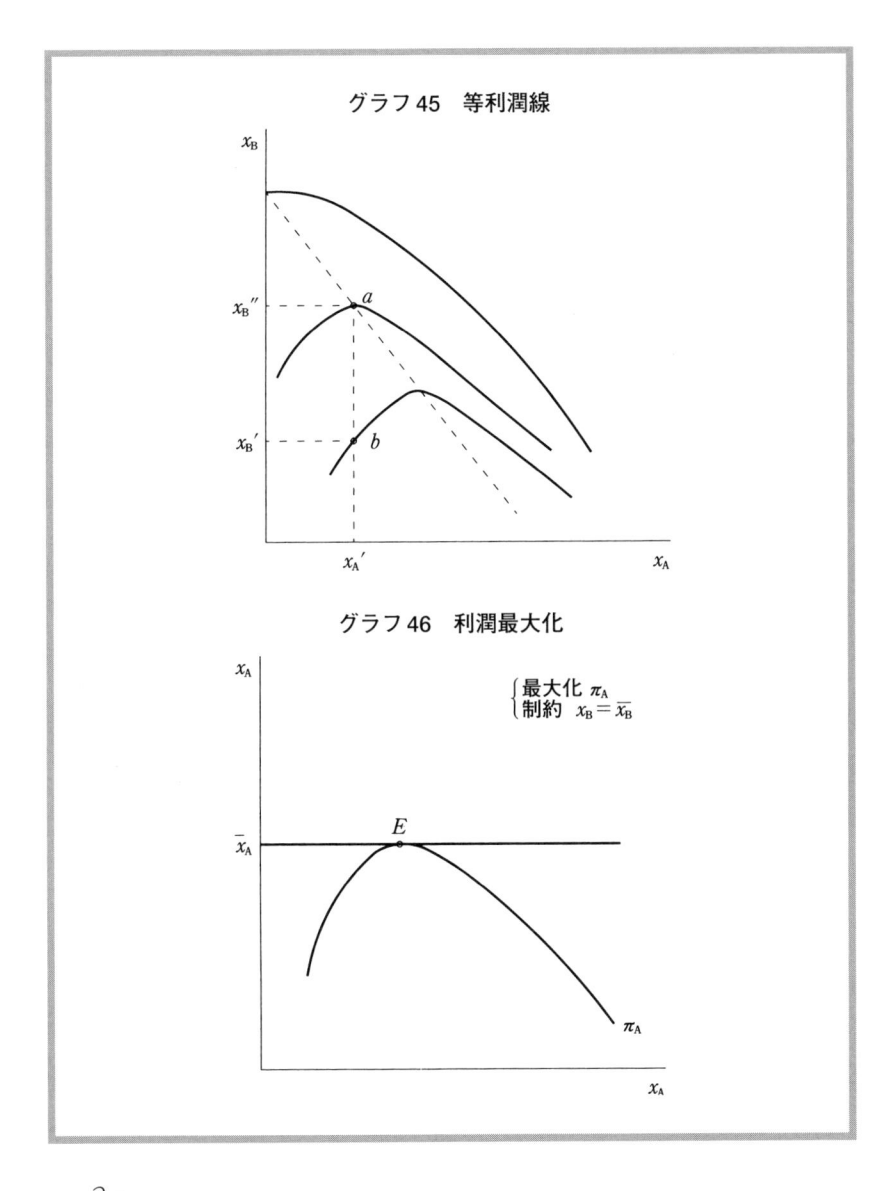

を計算すればよい。偏微分しているのは，他の変数（他企業の産出量）を

第4章　独占と寡占

グラフ47 クールノー均衡

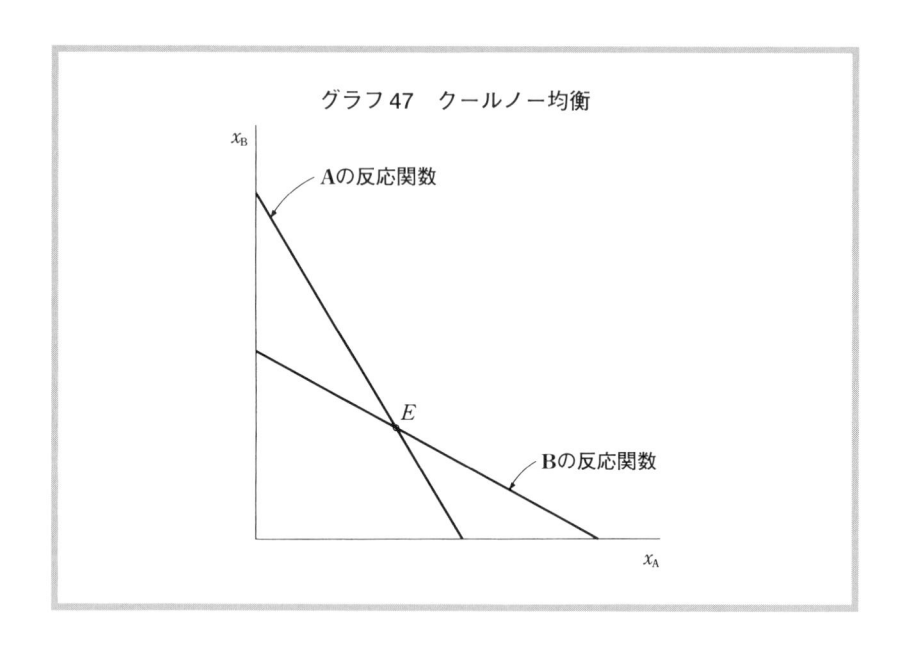

所与のものとして微分すれば，クールノーの仮定をみたすからである。これにより得られる関数を一般に**反応関数**と呼ぶ。2つの企業の反応関数を同時にグラフに描いた場合，この交点は**クールノー均衡**と呼ばれるが，主体的均衡が双方みたされているので，この点から動く誘因は何ら存在しない。また，この点は，各経済主体が他の経済主体の特定の行動を予想し，その予想が正しいと考えた上で最大化行動をとる結果，当初の予想と結果としての行動が一致した均衡であり，これを**ナッシュ均衡**という。

以上からわかるように，実際に問題を解く場合には，利潤関数を2企業について作り，他企業の生産量を所与として利潤最大化問題を解き，これによって得られた2本の式を連立させて各産出量を導出すればよい。

(2) シュタッケベルクモデル

シュタッケベルクは，クールノーと同一の枠組みを用いて，一方の企業を先導者，他方の企業が追従者となる場合の均衡を考えた。彼のおいた仮

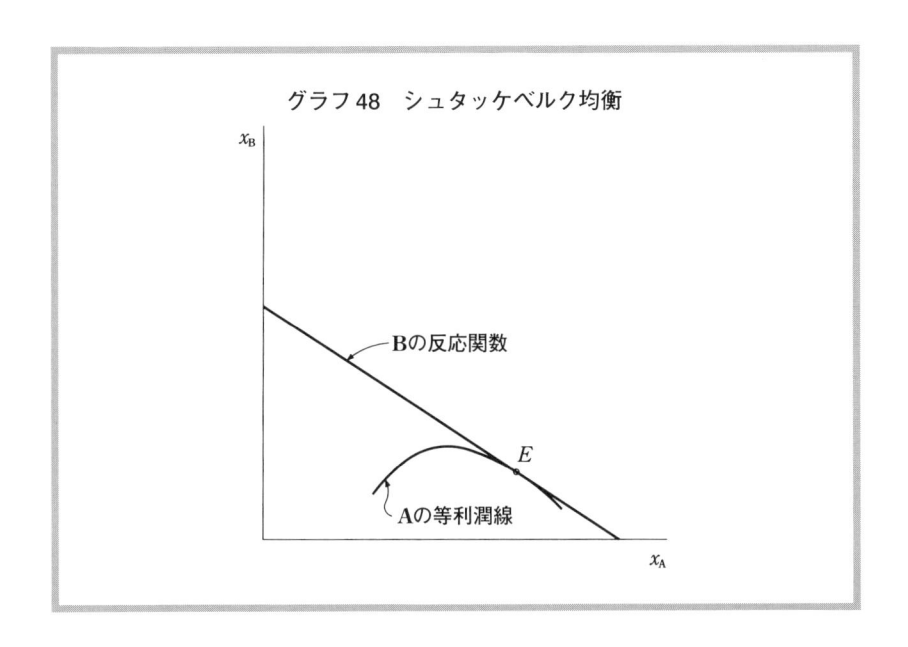

グラフ48　シュタッケルベルク均衡

（図：縦軸 x_B、横軸 x_A、Bの反応関数、Aの等利潤線、均衡点 E）

定は，先導者は追従者の反応関数を所与として自らの生産量を主体的に決めるが，追従者は先導者の生産量を条件として自らの生産量を受動的に決める，というものである。要するに，均衡は先導者による，追従者の反応関数を制約条件とした最大化問題の解となる。

　ここで注意すべき点は，先導者が追従者の反応関数に関する情報を持っており，情報優位者となっていることである。Bの反応関数上で生産量を決めれば，Bはそれを受け入れるので，Aは情報の優位性を利用して利潤を高めることに成功しているのである。

3　ゲームの理論

　不確実性が存在する場合の経済行動を分析する手段として，フォン・ノイマンの研究を嚆矢として，早くからゲームの理論は経済学の分析に利用されてきた。近年ではミクロ経済学・マクロ経済学において頻繁にその枠

組みが利用されており，最新の経済学の発展とゲーム論の発展は極めて密接である。しかし，ゲームの理論そのものは，経済学固有の成果ではないので，入門レベルでは，ゲーム論と経済学の関係に関する基本的な考え方を理解すれば十分である。以下では，最も基本的な，囚人のジレンマゲーム及び展開型ゲームについて解説する。

（1）囚人のジレンマゲーム

複占的状況が成立すると，2つの企業のシェア争いなどはゲーム的な様相を呈する。いま a, b の2企業が存在し，高利得を求めて H（高価格戦略），L（低価格戦略）を選択するものとする。高価格戦略をとると，価格を上げることによる収入増が期待される一方，競合企業が低価格戦略をとればシェアを失うことになるため，収入減が起こる可能性もある。

表1は戦略に対応した利得表である。(80, 20) とあるのは，企業 a の利得が80，企業 b の利得が20という意味である。このケースでは，両企業が高価格戦略であれば，シェアは50％ずつで，両企業が高い利得を得ることができる。同様に，両企業が低価格戦略であれば，シェアは50％

表1 非ゼロ和二人ゲーム

a \ b	H	L
H	(60, 60)	(20, 80)
L	(80, 20)	(30, 30)

ずつで，両企業が低い利得を得ることになる。また，a企業が低価格戦略で，b企業が高価格戦略に出るのであれば，aの低価格戦略は成功し，aは高いシェアを得て高利得を手にすることになる。利得表から明らかなように，aにとっては，bがHをとってもLをとってもLをとった方が得である。bにとっても，やはりaがどちらの戦略をとってもLをとる方が得である。このように，相手の戦略に関わらず，自らにとって最適な戦略のことを**支配戦略**という。この結果，相手の戦略が事前にわからないにも関わらず，利得（30，30）がナッシュ均衡として実現する。しかし，利得合計の最大点は，HHで実現する（60，60）であり，明らかにこの点が2企業にとってのパレート最適点である。このように，相手の行動に関する不確実性が存在し，ゲームが非協力的に行われる結果，最も良い状況が実現しないような状態を**囚人のジレンマ**という。

（2）展開型ゲーム

囚人のジレンマゲームは，プレーヤーの戦略の選択が同時に行われるものであるが，プレーヤーの手番を考え，行動順序を考慮してゲーム表現をしたものを展開型ゲームという。

行動順序を表現する方法として，ゲームトゥリー（**ゲームの樹**）を用いる。

ここでの例は，市場における，既存企業と新規参入企業との間で行われる市場参入ゲームである。既存企業を企業1，新規参入企業を企業2とする。参入が行われない場合に，1の利得は50，2の利得が0とすると，利得は（50，0）と表現される。参入が行われると，1は価格を引き下げてこれを阻止しようとする価格競争戦略と，価格競争を行わず参入を容認する共存戦略の2つをとることができる。競争戦略がとられると，両企業の利得は小さくなり，（−5，−5）が，共存戦略がとられると，競争よりも高い利得（15，15）が実現する。

このとき，企業2が合理的なら，参入を行いさえすれば1が共存戦略をと

表2－1　標準型ゲーム

企業1 \ 企業2	参入	非参入
共存	(15, 15)	(50, 0)
競争	(−5, −5)	(50, 0)

表2－2　展開型ゲーム

```
                       共存   (15, 15)
           参入  企業1
企業2                   競争   (−5, −5)
           非参入  (50, 0)
```

ることを予想するので，利得が15となり，参入を行わないより望ましいと考える。また1は，参入に対して共存戦略をとるので，参入・共存の組合せが均衡となり，(15, 15) が実現する。このようにして決まる均衡を特に，部分ゲーム完全均衡あるいは完全ナッシュ均衡と呼ぶことがある。

　前の議論から，このケースにおいて標準型ゲームでは，(非参入・競争) と (参入・共存) の2つのナッシュ均衡が存在することを調べることができる。

4　寡占

　完全競争的市場理論に対しては，現実の経済が寡占的様相を呈し，価格

形成についても完全競争的理論や完全独占モデルでは説明しきれないという事実によって，批判が向けられ，代替的な説明モデルが要請されるに至った。これに応えて現れたのが寡占価格理論である。本章では，市場がいくつかの企業によって支配されている状況を考え，価格の硬直性や，寡占状況に応じた価格形成理論を学ぶことにしよう。

（1）屈折需要曲線

完全競争モデルや，完全独占モデルでは，限界費用が変化したとき即座に価格が反応することを説明する。このため，わずかでも技術進歩が発生すれば，価格は伸縮的に動くはずであり，ある一定期間にわたる価格の硬直性は説明しがたい。しかし現実には，寡占市場において価格が硬直的な期間が観察され，これを説明する理論として次に述べる屈折需要曲線モデルが提示された。

さて，いま，グラフ49に示すように，寡占企業の1つがQ点の位置で

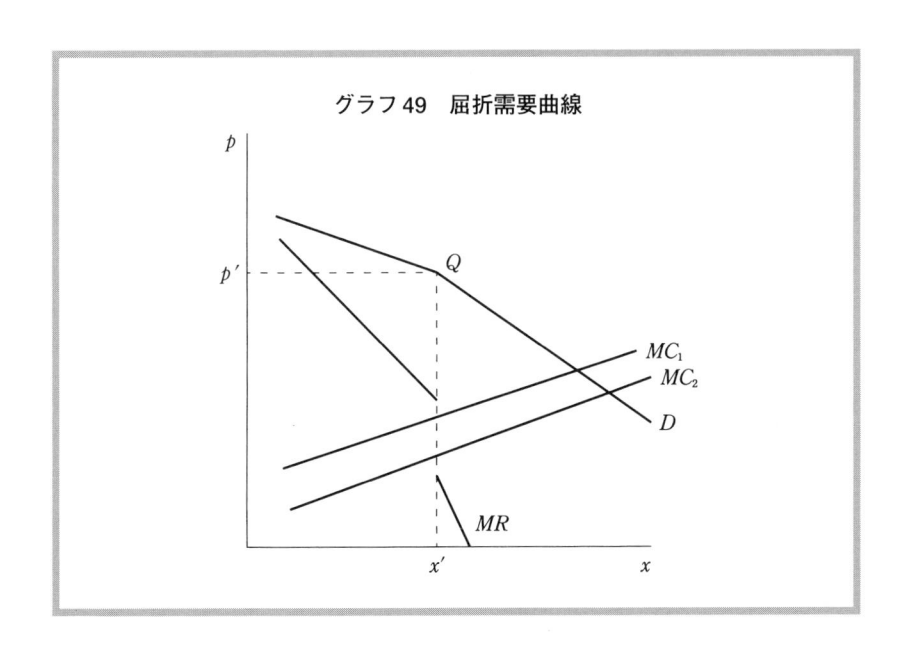

グラフ49　屈折需要曲線

価格と産出を決定しているとする。この企業が価格引き下げを行うと,他企業はシェアを確保するために価格引き下げに追従するであろう。一方,価格引き上げを行うときには,他企業はシェア拡大をねらうのでこれに追従しない。このため,Q点を境にして屈折した需要曲線に直面することになる。この需要曲線をもとに限界収入曲線を引くと,グラフ49に示すような不連続な線となる。利潤最大生産量は限界費用と限界収入の均等を要求するが,限界収入に垂直な部分が存在するので,ある一定の限界費用の変化に対して同一の利潤最大生産量が対応し,この範囲内において価格は硬直的となる。例えば,グラフのMC_1もMC_2も同一の価格付けを要求する。このように寡占的市場環境では硬直的価格が成立し得ることになる。

この理論は,現実を説明する上で重要な理論的貢献を果たしたものの,当初均衡点がどのように決まったかに関する整合的な議論がなく,理論体系としては不完全であるとの指摘もなされている。

(2) 売上高最大化仮説

寡占企業は,短期的利潤ではなく,売上高(シェア)拡大を目的として産出と価格を決定しているとする,ボーモルによる議論がある。この理論を一般に売上高最大仮説と呼ぶ。

売上高を最大化するということは,総収入TRを最大化することに他ならない。産出量をx,価格をp,aとbを定数として需要曲線を,

$$p = a - bx$$

とすれば,企業の総収入は,

$$TR = ax - bx^2$$

となる。これを最大化するためには,

$$\frac{dTR}{dx} = MR = a - 2bx = 0$$

すなわち,限界収入がゼロとなる点において産出を決定すればよい。x'がこの点であり,独占均衡(x'', p'')よりも大きな産出と低い価格付けがな

グラフ50　売上高最大化仮説

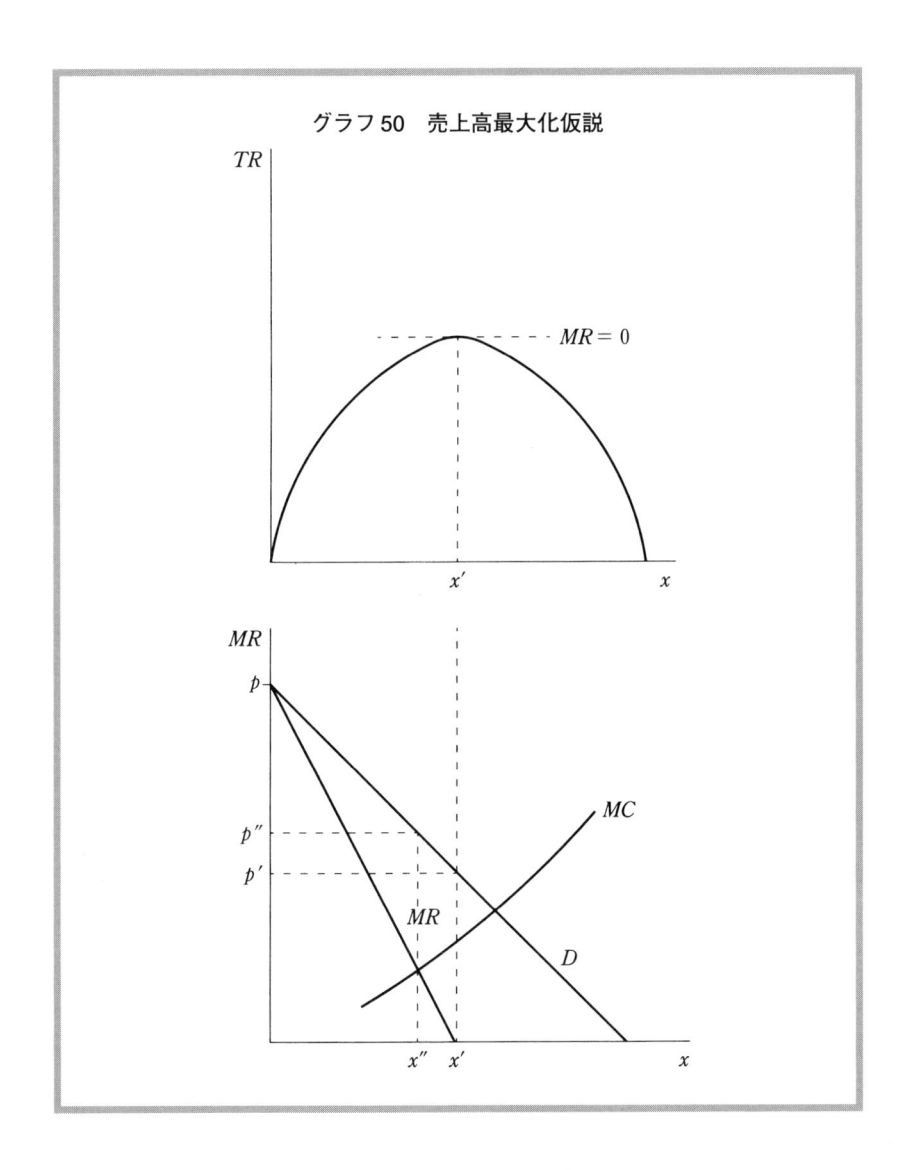

されることがわかる。

　注意すべき点は，この議論が利潤最大化と必ずしも矛盾しない点である。短期的なシェア拡大は，長期的な利潤の最大化を目指してなされるので

第4章　独占と寡占

ある。

(3) カルテル

カルテルとは，同一産業部門の各企業が，その独自性を保ちながら市場における競争を排除するために協定を結ぶことによって生まれた独占形態である。寡占市場では，価格支配，生産割当などを行って，利潤を確保するためのカルテルが結ばれることがある。カルテルを結ぶことは法律的に禁止されているが，事実上これに近い状況が発生することはしばしばある。ここでは，価格カルテルについて扱おう。

価格カルテルが結ばれると，複数の企業が事実上一つの企業であるかのように行動する。費用構造の異なる2企業のカルテルでは，2企業の限界費用曲線を水平和して，この限界費用曲線と限界収入との均等から利潤最大の総生産量を決定すればよい。なぜなら，例えばグラフの限界費用 MC' においてそれぞれ x_1, x_2 の生産が可能なのであるから，この限界費用では

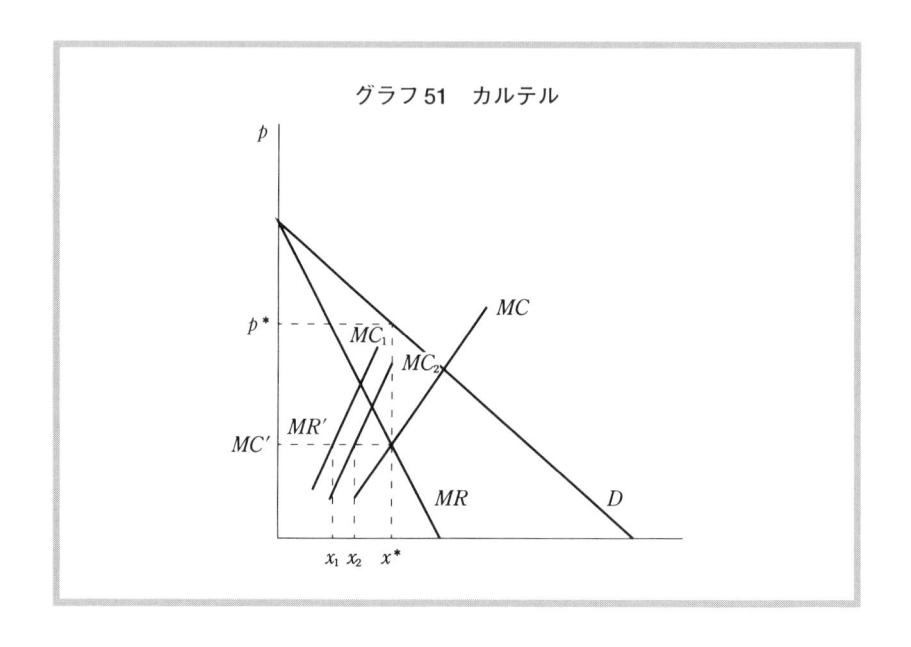

グラフ51　カルテル

市場全体で $x_1 + x_2 = x$ が生産可能となり，MC線を協定企業群の限界費用と見ることができるからである。この結果，総産出が x^* に決まり，MC_1 を持つ企業1が x_1，MC_2 を持つ企業2が x_2 の産出を行い，協定価格が p^* に決まるのである。

（4）部分独占（ガリバー型寡占）

産業に，一つの有力な大企業と小企業群が存在するとき，この市場を部分独占市場あるいは，大企業をガリバー，小企業群を小人に例えて，ガリバー型寡占市場という。この市場における価格形成は，ガリバーがその主導権を握り，小人群が追従するという形を取る。

いま，グラフ52のように，市場の需要曲線が D で与えられ，小人群の限界費用曲線，すなわち供給曲線が MC で与えられているものとする。このとき，ガリバーが直面する需要量は，市場の需要から小企業群の供給量

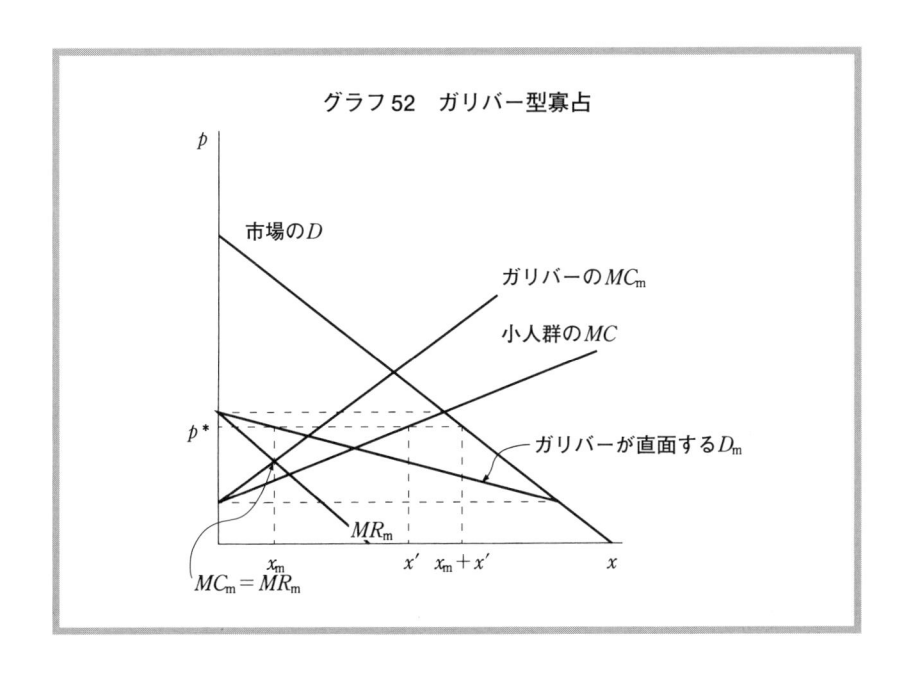

グラフ52　ガリバー型寡占

市場の D
ガリバーの MC_m
小人群の MC
ガリバーが直面する D_m
p^*
MR_m
$MC_m = MR_m$
x_m　x'　$x_m + x'$　x

を控除した残り D_m である。ガリバーは，これをもとに，限界収入 MR_m を計算し，$MC_m = MR_m$ において産出 x_m を決定し，ガリバーの需要曲線からこれに見合う価格 p^* を見つける。小人群は，プライステイカーとして行動し，p^* を参照して産出 x' を決定する。

（5）フルコスト原理

　寡占企業の価格形成については，限界費用＝限界収入を基礎とする価格形成がなされていないのではないかという指摘が従来から存在し，1930年代にはオックスフォード調査と呼ばれる実態調査が行われ，実際には平均可変費用に一定の利潤マージンを乗せて価格を形成していることが多いことが判明した。この種の実態調査は数多く存在し，日本においても同様の傾向が確認されている。

　一般に，上乗せされる利潤マージン率を**マークアップ率（m）**と呼び，
　　価格＝平均可変費用×$(1 + m)$
とされる。このような価格形成方式のことを，**マークアップ原則**，あるいは**フルコスト原理**などと呼ぶ。

　マークアップ率決定に関しては，ポストケインジアンといわれる人々によって理論的貢献がなされたが，明確な決定理論は確立されていないといってよい。

（6）参入阻止価格理論

　寡占市場に超過利潤が存在すれば，市場への新規企業の参入行動が発生する。しかし，もしこの参入を許してしまえば既存企業群の超過利潤は小さくなってしまう。このため，既存企業群が結託して新規企業の参入を排除する価格付けが行われることがある。このような価格形成理論がシロス＝ラビーニらによって発展させられた参入阻止価格理論である。

　グラフ53に示すように，市場の需要曲線が D，新規参入企業の平均費用曲線が既知であるとする。もし，既存企業が x^* の生産を行い p^* の価格

グラフ 53　参入阻止価格

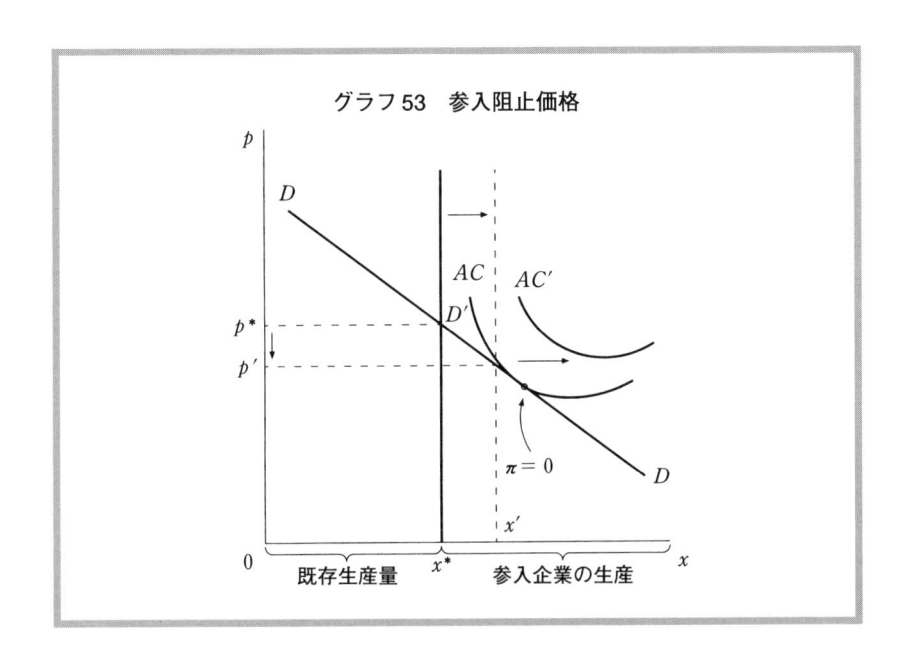

付けを行えば，参入企業が直面する残余としての需要は$D'D$ということになる。このとき，もし新規参入企業の平均費用曲線がACであり，需要曲線と接するなら，新規参入企業の利潤は0である。また，既存企業がもっと多い生産x'を行い，より低い価格付けを行うと，同様の費用構造では既存企業の利潤は負になる。利潤が正にならなければ新規参入の意味がなく，p^*が参入阻止価格の上限となることがわかる。

5　独占的競争

これまでの分析では，市場における財はすべて同質的であるという仮定をおいてきた。しかし，実際には市場において質の差別化を図り，それを競争力とする企業は数多く存在する。このような，完全競争条件のうち，財の同質性条件がみたされない市場を，独占的競争市場という。

独占的競争企業は差別化された品質を根拠に価格支配力を持っていると

いう点で，既に分析した独占の枠組みと完全に一致する。したがって，短期においては，自社製品に対する需要曲線を基礎として，$MC = MR$から産出を決定し，クールノーの点から価格を求めるという，方式としては完全独占モデルと同一計算を行えばよい。

完全独占との相違は長期に現れる。超過利潤が存在すれば，長期には新規参入行動が発生する。いまグラフ54のように，企業に対する需要が短期においてD'であり超過利潤が発生していたとしよう。このとき長期には，参入が発生し，当該企業のシェアが減少し，直面する需要曲線は左方にシフトする。参入行動は，超過利潤がゼロ，すなわち長期平均費用LACと需要曲線が接する場所まで継続する。この結果，長期産業均衡は，$MC = MR$が利潤ゼロを補償する(x^*, p^*)となる。

完全競争下では長期産業均衡はLACの最低点で決まったが，これによって決まる生産量x'と独占的競争の長期均衡で得られる産出x^*の差を**過剰能力**という。すなわち，独占的競争下では，完全競争に比べて小さな生産しか行わず，資本設備などの過剰能力を抱えるのである。

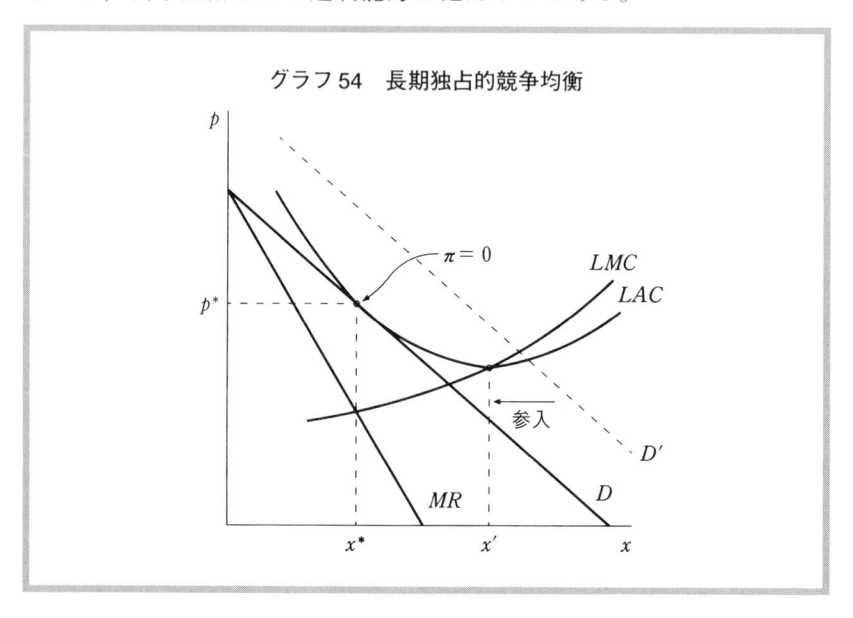

グラフ54 長期独占的競争均衡

6　差別独占

(1) 差別独占

これまでの議論は，企業の直面する市場は1つであったが，独占企業が異なる条件の市場に直面する場合（差別独占）がある。このとき，各市場に異なる価格で販売を行うことが望ましい場合がある。その条件は，次の3つである。

　①市場裁定が行われない（転売が利益を生まない）
　②各市場の需要の価格弾力性が異なる（需要曲線の形状が違う）
　③価格差別の追加的コストが小さい（異なった価格をつけると儲かる）

例えば，日本とアルジェリアに製品を供給している独占的企業は，異なった需要曲線に直面し，各国の人々が転売を低コストで行えないため，多少価格差別のコストがかかっても，違う価格で売ると儲けを増やすことができる。

各国の逆需要関数を，

$$p_A = p_A(x_A)$$
$$p_J = p_J(x_J)$$

とする。（添え字は国を表す。）企業利潤 π は，単一の費用構造 C で生産が行われているので，

$$\pi = p_A x_A + p_J x_J - C(x_A + x_J)$$

で表される。利潤最大条件は，

$$\frac{\partial \pi}{\partial x_A} = MR_A - MC = 0$$

$$\frac{\partial \pi}{\partial x_J} = MR_J - MC = 0$$

すなわち，差別独占企業の利潤最大化条件は，

$MR_A = MR_J = MC$

である。

（2）複数工場を持つ独占企業

独占企業が，複数の費用構造の異なる工場を持つ場合がある。この場合には，価格差別のケースとは逆に，単一の市場を対象に，各工場で異なった生産量を設定することにより利潤を増大させることができる。

いま，工場1，2が存在し，その供給量をx_iとして，（市場全体の産出が$x_1 + x_2$であることから）市場の逆需要関数を，

$p = p(x_1 + x_2)$

とすれば，利潤は，費用構造が2つ存在することを考慮すれば

$\pi = p(x_1 + x_2) - C_1(x_1) + C_2(x_2)$

であり，各工場において利潤が最大化される必要があるため，各々利潤最大化問題を解くと，

$$\frac{\partial \pi}{\partial x_1} = MR - MC_1 = 0$$

$$\frac{\partial \pi}{\partial x_2} = MR - MC_2 = 0$$

したがって，

$MR = MC_1 = MC_2$

となるように生産量を設定すれば，当該独占企業は利潤を最大化することができる。

7 需要独占

生産物が独占的に供給されている場合，そこで成立する労働市場では，労働需要者が1企業のみで，労働供給者が多数ということになる。このよ

うに，生産要素市場では，しばしば需要独占が発生する。このとき，企業はどのような基準に基づいて，生産要素需要を決定すればよいだろうか。

要素価格は，独占的に生産要素を需要する企業が設定するが，（そうでなければ要素を獲得できないから）要素供給曲線上の任意の点でこれを決定する。したがって，生産要素量を y とすれば，要素価格 q は，要素供給関数から，

$$q = q(y)$$

となる。これより企業の利潤（総要素利潤 $Total\ Factor\ Profit : TFP$）は，物価を p，生産関数を $x(y)$ とすれば，

$$TFP = px - qy = px(y) - qy(y)$$

である。ここで qy は総要素費用（$Total\ Factor\ Cost : TFC$）である。要素投入に関して，利潤最大化問題を解くと，

$$\frac{dTFP}{dy} = p\frac{dx(y)}{dy} - \frac{d(q(y)y)}{dy} = pMP - MFC = 0$$

すなわち，

$$p \cdot MP = MFC$$

を得る。MFC は，限界要素費用（$Marginal\ Factor\ Cost$）と呼ばれる。「価値限界生産力（$p \cdot MP$）＝限界要素費用 MFC」が利潤最大要素投入量決定条件であるが，これも限界収入と限界費用の均等と考え方は同一である。ただ，完全競争と異なるのは，限界要素費用が一定の要素価格 q ではなくなった点のみである。

第5章 経済厚生

これまで，経済主体の最適化行動や市場を通じての最適資源配分の問題を扱ってきた。また，パレート最適の概念により，経済の最も望ましい状態というものに関する説明も若干行った。本章では，経済がどの程度望ましい状態かを明らかにするより明確な基準について明らかにしよう。

1 余剰分析

(1) 余剰の概念

経済の望ましさに関する基準に余剰の概念がある。いまグラフ55のように，需要供給均衡が実現しているとする。均衡価格はp^*であり，この価格においてx^*の量のすべての財が取引される。しかし，消費者から見れば最初のx_1単位については少なくともp_1の価格を支払っても需要したいと考えており（p_1-p^*）の分は消費者の儲けのようなものである。この大きさを一般に**消費者余剰**という。消費者余剰は消費量 0 からx^*にいたるまで存在するため，その合計値は三角形ap^*bの面積になる。同様に，生産者は，最初のx_1単位についてはp_2の価格を得られれば費用に見合うと考えており（p^*-p_2）の分は生産者の超過利潤である。この大きさを一般に**生産者余剰**という。生産者余剰は消費量 0 からx^*にいたるまで存在するため，その合計値は三角形dp^*bの面積になる。したがって，市場（社会）全体の余剰は，三角形abdの面積で表されることになる。

もし，需給均衡点以外での生産が行われると，余剰の大きさは必ず小さくなる。すなわち，完全競争市場における経済厚生が最も大きいのであり，

グラフ55　余剰

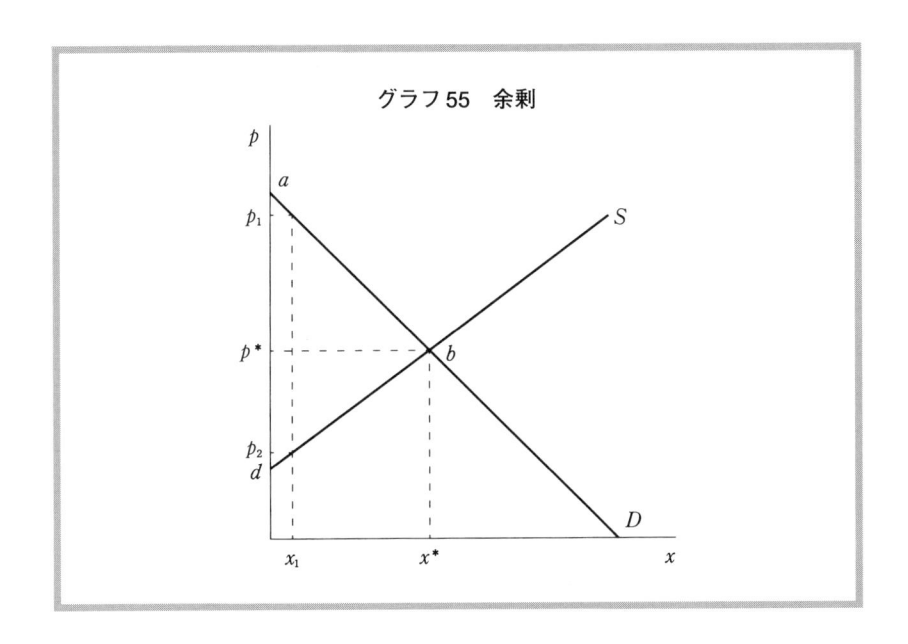

これを**最適性定理**という。また，完全競争均衡が実現しないことによる余剰の減少分を，**死重的損失**という。

（2）課税と余剰

　無差別曲線を用いた最適消費計画分析の枠組みを用いて，課税が個人の効用にどのような効果を及ぼすか分析してみよう。

　財が2つあり，各々の消費量がx_1, x_2で表現されるとしよう。各財の価格をp_1, p_2とすれば，グラフ56に示すように，E点において最適消費計画が選択される。

　このとき，第1財に間接税をかけると，その価格はp_1'に上昇する。このため，新しい均衡は新たな価格比と限界代替率が均等するE''に決まる。（当然この点は価格消費曲線上にある。）

　次に，間接税によって徴収可能になる額と等しい額を直接税により徴収するケースを考えよう。これは，可処分所得が低下し，E''を通る予算制約

第5章　経済厚生

グラフ56　直接税と間接税

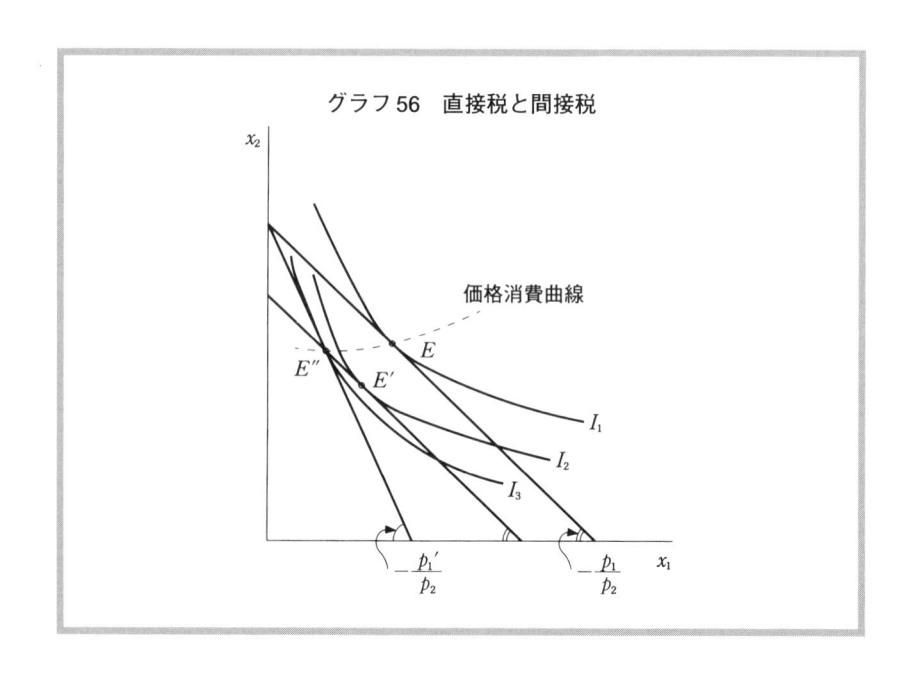

線に直面することを意味するので，新たな均衡点はE'となる。

このように，間接税ではI_3が実現し，同額の直接税ではI_2が実現することになり，直接税の方が間接税より高い効用をもたらすことがわかる。この理由は，間接税では価格比が歪められるために，本来実現すべき客観的な財の相対価値評価である価格比と，主観的相対価値評価である限界代替率が均等しない点で消費計画が立てられてしまい，最適性がみたされないことによる。

2　厚生命題

経済厚生については，2つの重要な定理が存在する。初めにオファーカーブの概念を説明し，次にこれを利用して定理の証明を行おう。

グラフ57　オファーカーブ

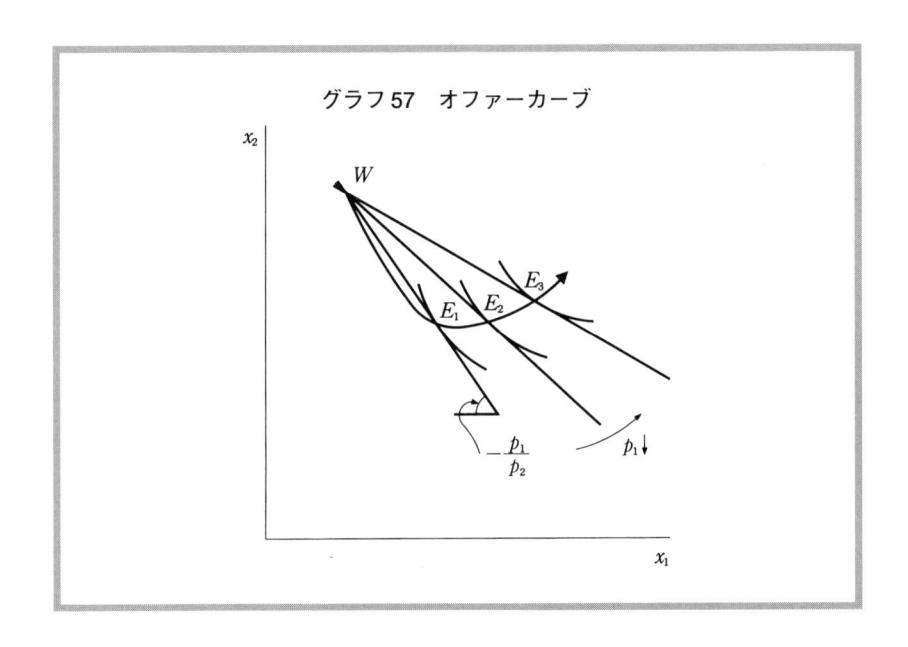

(1) オファーカーブ

　オファーカーブとは初期保有点から出発し，価格比変化に伴って変化する均衡点の軌跡を取ったものである。グラフ57におけるWが初期保有点である。この個人は，いわばWと等しい所得を保有しているのであり，この点を通る予算制約に直面している。いま第1財価格が次々に低下していくと，予算線はWを中心として右上方にシフトしていく。効用最大化行動の結果，均衡点がE_1，E_2，E_3と変化していくが，この軌跡を描いたものがオファーカーブに他ならない。このため，オファーカーブ上では主体的均衡が実現されているものと見ることができる。

(2) 厚生経済学の第1定理

　2人の個人A，Bが2財を交換する経済を考える。グラフ58に示すように，初期保有点はWであり，経済に存在する第1財の総量（総供給）はx_1，

第5章　経済厚生

第2財のそれはx_2である。これは，エッジワース・ボックスであり，契約曲線aa'を想定することができる。Wを出発点とするオファーカーブを2人の個人について描けば，e点において交わる。e点上では，2人の主体的均衡が実現し，また需要量が初期保有で与えられる賦存量に等しいため，需給均衡（客体的均衡）も実現している。客体的均衡と主体的均衡が同時に実現している状況を**競争均衡**という。また，このときに成立する価格比を**競争均衡価格比**という。

ところで，このとき，2人とも限界代替率と価格比を等しくしているから，両者の限界代替率が均等し，この点では無差別曲線が背中合わせに接することがわかる。このため，e点は契約曲線上にありパレート最適点である。

以上から次の**厚生経済学の第1定理**を得る。

「競争均衡はパレート最適資源配分である。」

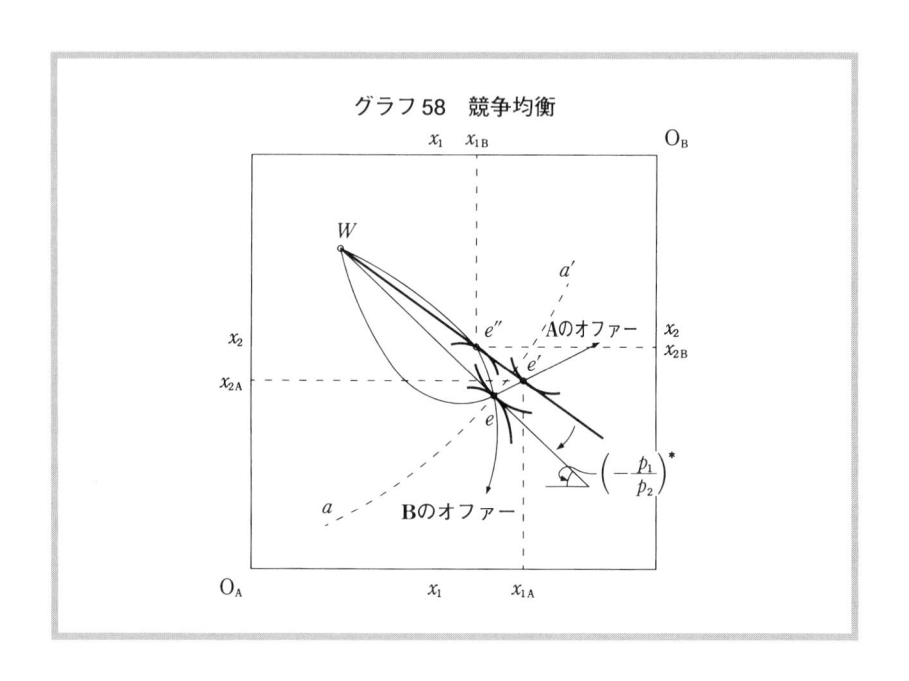

グラフ58　競争均衡

ところで，価格比が競争均衡価格比からはずれたときに，価格比は均衡に向かうであろうか，すなわち競争均衡価格比は安定的であろうか。いま均衡と異なる価格比で，e'，e''が実現していたとする。このとき第1財の需要は$x_{1A} + x_{1B} < x_1$となり超過需要となる。このため第1財価格は上昇する。一方，第2財価格は同様の方法により低下することがわかる。このため，競争均衡価格比に近づいていく。オファーカーブがグラフ58のようであるなら，競争均衡は安定的である。

（3）厚生経済学の第2定理

ところで，パレート最適資源配分点が任意に指定されたとき，その点を実現することができるであろうか。

いま，初期保有点がWであり，競争均衡がEで実現するような状況を考えよう。このとき別のパレート最適点E'を実現するためには，オファーカーブがE'で交わるような初期保有点まで，所得の再配分を行って移動さ

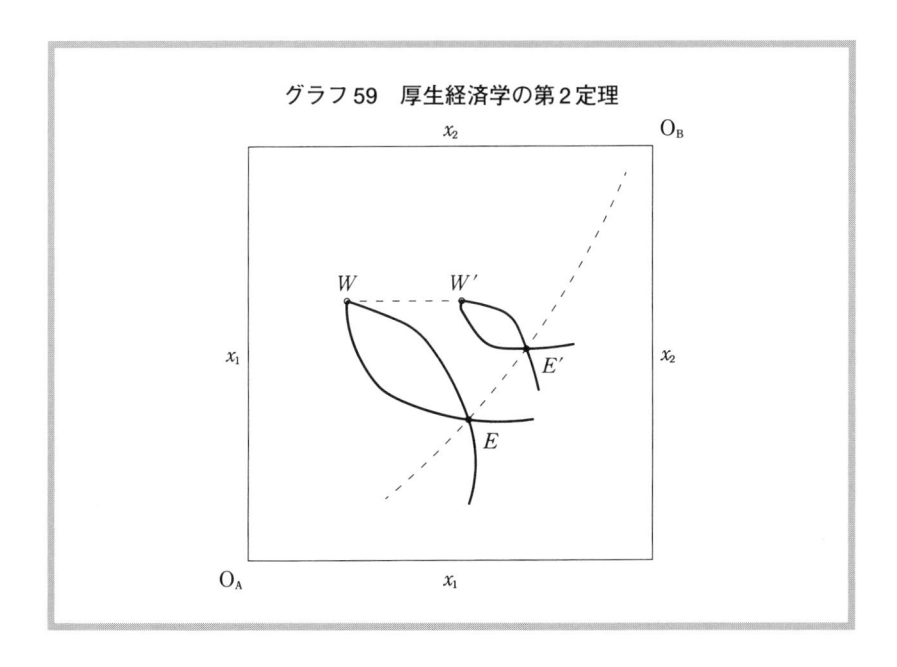

グラフ59　厚生経済学の第2定理

せればよい。

　以上から，厚生経済学の第2定理を得る。

　「任意のパレート最適資源配分は，適切な所得再配分によって，競争均衡として実現する。」

第6章 市場の失敗

　一般に，市場の失敗とは，主体的均衡の結果が最適資源配分を実現しないことをいい，その要因としては，独占・寡占，公共財，外部性，費用逓減産業，不確実性などがあげられる。本章では，独占，外部性，費用逓減産業，公共財について市場の失敗の観点から均衡分析を行う。

1　独占

　独占の資源配分問題について，先の余剰分析を用いて検討してみよう。
　グラフ60のように独占均衡が実現していたとする。前述のように，b点

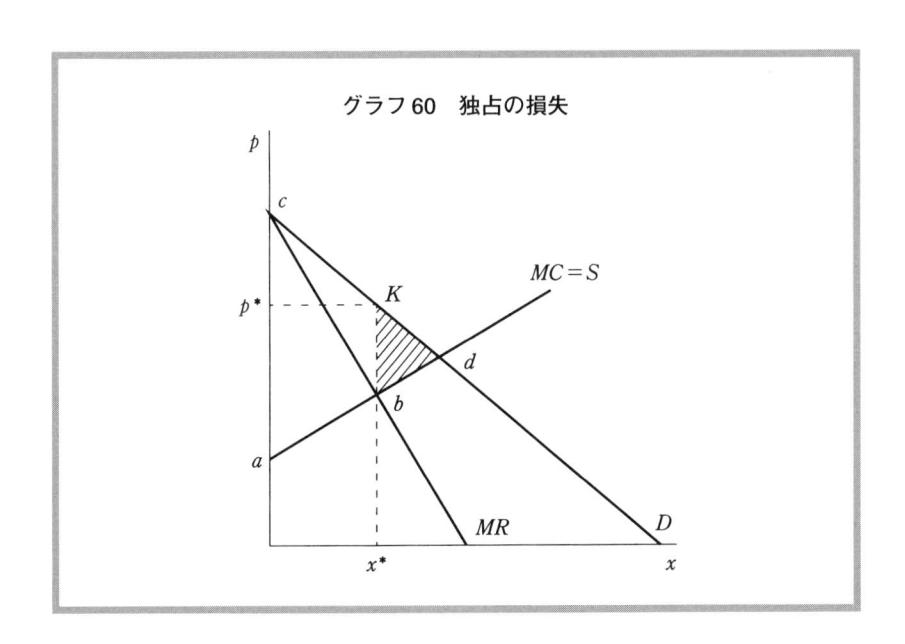

グラフ60　独占の損失

105　第6章　市場の失敗

では限界費用と限界収入が均等し，これによって産出x^*が決まり，これからクールノーの点を参照して均衡価格p^*が決まる。このとき需要曲線がDであり，消費者余剰はDとp^*の差であるから，三角形p^*Kcの面積で表される。一方生産者余剰は，MCとp^*の差であるから，四角形p^*abKの面積となる。したがって総余剰は四角形$abKc$の面積となる。一方，もし完全競争下であれば，総余剰は三角形adcの面積になるため，独占により余剰が三角形bdKの面積分少なくなってしまった，換言すればその分の死重的損失が発生したといえる。このように独占時には，市場の失敗が発生する。

2 外部性

他の経済主体の活動が及ぼす経済的効果を外部性といい，有利な影響であるとき**外部経済**，不利な影響であるとき**外部不経済**という。外部性には，価格変化を通じる**金銭的外部効果**と，効用関数や生産関数を通じる**技術的外部効果**が存在する。技術的外部効果は，価格決定を通じた最適資源配分に反映されない。

いま，生産活動が活発になるにつれて，公害の被害が大きくなる状況を考えよう。公害の被害は社会的費用の一つであり，企業の限界費用曲線を**私的限界費用**と呼べば，**社会的限界費用**は公害の費用分だけ上方にシフトする。放っておけば私的限界費用と需要曲線の交点で均衡が成立し，グラフ61の下図に示すようにx'が生産されることになる。このときの社会的総余剰は，三角形gbeの面積から，公害の費用である四角形$abed$の面積を引いたものであり，換言すれば，三角形acgの面積からcedの面積を引いたものである。一方，社会的限界費用と需要曲線の交点で生産が決められれば，社会的総余剰は三角形acgの面積になるので，外部不経済を放任すると厚生損失が発生することがわかる。

このような厚生損失を回避するためには，企業に税金を課し，私的限界

グラフ 61　外部不経済

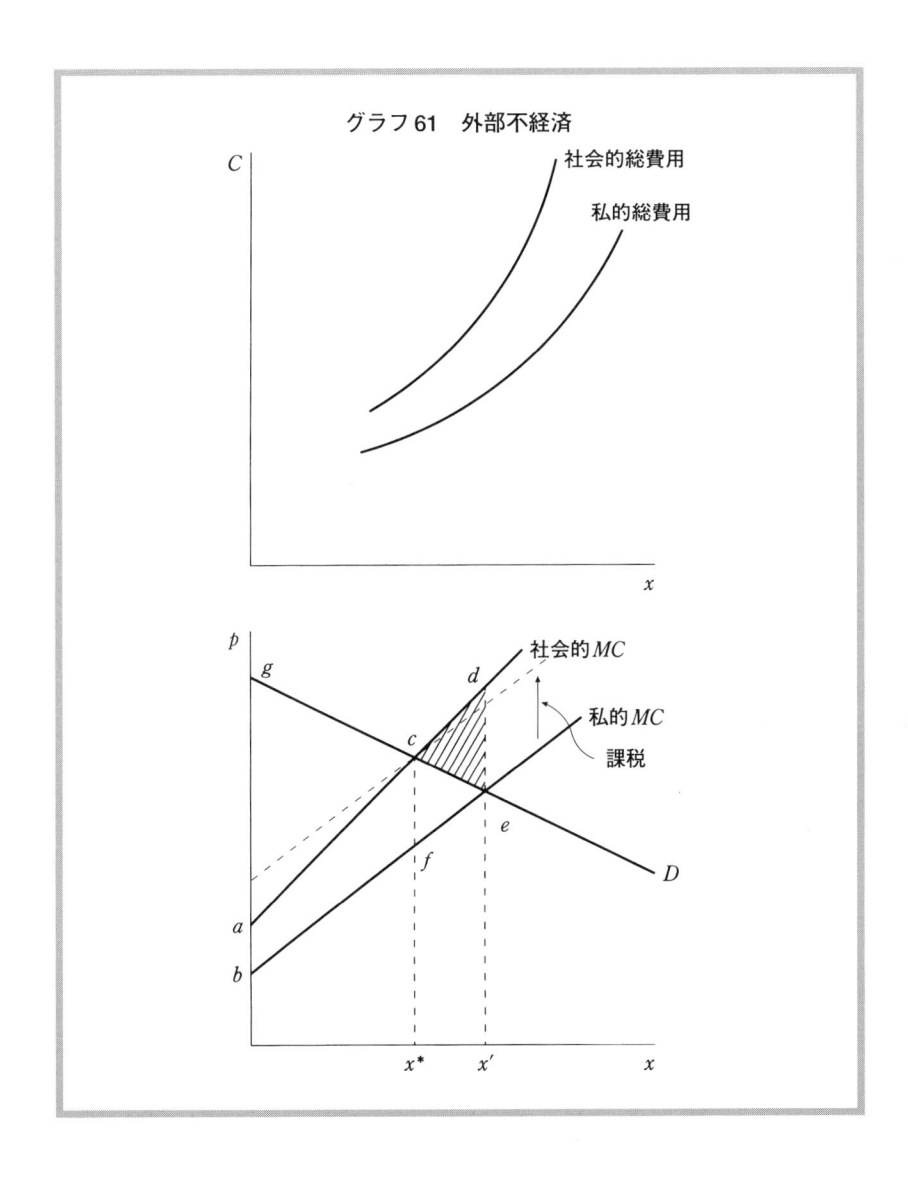

費用曲線を（cf の大きさだけ）上方シフトさせて社会的限界費用に一致させればよい。また，逆に，外部経済が存在する場合，社会的限界費用曲線の方が私的限界費用曲線より下側に位置するので，企業に補助金を与えて

両曲線を一致させればよい。このような課税及び補助金政策をそれぞれ**ピグー課税・ピグー補助金**と呼ぶ。

これに対して、コースは、各主体間の交渉によって外部不経済に関する問題を解決する方法を提唱した。

いま、主体1が生産を行い、主体2が外部不経済の影響を受けるものとする。生産量を x、主体の便益を B とすると、限界便益（MB）は dB/dx で求められる。MB は逓減的である。

主体1の限界便益を MB_1 主体2の負の限界便益の絶対値を MB_2 とする。グラフ62にはこの限界便益の大きさが主体1の生産量に対応して描かれている。MB_1 の下の面積は限界便益の総額を、MB_2 の下の面積は負の限界便益の総額を表している。a の産出が行われていたとき、主体間が交渉し、主体1が主体2に四角形 $Eade$ の面積の大きさの補償すれば、主体1は E の大きさの生産にすることに応じるであろう。こうすることにより、主体2は負の限界便益を、四角形 $Eade$ の面積だけ小さくすることができ、社会

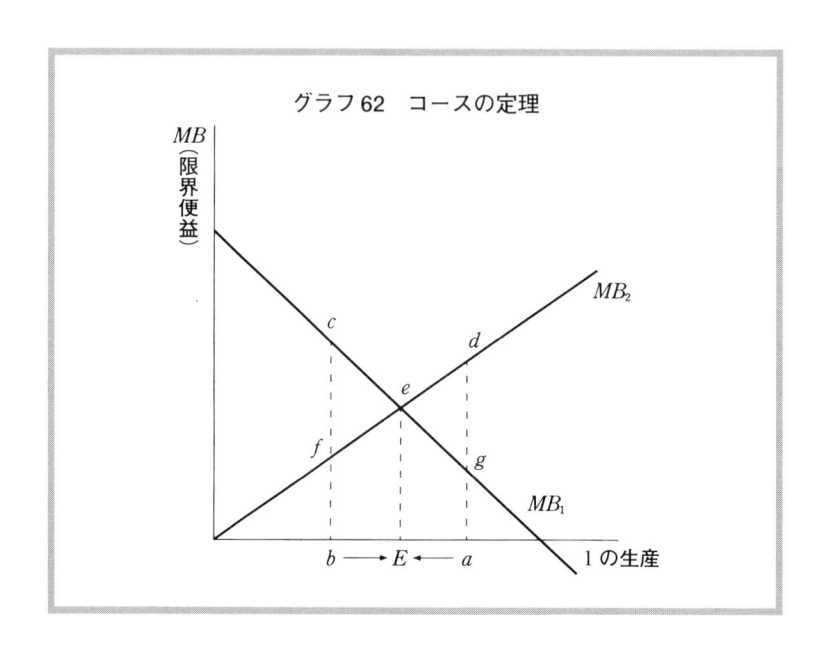

グラフ62　コースの定理

全体としては，三角形 egd の面積だけ厚生を高めることができる。また，b の産出のときには，主体1が四角形 Eefb の面積の大きさの補償を主体2に与えれば，主体2は E 点の生産を許容するであろう。この結果，前と同様にして，三角形 fec の面積だけ社会的厚生が大きくなることがわかる。このように，外部経済が存在するとき，加害者が被害者に補償を与えようと，被害者が加害者に補償を与えようと，最適資源配分が実現される。

3 費用逓減産業

電力や，ガスなどのように必要設備が巨大で，相当程度の範囲において規模を大きくするほど平均費用が逓減し続ける産業がある。このような産業では独占市場となることが多い。独占における価格形成は，厚生損失をもたらすが，産業の有用性を考えれば，価格形成に関する工夫が必要になるであろう。本節では費用逓減産業の価格形成について考察しよう。

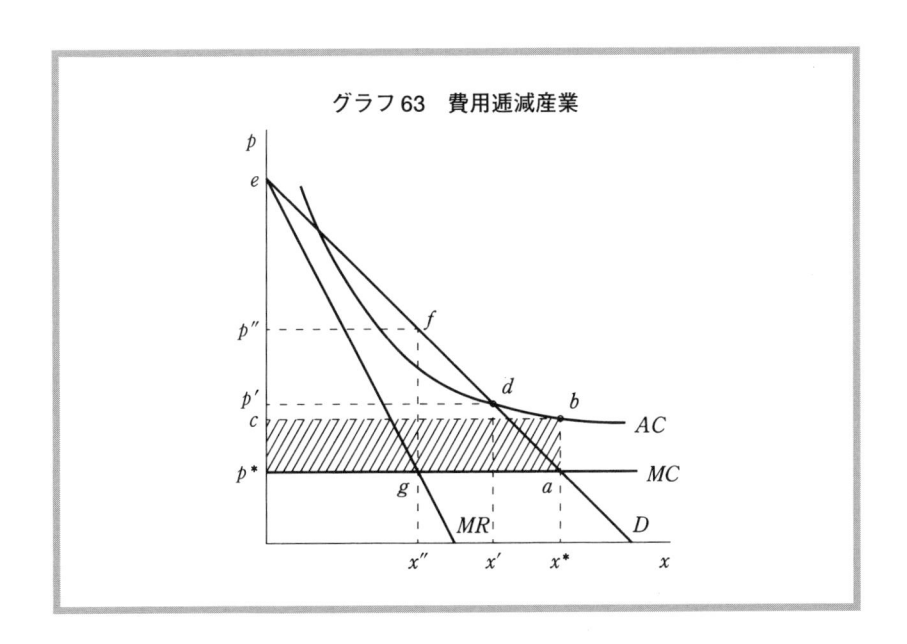

グラフ63　費用逓減産業

いま，独占市場が形成されており，平均費用が逓減しているものとする。このとき独占理論に基づいて価格形成をしてしまうと，グラフ63のように，死重的損失が三角形gafの大きさだけ生じてしまう。これを回避するための第1の方法は，限界費用MCと価格を一致させる（**限界費用価格形成原理**）というものである。このとき，生産はx^*であり価格はp^*となり，死重的損失は全く発生しない。しかし，この場合には，四角形p^*abcの大きさのような赤字が発生することがあり，補助金を与える必要が生じる。したがって，補助金の財源としての課税がもたらす厚生損失，受益者負担の原則に反する，企業努力のインセンティブが低下する等のデメリットが発生する可能性がある。

このようなデメリットを回避するために，次善の政策として平均費用と価格を一致させる（**平均費用価格形成原理**）という考え方がある。こうすることにより，独立採算を保ちながら厚生損失をある程度抑えることができる。このときの価格はp'産出はx'であり，厚生は，三角形$ep'd$で表される。厚生損失は発生するが，独占均衡に比較すれば小さなものになっている。平均費用価格形成原理で決まる価格のことを，**ラムゼイ価格**ともいう。

4 公共財

公共財とは，**非排除性**と**非競合性**の性質を合わせ持つ財である。非排除性とは，何人をもその財の消費から排除できないという性質であり，非競合性とは，すべての人が同量消費できるという性質である。例えば，道路などはこの性質をみたす良い例である。このような財の供給原則は，当然一般の財とは異なる。ここでは，公共財の最適供給方式について学ぼう。

いま，経済に2人の個人が存在し，公共財を消費するとしよう。グラフ64上図に示すように，各人の限界便益MB_1，MB_2公共財量xと限界費用MCとの関係が与えられているものとする。同量消費が可能であるから，

グラフ64　公共財の最適供給

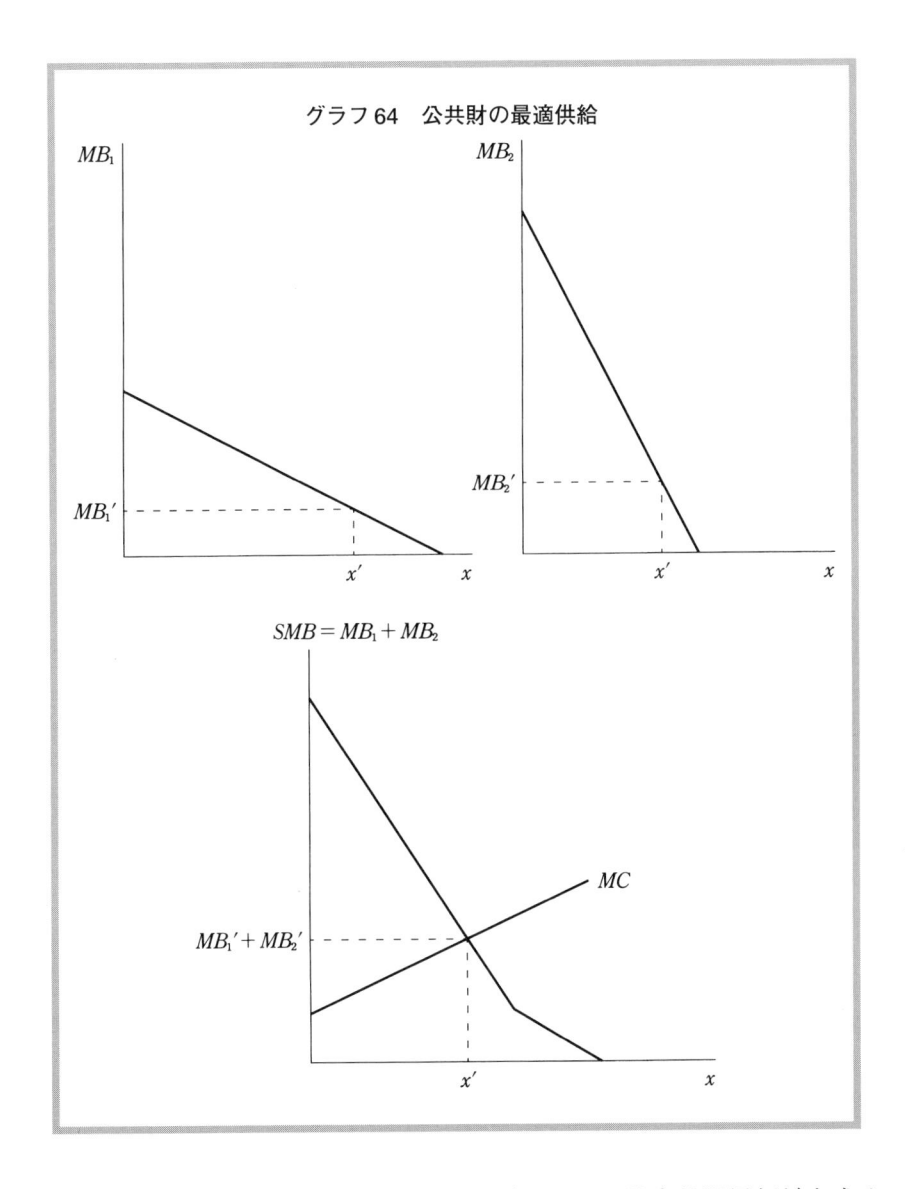

公共財の各単位について，全員の限界便益を足して社会的限界便益を求めることができる。すなわち，MB_1とMB_2の垂直和が社会的限界便益SMBである。これと限界費用が均等する点において社会的厚生が最大化される

第6章　市場の失敗

から，公共財の最適供給条件は，
$$SMB = MB_1 + MB_2 = MC$$
ということになる。

次に，公共財の最適供給を一般均衡の枠組みで考えてみよう。公共財（y）と私的財（x）の2財が存在し，2人の個人（A, B）が存在するとしよう。パレート最適は「他の個人の効用を所与のものとして自らの効用を最大化した状態」であるから，これに沿って問題を解く。

個人Bの効用を一定として，個人Aの最適化問題として定式化すれば，

最大化	U_A	①
制約	U_B	②
	$x = f(y)$	③
	$x = x_A + x_B$	④

ここで，③は生産可能性曲線であり，消費できる財の制約である。④は私的財が各個人に振り分けられることを示す。（公共財は同時同量消費であるから，このように考えなくてよい。）この問題の解は，

$$-\frac{dx}{dy} = MRS_A + MRS_B$$

である。左辺は，生産可能性曲線の接線の傾きの絶対値（限界変形率）であり，右辺は，各個人の限界代替率の和である。公式として用いてほしい。

さて，公共財の最適供給条件は，市場を放任した場合には実現しない。部分均衡では，各個人は，別個に限界便益と限界費用を均等させる。また，一般均衡では，各個人は，別個に，限界代替率と価格比の均等をはかるであろう。このため，市場は失敗する。

市場の失敗を回避するために政府の介入が行われる。消費者ごとの公共財から得られる便益の相違を考慮し，異なる公共財価格を課し，パレート最適を実現させるのである。このメカニズムを**リンダールメカニズム**といい，得られる均衡を**リンダール均衡**という。

部分均衡で考えてみよう。個人1, 2の便益（*Benefit*:*B*）を,

$B_1 = B_1(y)$

$B_2 = B_2(y)$

とすれば, 純便益（*Net Benefit*:*NB*）は,

$NB_1 = B_1(y) - t_1 C$

$NB_2 = B_2(y) - t_2 C$

と表現できる。ここでt_iは, 個人iの公共財供給費用（C）の負担率である。最大化問題の解は, 限界便益をMBとすると,

$MB_1(y) = t_1 MC$

$MB_2(y) = t_2 MC$

である。（$dNB/dy = 0$として計算せよ。）2式の両辺を加えると,

$MB_1 + MB_2 = (t_1 + t_2)MC = MC$

が成立するため, 前述の公共財の最適供給が実現する（$t_1 + t_2 = 1$であることに注意）。

次に, 一般均衡で考えよう。各個人が公共財に対して異なった価格p_iを負担するなら, 私的財の価格をqとして, 限界代替率＝価格比より,

$MRS_1 = \dfrac{p_1}{q}$

$MRS_2 = \dfrac{p_2}{q}$

一般的に, 均衡では, 限界変形率＝価格比であるから, 公共財価格をpとすれば,

限界変形率 $= \dfrac{p}{q}$

ここで, 各個人の費用負担額の合計がpすなわち,

$p = p_1 + p_2$

であることを考慮すれば,

第6章 市場の失敗

$$\text{限界変形率} = \frac{p}{q} = \frac{p_1 + p_2}{q} = MRS_1 + MRS_2$$

となり，各個人に異なる価格を課すことにより，公共財の最適供給条件がみたされることがわかる。

ただし，政府に対して，自身の便益を正確に申告しない場合，限界便益と負担価格が一致しないことになり，最適性がみたされなくなる。このように，費用を負担せず公共財を消費しようとする人を**フリーライダー**という。公共財は，同時同量消費が可能な財であるから，フリーライダーを排除できない。

第7章 情報の経済学

　市場の失敗の要因に不確実性がある。不確実性には，いわゆる確率的要素を問題にする**環境的不確実性**と，経済主体間の情報偏在を問題にする**通信的不確実性**（情報の非対称性）がある。本章では，これらの不確実性が存在する場合の経済行動について分析を行おう。

1 不確実性と保険

　不確実性下にある経済主体は，期待値をもとに経済計算を行う。期待値は，例えば発生する利得の可能性が x_1, x_2 であり，各々の生起確率が π_1, π_2 であるとき，期待利得 Ex は，

$$Ex = \pi_1 x_1 + \pi_2 x_2$$

と表される。x_1, x_2 のばらつきが大きいほどリスクが高いといい，リスクは一般には分散あるいは標準偏差で表される。

　一方，主体の効用関数は，リスクに対する個人の選好により異なった形となる。例えば，グラフ65のように，効用関数が逓増的な形をしている場合，この主体を**リスク愛好者**といい，グラフ65下図のように逓減的である場合**リスク回避者**であるという。この理由を，リスク回避者の場合について説明しよう。例えば発生する利得の可能性が x_1, x_2 であり，各々の生起確率が π_1, π_2 であるとき，期待利得 Ex は，線分 $a'b'$ 上のどこかの位置に対応する。期待利得に対応する効用は U_1 であるが，もしこの利得の水準が確実であり，リスクがないとすれば，効用は U_2 となる。すなわちリスクを負う場合には効用水準は低いのであり，このような主体はリスク回避者であるといえる。逆の理由で，逓増的な効用関数の場合が**リスク愛**

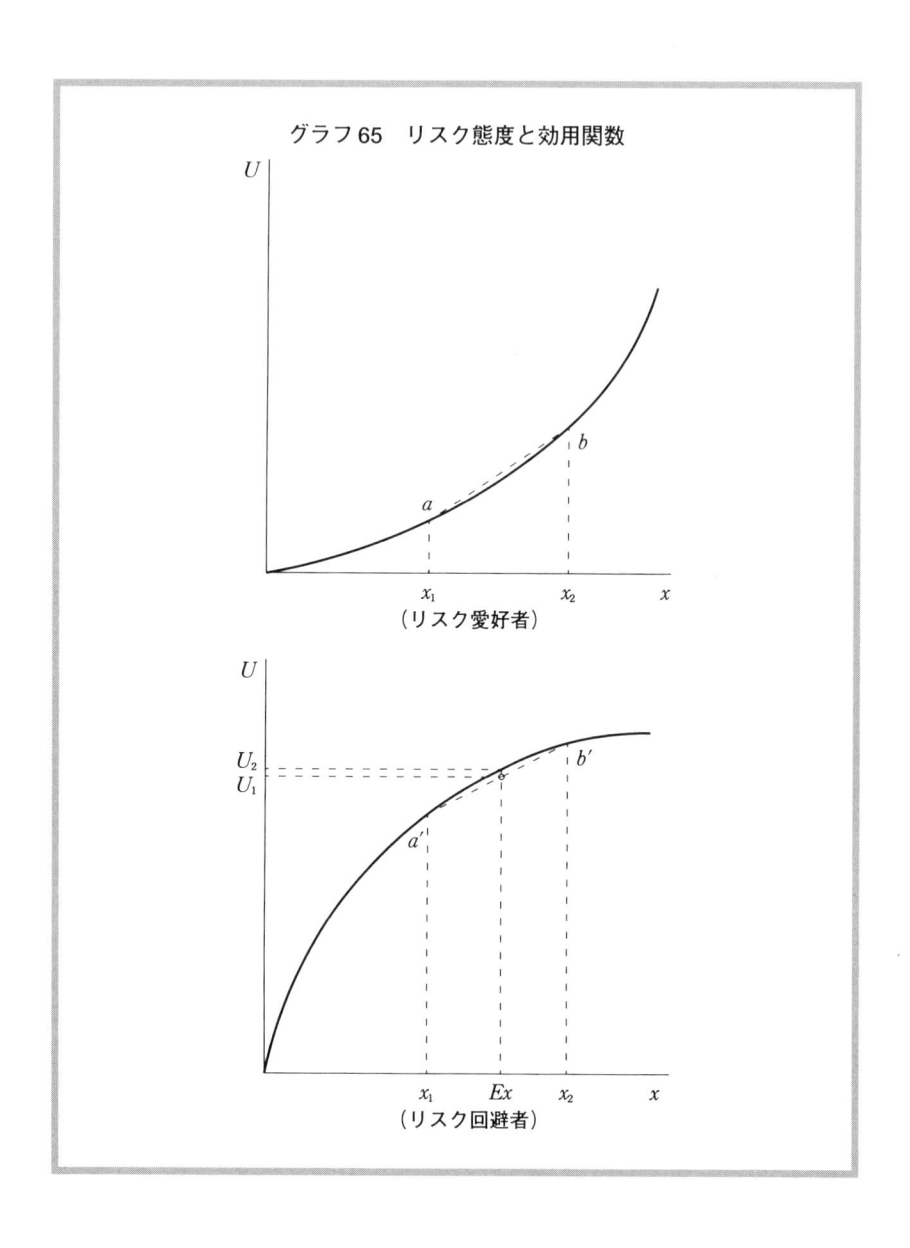

グラフ65　リスク態度と効用関数

（リスク愛好者）

（リスク回避者）

好者であり，効用関数が線形なら**リスク中立者**となることも容易に理解されよう。

グラフ66　保険

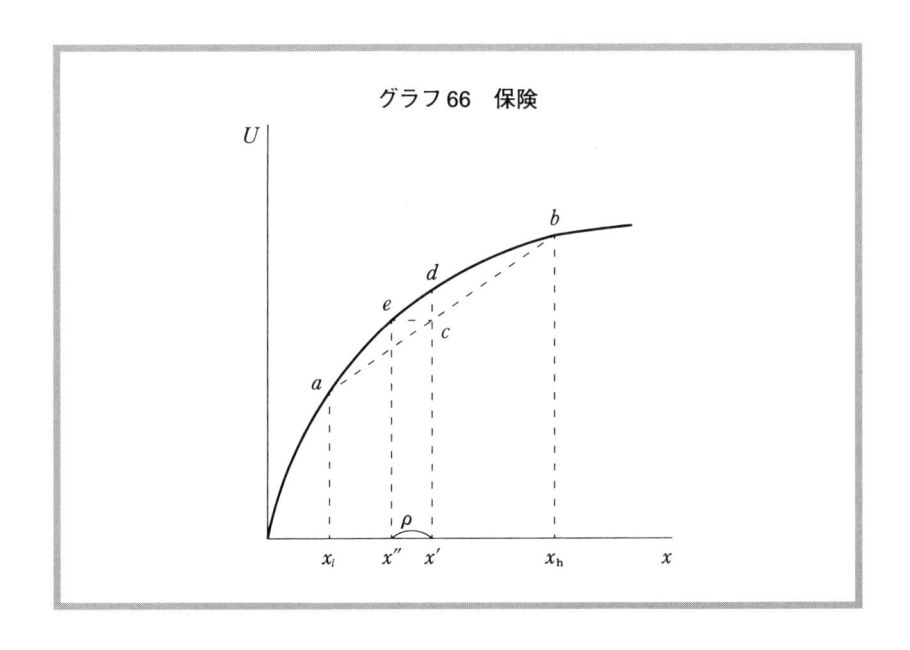

さて，この分析を基礎に，リスク回避者を仮定し，保険契約が結ばれる理由について考えてみよう。この主体は，事故に遭わないとき利得を x_h だけ得ることができるが，事故に遭うとそれにより発生する費用により x_l の利得になってしまう。事故確率を所与のものとし，期待利得が x' であるとすると，期待される効用（期待効用）は c に対応することになる。一方，もし保険に入り，x_h から保険料を控除した利得が x' に等しくなり，事故にあってもあわなくてもこの利得が補償されるなら，d に対応する効用を得ることができる。したがって，保険に加入することにより効用を高めることができる。また，保険料はさらに ρ の大きさまで増加してもこの主体は保険に加入する。なぜなら，期待利得と同様の効用水準をもたらす確実な利得は x'' であり，ここにいたってはじめて，保険加入と非加入が無差別になるからである。この ρ のことを一般に**保険プレミアム**という。

2　通信的不確実性（情報の非対称性）

　情報の非対称性とは，契約主体間に情報偏在があることであり，ここから生じる現象としては，**逆選択**と**モラルハザード**がある。

　逆選択とは，典型的には，良質な財が市場から排除され，悪質な財が市場に残る現象である。

　例えば，中古車市場においては，買い手は修理済みの車に対してはその車の事故歴等の質に関する情報を正確に把握することができない。このため，最も悪い質の車を想定して価格付けが行われるようになり，良質な車は市場から退出することになるのである。この現象は一般にレモンの原理と呼ばれる。（レモンという言葉を辞書で引いてみられたい。）

　同様の現象を信用市場で説明しよう。銀行と借り手の契約を考える。利子率 r が上昇すると通常は銀行利潤 π が上昇するが，ある一定以上の水準になると，そのような利子を受容する借り手はリスキーな借り手ばかりになってしまう。この過程で，良質な借り手は市場から退出してしまう。このため，グラフ67第4象限に示す銀行の利潤関数はバックベンドし，利潤増に伴って銀行貸出 L^s が単調増加すると仮定すれば，貸出供給曲線もまたバックベンドする。このときの最適貸出額は利潤最大点に対応する x' のみとなる。したがって，例えば L^D のような借入需要が存在する場合，$x''-x'$ の大きさの資金供給不足が発生し，信用割り当てという現象が発生する。

　逆選択を回避には，学歴の提示や，銀行との取引履歴の調査等を通じての**スクリーニング**活動や，情報優位者から何らかの質のシグナルを出す**シグナリング**などが考えられる。

　一方，モラルハザードとは，情報優位者が，その情報を持っていることを利用して情報劣位者の意に反した行動に出ることである。例えば，資金貸借において，貸し手が借り手の行動を十分に観察し得ないことから，貸し手の意に反した資金の運用を図った場合，これがモラルハザードである。

グラフ67　逆選択モデルの例

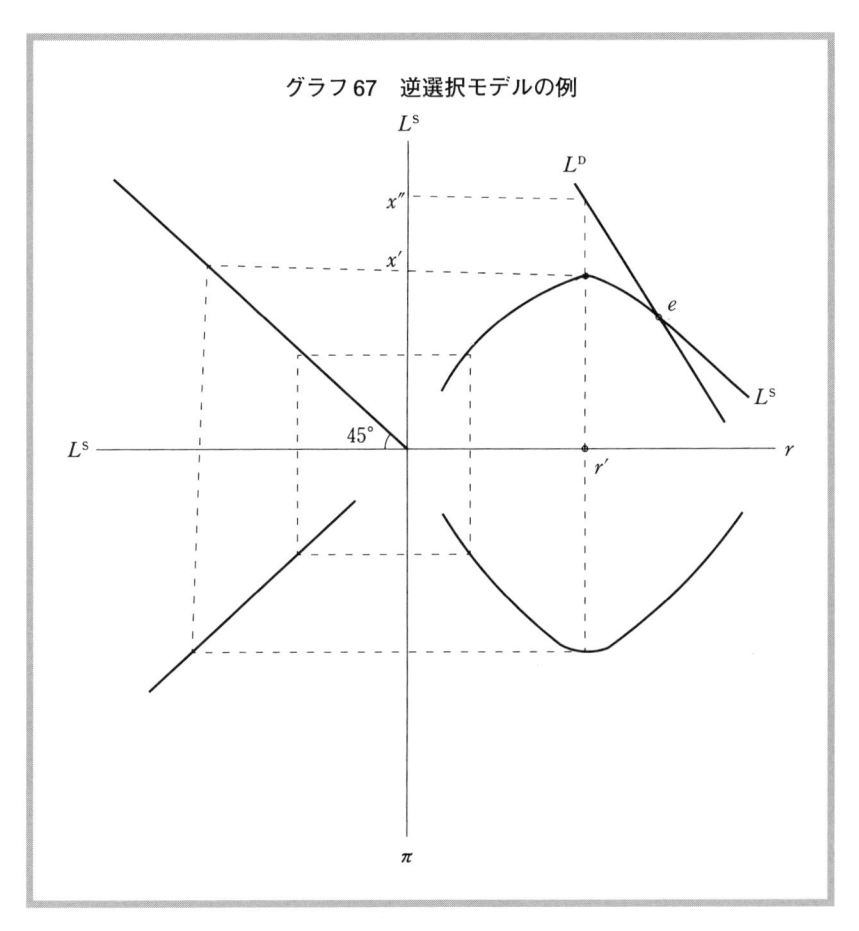

このような行動を抑制する手段の代表が**モニタリング**（監査）活動である。

第8章 国際ミクロ経済学

これまでの分析は，国内の市場のみを仮定したものである。貿易の要因が体系に導入されたとき，生産，消費等はどのように変更されるだろうか。本章ではこれらを明らかにしよう。

1 貿易パターンの決定

リカードによって展開された比較生産費の理論は，どのような財が輸出され，どのような財が輸入されるのかを明らかにした。

初めに次の仮定をおく。

2国（A, B）2財（x, y）が存在し，完全競争が実現している。価格は伸縮的であり，生産要素利用は完全であるが，国際間要素異動は存在しない。貿易収支は均衡しており，貿易に費用はかからない。生産要素は労働のみであり各国の賦存量はそれぞれ L_A, L_B である。労働投入係数は，x 財生産に用いる労働量を L_x，y 財生産のそれを L_y とすれば，L_x/x ($= l_x$)，L_y/y ($= l_y$) である。2国の2つの財の生産費比率は異なっている。

労働投入係数の仮定から，生産関数は，

$$x = \frac{1}{l_x} L_x$$

$$y = \frac{1}{l_y} L_y$$

である。これより限界変形率一定の生産可能性曲線をグラフ68のように求めることができる。

ところで，賃金を w とするとA国 x 産業の費用関数は，

グラフ68　生産可能性曲線

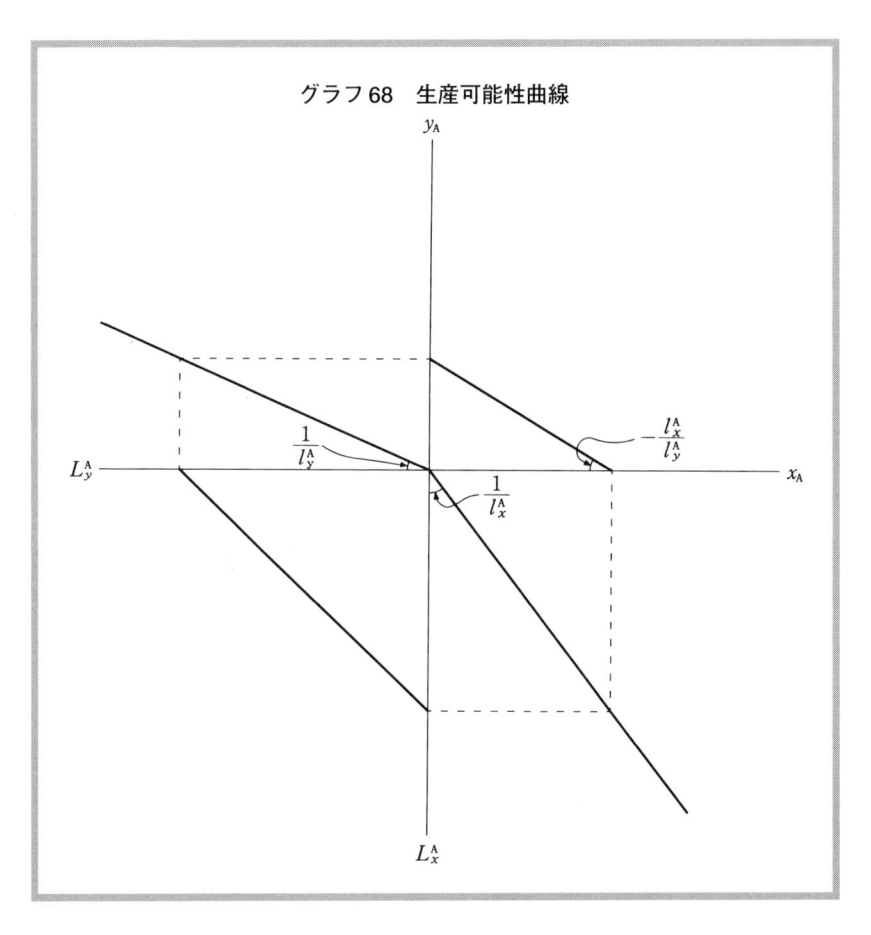

$$C_x = w^A L_x^A = w^A l_x^A x^A$$

であるから，平均費用，限界費用は，

$$AC_x^A = MC^A = w^A l_x^A$$

となる。x財とy財の平均費用比は，

$$\frac{AC_x^A}{AC_y^A} = \frac{l_x^A}{l_y^A}$$

となるが，これをxではかったyの**比較生産費**という。これは限界変形率に等しい。ここでもし，

第8章　国際ミクロ経済学

$$\frac{l_x^A}{l_y^A} < \frac{l_x^B}{l_y^B}$$

であったとするなら，A国はx財を比較的安価に生産できることになり，これを生産することが有利となるが，このことをx財に**比較優位**を持つという。貿易が可能であれば，比較優位を持つ財のみを生産して，これを輸出し，比較劣位を持つ財を輸入するようになる。このように一つの財のみを生産することを**完全特化**という。

グラフ69には，O_Aを原点にA国の生産可能性曲線が，O_Bを原点にB国の生産可能性曲線が描かれている。上の理由で，A国はxに，B国はyに完全特化しており，生産点はPである。このため，消費可能な点は，このボックスダイアグラム内の点すべてである。同時に無差別曲線を描けば，自給自足均衡（生産可能性制約下での効果最大化問題の解）e, e'に比べて両国とも効用を増加する領域が存在することがわかる。消費が実現する総厚生は，価格比が両国の比較生産費の間に決まる限り，すなわち，

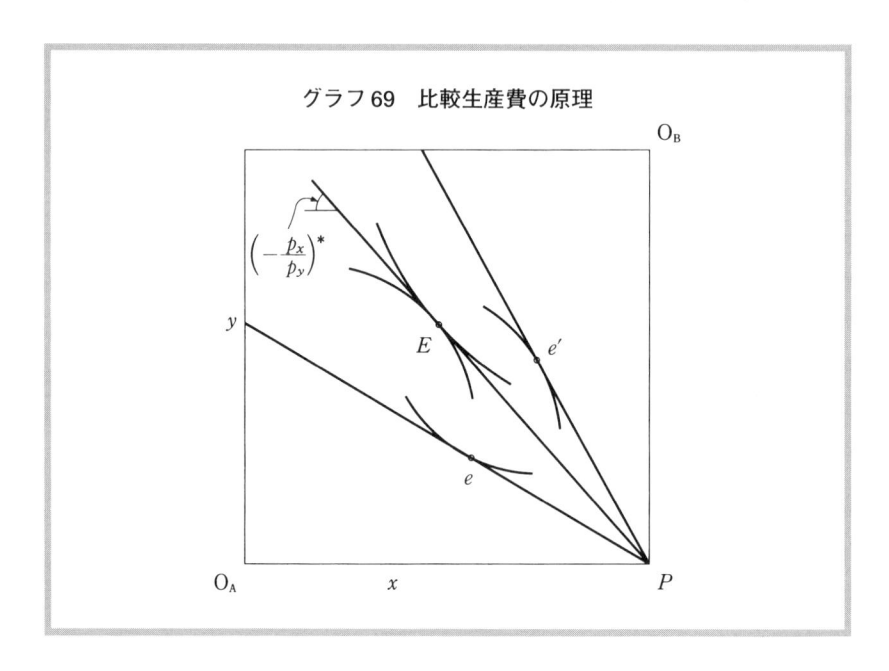

グラフ69　比較生産費の原理

$\left(-\frac{p_x}{p_y}\right)^*$

$$\frac{l_x^A}{l_y^A} \leq \frac{p_x}{p_y} \leq \frac{l_x^B}{l_y^B}$$

となれば，貿易を行わないときに比べて明らかに増加する。

2 ヘクシャー＝オリーンの定理（要素賦存説）

生産要素（資本及び労働）の存在比率が両国で異なる場合を考えよう。

資本存在量をKその価格をr，労働の存在量をLその価格をwとする。A国が相対的に資本を多く持っているとき，すなわち，

$$\frac{K^A}{L^A} > \frac{K^B}{L^B}$$

のとき，A国の資本の価格は相対的に安いであろうから，

$$\left(\frac{w}{r}\right)^A > \left(\frac{w}{r}\right)^B$$

が成立する。このときもし，X財が資本集約的財，Y財が労働集約的財なら，A国では，相対的に資本集約的財の価格が安くなるであろうから，

$$\left(\frac{p_X}{p_Y}\right)^A < \left(\frac{p_X}{p_Y}\right)^B$$

が成立する。このケースでは，A国はX財に比較優位をもつのでこれを輸出し，Y財に比較劣位をもつのでこれを輸入するのが望ましいことになる。

各国は相対的に豊富に賦存している生産要素をより多く投入する財を輸出し，そうでない財を輸入する。これがヘクシャー＝オリーンの定理である。

3 貿易の利益と貿易政策

貿易がもたらす利益を一般均衡論の枠組みを用いて明らかにしよう。

グラフ70　貿易三角形

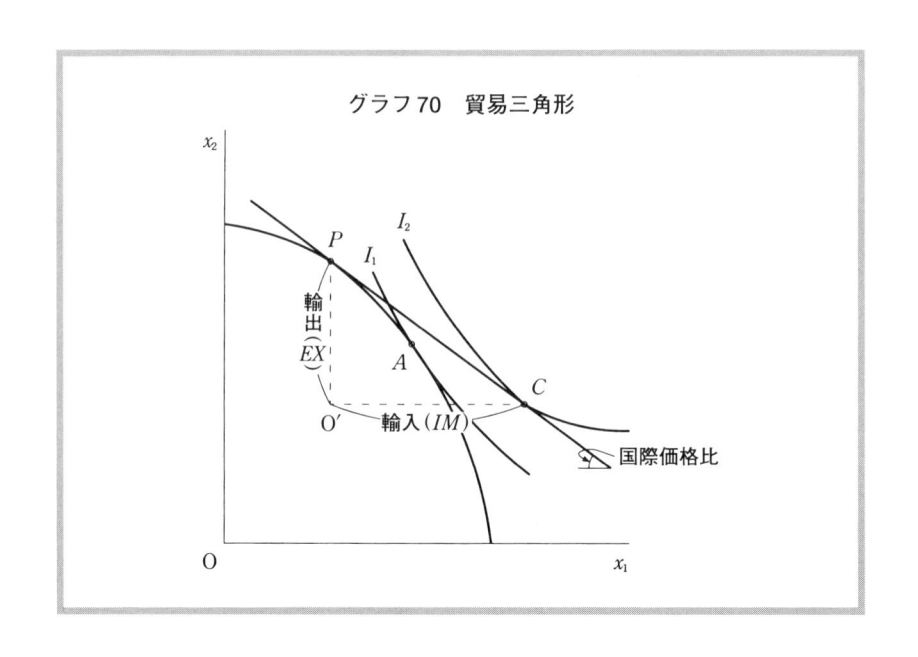

　いまグラフ70のようにある国の生産可能性曲線が描ける，2国2財1要素モデルを考える。社会的無差別曲線が描けるものとすれば，自給自足による効用最大点はA点である。これに対して貿易が行われる場合には，財の取引は国際価格比で行われ，限界変形率と国際価格比が均等するところで生産点が決定する。この点をPとすれば，この点を通り国際価格比の傾きを持つ直線が，この国の予算制約線となる。すなわち，この生産をもとに，財を輸出し，その見返りに輸入を行うと考える。いま予算制約線と無差別曲線の接点がCで決まったとするなら，この点が効用最大消費点である。これを実現するためには，輸出をEXだけ行い，輸入をIMだけ行えばよい。（グラフ上に表れる$PO'C$を，貿易三角形とも呼ぶ。）この結果無差別曲線はI_2の位置になるので，効用水準は，貿易を行う前（I_1）よりも明らかに大きくなる。

第Ⅰ部 練習問題

Q1（最適消費計画）

財1及び2が存在し，各々の消費量を x, y とする。消費者の効用が
$$u = xy$$
で表現され，所得が80，財1の価格が1，財2の価格が4である。

(1) このときの最適消費量とそれによって実現される効用はいくらか。

(2) このとき第1財価格が上昇して4になると，同一の効用を実現するには所得はいくら上昇しなければならないか。

ヒント

(1) 限界代替率＝価格比の式（均衡条件式）と予算制約式を連立させて解けばよい。（限界代替率の導出には公式を用いよ。）最適化問題では常にこの方法を採ればよい。

(2) 所得を未知数として予算制約式をたて，限界代替率＝新価格比の式と効用を既知とした効用関数を連立させ，所得が160となることを見つければよい。

解 答

(1) $x = 40$ $y = 10$ $u = 400$

(2) 80の上昇

Q2（需要の価格弾力性）

需要曲線が，

$X = -aP + 2.5b$ （X：需要量，P：価格，a, b：正の定数）
であるとき，$X = 2b$ の点における需要の価格弾力性を求めよ。

ヒント

公式を利用する。そのため，dX/dP を与えられた式を微分することによって求め，与えられた条件を利用して P を求める。これと与件の X とを利用すれば，公式から即座に解答が求まる。

解答

0.25（25%）

Q3（財の性質）

ある個人の効用関数が，

$u = x^2 (y + 3)$ 　　（u：効用，x, y：財消費量）

であり，所得 m，財価格が各 1 であるとき，x 財は上級財であるか，あるいは下級財であるか。

ヒント

与えられた条件から，限界代替率＝価格比（均衡条件）式と予算制約式を用いて需要関数を導出する。これより，

$x = 2m/3 + 2$, $y = m/3 - 2$

が導かれるので，$dx/dm > 0$, $dy/dm > 0$ となる。

解答

上級財

Q4（最適労働供給）

ある個人の効用関数が次のように与えられている。

$u = m^2 l$（m：一日当たり実質所得，l：一日当たり余暇時間）
実質賃金率を時間当たり1としたとき，この個人は何時間働くのが望ましいか。

ヒント

予算制約式（$l = 24 - m$）と均衡条件式（$MRS = 1 /$実質賃金率）を連立させる。

解 答

16時間

Q5 （異時点間消費選択）

二期にわたって消費を行う主体を考える。所得yが今期に100あり，これを二期間で消費する。今期消費をC_1，来期消費をC_2とするとき，効用関数は，
$$u = C_1 C_2$$
で表される。また，今期所得及び利子所得には10％の所得税が課せられる。このとき利子率が5％なら，今期消費をいくらにすべきか。

ヒント

この場合の予算制約式は，課税を考慮すれば，
$$0.9y = C_1 + C_2/(1 + 0.9r)$$
となる。所得と利子は所与であるから，未知数は消費額のみ。これと，均衡条件式（限界代替率＝$1 + r$）を連立させることにより，C_1/C_2を得る。

解 答

45

Q6 (最適要素投入)

生産関数が,

$Y = K^{2/3}L^{1/3}$ (Y:産出, K:資本, L:労働)

で,資本の価格2,賃金1であるとき,産出を10だけ得るため最も望ましい資本投入量はいくらか。

ヒント

この問題は,産出一定下の要素投入費用最小化問題である。均衡条件は,技術的限界代替率と要素価格比の均等であり,この式と生産関数を連立させれば最適要素投入量が求まる。

解 答

10

Q7 (短期費用関数)

企業の総費用関数が,

$C = x^3 - 8x^2 + 30x$ (C:総費用, x:産出)

であるとき,損益分岐点での産出はいくらか。

ヒント

損益分岐点では,限界費用と平均費用が等しい。この式を作って解けばよい。

解 答

4 (U字型の平均費用関数を仮定するので,0は答えにならない)

Q8（長期費用関数）

短期費用関数が，

$C = 10x^2 - 2Kx + K^2$（C：短期総費用，K：資本，x：産出）

であるとするとき，長期費用関数を導出せよ。

> **ヒント**

長期では，資本設備を変動させて費用を最小化させる。費用最小の資本設備を見つけるため，費用関数をKで微分してゼロとおく。この結果，$K = x$となるので，これを費用関数に代入すればよい。

> **解答**

$9x^2$

Q9（企業行動の総合問題）

ある企業の生産関数が，$x = \sqrt{KL}$（X：産出，K：資本，L：労働）で与えられたとする。財価格をp，賃金率をw，資本の価格をrとして以下の設問に答えよ。

(1) 短期平均費用関数及び短期限界費用関数を求めよ。
(2) 長期平均費用関数及び長期限界費用関数を求めよ。

> **ヒント**

(1) 総要素費用は，$C = rK_0 + wL$（$K = K_0$で一定）である。この式から生産関数を用いてLを消去すれば，産出量のみの関数として，短期費用関数を得る。これをXで割れば短期平均費用関数，Xで微分すれば短期限界費用関数が得られる。
(2) 長期では，Kは定数ではなく，最適要素投入が決定される。最適要素投入決定は，技術的限界代替率（K/L）と要素価格比（w/r）の均

第Ⅰ部 練習問題 129

等が所与の生産技術の下で実現することであるから，生産関数と均衡条件式を用いてK, Lの決定式を導出する（二式を連立させてLを消去したものとKを消去したものをそれぞれ作ればよい。これを派生需要関数という）。こうして得られたK, Lを要素支出関数（$C = rK + wL$）に代入すれば，費用が産出のみの関数として表現される，長期費用関数を得る。

解 答

(1) 短期平均費用 $= rK_0/X + w/K_0 X$
    短期限界費用 $= 2w/K_0 X$
(2) 長期平均費用 $= 2\sqrt{rw}$
    長期限界費用 $= 2\sqrt{rw}$

Q10 （蜘蛛の巣理論）

需要曲線と供給曲線が，次のように与えられている。

$D_t = -1/3 p_t + 1$
$S_t = 2 p_{t-1} - 1$

ただし，$D_t =$ はt期の需要量，$S_t =$ はt期の供給量，p_tはt期の価格である。この体系は安定的か否か。

ヒント

この考え方はテキストの解説だけでは不十分であるので補足しておく。一般に，

$D_t = a p_t + b$
$S_t = A p_{t-1} + B$

という体系があったとき，$|A/a| < 1$ならば安定，$|A/a| > 1$ならば不安定である。この関係は暗記すること。

解答

安定的

Q11（ワルラスとマーシャルの安定性分析）

下図のように需要曲線Dと供給曲線Sが示されているとき，E, E', E''はそれぞれマーシャル的に安定か。またワルラス的にはどうか。

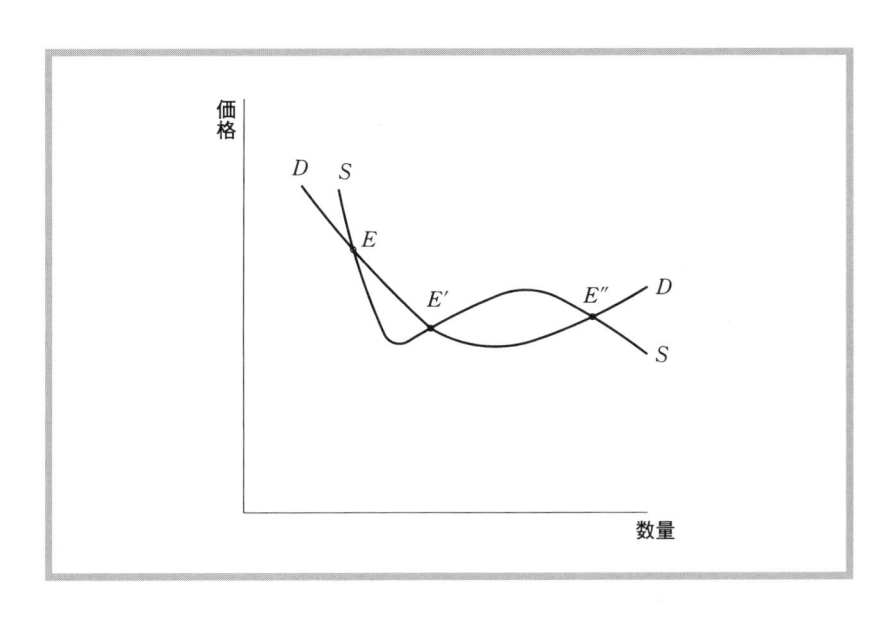

ヒント

各点の近傍で，テキストで扱った超過需要曲線，超過需要価格曲線を描き，その傾きを調べればよい。（ともに右下がりなら安定。）

解答

E　ワルラス的に安定　マーシャル的に不安定

E'　ワルラス的にもマーシャル的にも安定

E''　ワルラス的にもマーシャル的にも不安定

Q12（独　占）

独占企業の直面する需要曲線と，費用曲線が次のように与えられている。

　$x = 3 - p$

　$C = x + 1$

ただし，xは産出量，pは価格，Cは総費用である。この企業の利潤最大時の利潤はいくらか。

ヒント

まず，総収入を求め，$MC = MR$で産出を求め，その産出から需要曲線を用いて価格を求める。利潤は，総収入マイナス総費用である。

解　答

利潤0（価格2，産出1）

Q13（独占企業への課税）

独占企業の直面する需要曲線と，費用曲線が次のように与えられている。

　$x = 124 - 1/5p$

　$C = 4x^2$

ただし，xは産出量，pは価格，Cは総費用である。このとき20％の従価税が課されたとすれば産出はいくらになるか。

ヒント

$MC = (1 - \beta)MR$で産出が決まる。（本文参照）

解 答

31

Q14（複 占）

複占下で，費用関数がそれぞれ，$C_1 = 4x_1$，$C_2 = 8x_2$として与えられており，クールノーの仮定が成立しているものとする。また，市場の需要曲線が$X = 20 - p$であるとする。ここで，xは各企業産出，Xは市場全体の産出，pは産出物価格，Cは費用である。

(1) クールノー＝ナッシュ均衡を求めよ。
(2) 企業2が先導者であるときのシュタッケベルク均衡を求めよ。

ヒント

(1) 各企業の利潤関数を作成する。このとき$p = 20 - X = 20 - (x_1 + x_2)$であることに注意する。利潤関数を各々産出で微分してゼロとおくと反応関数が得られる。両企業の反応関数の交点において均衡が成立するので，二式を連立させて解を求める。
(2) 先導者である2の最大化問題を解くことが基本となる。2の利潤関数に1の反応関数を代入した上で最大化問題を解けば2の最適産出が求まる。これを1の反応関数に代入して1の産出を求める。

解 答

(1) $x_1 = 20/3$，$x_2 = 8/3$
(2) $x_1 = 6$，$x_2 = 4$

Q15（外部性）

技術的外部不経済の発生する産業において，社会的限界費用と需要曲線が均等するように生産量一単位当たりabの税金が課されたとする。図上，

課税によって増大する社会的厚生の大きさはどのように示されるか。ただし，私的限界費用曲線の傾きは社会的限界費用曲線の傾きに等しい。

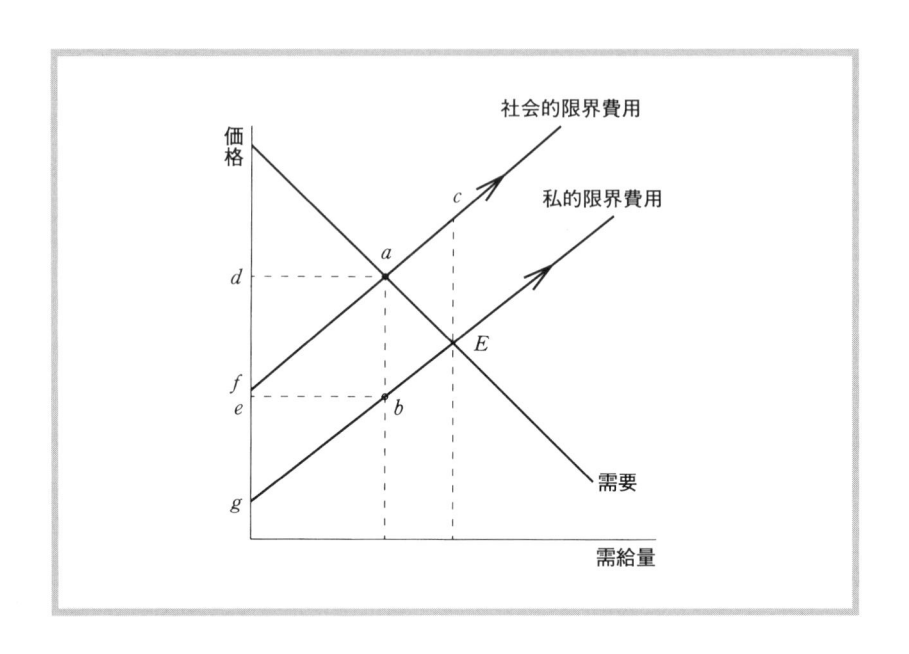

ヒント

本文参照。

解答

三角形acE

Q16（公共財の最適供給）

ある公共財xの費用関数Cが，

$C = 2x$

であり，これを利用する2人の消費者の公共財からの便益関数B_1，B_2が，

$B_1 = 30x^{1/2}$

$B_2 = 10x^{1/2}$

で与えられるとき，公共財の最適供給量はいくらか。

ヒント

各個人の限界便益の合計と限界費用の均等が均衡条件。

解 答

100

Q17（不確実性）

効用関数，

$u = x^2$ （x：利得）

を持つ個人が，1万円を保有しているとする。このとき宝くじを購入すると1％の確率で賞金Yが得られるとすれば，賞金がいくらならこのくじを購入すると考えられるか。

ヒント

くじに参加しなければ確定利得は1万円で，くじに参加すると，99％はずれて1％あたるのであるから，

$0 \cdot 0.99 + Y \cdot 0.01$

の期待利得が得られる。また，くじに参加したときの期待効用は，はずれとあたりの効用の加重平均と考えられるので，

$u' = (0 \cdot 0.99)^2 + (Y \cdot 0.01)^2$

となる。くじに参加しないときの効用は，

$u'' = (10000)^2$

であり，u'とu''が等しいときくじに参加することと参加しないことが無差別になり，u'の方が大きければくじに参加するであろう。本問では，$u'' =$

u'' を解いて Y を求めればよい。

解 答

100万円

Q18（比較生産費説）

工業品と農産品の2財を生産するA, B二国からなる経済において，次のように投入係数表が与えられている。A国は500，B国は600の労働を保有している。

	工業品	農産品
A国	5	5
B国	12	6

(1) 両国の輸出財を答えよ。
(2) 両国の貿易前の限界変形率を求めよ。
(3) 貿易後の貿易価格比のとりうる範囲を求めよ。

ヒント

(1) 投入係数表から比較生産費を求める。工業品の比較生産費は，A国 5/5，B国 12/6 で，A国の方が安価に生産できる。
(2) 限界変形率（生産可能性曲線の傾きの絶対値）は比較生産費に等しくなる。（本文参照）
(3) 貿易価格比は，貿易の利益が保証されるように，両国の限界変形率の間に決まる。

解 答

(1) A国は工業品　B国は農産品
(2) A国は1　B国は2
(3) $1 \leq$ 工業品価格/農産品価格 ≤ 2

第Ⅱ部 マクロ経済学編

　マクロ経済学とは，一国全体の集計量として，消費，投資，貯蓄などの諸変数を扱い，国民所得の決定理論を提供することを目的としている。

　マクロ経済学の現代的展開は，ケインズの『雇用・利子及び貨幣の一般理論』(1936)という書物に始まるといってよい。従来の新古典派と呼ばれる人々が，代表的企業の行動を単に集計的に扱えば国民所得が決まるといった単純な発想を持っていたのに対し，ケインズは，集計量を扱うことと，ミクロ行動を集計することを区別しなければならないことを強調した。また，資本市場が国民所得に及ぼす影響に関する議論をはじめて展開するなど，現実的な枠組の基礎を構築したのである。これにより，世界恐慌前後の経済情勢に関してある一定の分析が可能になったのである。ケインズの業績は，翌年には IS-LM モデルとしてヒックスによって要約され，その明快さから一時期の経済学者は皆ケインジアンになったといってもよいくらいである。

　このような理由で，本編では，全体としてケインズ理論が中心に説明される。古典派，マネタリスト，ニューケインジアン等の議論が付随的に説明されるが，ケインズモデルとの対比の中で理解してほしい。

　またミクロに比べて計算よりも理論的な論争に注目すべきである。どの理論がケインズで，どれが古典派なのか，また，時期的にはどの理論が先かなどに興味を持つことにより，理論の理解がかえって早くなるであろう。補章として設けた，マクロ経済学の歴史も自らの研究課題としてほしい。

第9章 国民所得統計

　国民所得統計に関する学問範囲は極めて広く，これだけで分厚い本を書けるほどである。しかしそれはむしろ上級の課題で，初学者はむしろごく簡単にその概念を理解すればそれでよいものと思われる。ここでは，ごく基本的なことだけ指摘し，理論的な側面である，産業連関分析について特に説明しておこう。

1 三面等価

　国民所得とは，一国において，一定期間に生み出された財貨サービスの価値と定義できる。したがって，国民所得は，国に蓄積された富の合計である国富とは異なり，年々歳々激しく変化する指標であるとみることができる。このようにある一定期間に変化した量（額）を捉えたものを**フロー**といい，蓄積されたもの全体を捉えたものを**ストック**という。

　国民所得には，三つの捉え方がある。生産面から見たものを，**生産国民所得**，支出面から見たものを**支出国民所得**，分配面から見たものを**分配国民所得**という。それぞれの定義は次のようなものである。

$$
\begin{align}
\text{生産国民所得} &= \text{各産業の生産額合計} - \text{各産業の中間需要合計} \notag \\
&= \text{各産業の付加価値合計} \tag{1}
\end{align}
$$

$$\text{支出国民所得} = \text{最終需要額合計} \tag{2}$$

$$\text{分配国民所得} = \text{賃金} + \text{利潤} \tag{3}$$

ここで，中間需要とは，生産過程の需要である。ここで，

$$\text{生産額合計} = \text{中間需要合計} + \text{最終需要合計} \tag{4}$$

であるとすれば，

（1）に（4）を代入して
　　生産国民所得＝中間需要合計＋最終需要合計－中間需要合計
　　　　　　　　＝最終需要合計＝支出国民所得
また，付加価値合計は賃金か利潤になるため，
　　生産国民所得＝付加価値合計＝賃金＋利潤＝分配国民所得
これより生産国民所得＝支出国民所得＝分配国民所得が成立することがわかる。このことを一般に，三面等価の原則と呼ぶ。

　ところで，国民所得統計において *GNP*（国民総生産）と *GDP*（国内総生産）という2つの所得の把握方法がある。国内総生産は，国内領土に所在するすべての者の生産額を示しており，国民総生産は，国内居住者すべての生産額を示している。例えば，日本に居住しながら海外で活躍するスポーツ選手の所得は国民総生産に含められるが，海外に居住の本拠を持つ外国人が日本で所得を得てもこれに含められない。近年では，我が国でも世界の趨勢に合わせて国内総生産が用いられている。

2　産業連関分析

　各産業間の関係を明らかにし，中間生産物をも含む生産物の流れを包括的に分析する枠組みとして**産業連関表**がある。産業連関表は，ワルラス流の一般均衡理論的な，すべての市場間の相互関係を明らかにする枠組みを，実際の国民経済計算に応用しようとする試みである。

　産業連関表の構造は，投入（費用）構成と産出（販路）構成から成っている。この枠組みを抽象的に示したものが表3である。

　ここで，投入構成とは，生産を行うために，例えば産業1であれば，上から下にみて，産業1からx_{11}，産業2からx_{21}の中間投入を行い，雇用者所得，営業余剰，資本減耗引き当て，間接税マイナス補助金の各項目からなる祖付加価値と呼ばれる費用を負うことを意味している。このため，投入構成はまた費用構成とも呼ばれるのである。また，ここで，中間投入を内

表3 産業連関表と投入係数表

	産業1	産業2	最終需要	国内生産額
産業1	$x_{11}(16)$	$x_{12}(10)$	$F_1(54)$	$X_1(80)$
産業2	$x_{21}(24)$	$x_{22}(15)$	$F_2(11)$	$X_2(50)$
粗付加価値	$V_1(40)$	$V_2(25)$		
国内生産額	$X_1(80)$	$X_2(50)$		

	産業1	産業2
産業1	$a_{11}(0.2)$	$a_{12}(0.2)$
産業2	$a_{21}(0.3)$	$a_{22}(0.3)$
粗付加価値	$V_1(0.5)$	$V_2(0.5)$
国内生産額	1.0	1.0

表中（　）は数値例

生部門，粗付加価値を外生部門とも呼ぶ。

産出構成は，表を左から右にみて，例えば産業1の産出物は，産業1にx_{11}，産業2にx_{12}だけ売られ，残りは投資需要，消費需要在庫，輸出の項目からなる最終需要に振り向けられることを表している。ここで，輸入は産出合計からの控除項目となるので注意されたい。

産出構成及び投入構成は，その合計額がともに国内生産額に等しいため，同じ値となる。表には数値例が示されているが，投入合計と産出合計が同額となっていることに注意してほしい。

さて，表3下図には投入係数表が示されている。**投入係数**とは，各投入額を国内総生産で割ったものであり，生産物1単位当たりの各産業あるいは粗付加価値項目の投入金額を示している。例えば，

$$a_{11} = x_{11}/X_1$$

であり，数値例では，$16/80 = 0.2$である。このようにして得られる，各産業の投入係数合計は必ず1となる。

投入係数表は，**産業連関分析**を行うために極めて有効である。産業連関

分析では，ある産業の最終需要の変化が各産業部門に及ぼす影響などを明らかにする。

産業連関表から行和を求めると，
$$x_{11} + x_{12} + F_1 = x_1$$
$$x_{21} + x_{22} + F_2 = x_2$$
となるが，投入係数を用いてこれを書き換えると，
$$a_{11}X_1 + a_{12}X_2 + F_1 = X_1$$
$$a_{21}X_1 + a_{22}X_2 + F_2 = X_2$$
となる。投入係数と最終需要が既知であれば，連立方程式を解くことによって産出の値も知ることができる。最終需要の変化額がわかれば，それが産出額に与える影響もごく簡単に計算できるのである。

一般にこれらの計算が逆行列表を用いることによって容易になるとされるが，2行2列程度の計算であれば，連立方程式を解く方が遙かに簡単であり，入門レベルでは逆行列に関する学習をする必要はない。

第10章 古典派マクロ経済モデル

ケインズは彼の著書の中で，ケインズ以前のマクロ経済学をすべて**古典派**と呼んでいる。ケインズが批判したのは，主に通常にいうところの**新古典派**であったから，この用語法は誤りともいえるが，ケインズに倣って，新古典派マクロモデルのことを古典派モデルというのが慣例になっている。

ここでは，古典派の体系を理解するために，その構成要素である，貨幣数量説，労働市場に関する古典派の公準，貸付資金説について解説しよう。

1 総需要（貨幣数量説）

フィッシャーは取引量と物価との関係を示す方程式として次のような関係（フィッシャーの交換方程式）を示した。

$$MV = PT$$

ここで，M は貨幣数量，V は貨幣の流通速度，P は物価，T は取引数量である。簡単にいって，取引総額が貨幣流通総額に等しいという，貨幣経済にあっては当然の関係を示しただけであり，これを恒等式とみるのが自然である。

これから進んで，ケンブリッジ学派のマーシャル（ケインズの先生）は，**現金残高方程式**といわれる次のような関係を導いた。

$$M = kpY$$

ここで，M は貨幣量，k は貨幣の流通速度の逆数（マーシャルのkと呼ばれる），p は物価，Y は国民所得である。この関係は，恒等関係ではなく，

名目国民所得額のkという割合が貨幣として需要され，これに見合うだけの貨幣供給があれば，貨幣市場が均衡するということを意味している。貨幣需要側では，取引のために貨幣を保有しようという，貨幣の保有動機が明確に表現されており，動機分析のケンブリッジ的伝統が築かれたとみることができる。

さて，所得決定理論からみた現金残高方程式の読み方であるが，Yは労働市場によって決定されてしまうので定数であり，kも短期的には安定的な数値をとるため，結局貨幣供給量が上昇すればそれに比例して物価も上昇するということを表現していることになる。この点は，古典派の総需給分析で再確認しよう。

2 総供給

さて，古典派における国民所得Yの決定であるが，これをグラフ71を用いて説明しよう。生産関数が，

$Y = f(N)$

として与えられれば，労働の限界生産力（dY/dN）は実質賃金に等しくなるはずであり，横軸に労働量N，縦軸に実質賃金$\left(\dfrac{w}{p}\right)$を取ると右下がりの曲線（$N^D$）となる（ミクロ，要素需要曲線の項参照）。一方，古典派では，労働の**限界非効用**（*Marginal Disutility*）逓増が仮定され，労働供給は，実質賃金が労働の限界非効用に等しいところで決定するとされる。効用最大化を行う個人であれば，限界収入と限界費用が等しいところで均衡するが，実質賃金を限界収入，限界非効用を限界費用になぞらえて考えれば，このことの正しさが理解されるであろう。限界非効用逓増を反映して，実質賃金も労働量の増大とともに増加するため，労働供給曲線（N^S）は右上がりとなる（グラフ第3象現）。このようにして導かれた労働需要曲線と労働供給曲線が交わるところで均衡が成立し，均衡労働量と均衡実質賃金が決まる。均衡労働量によって生産可能な生産量が国民所得額である。ま

グラフ 71　古典派の総供給

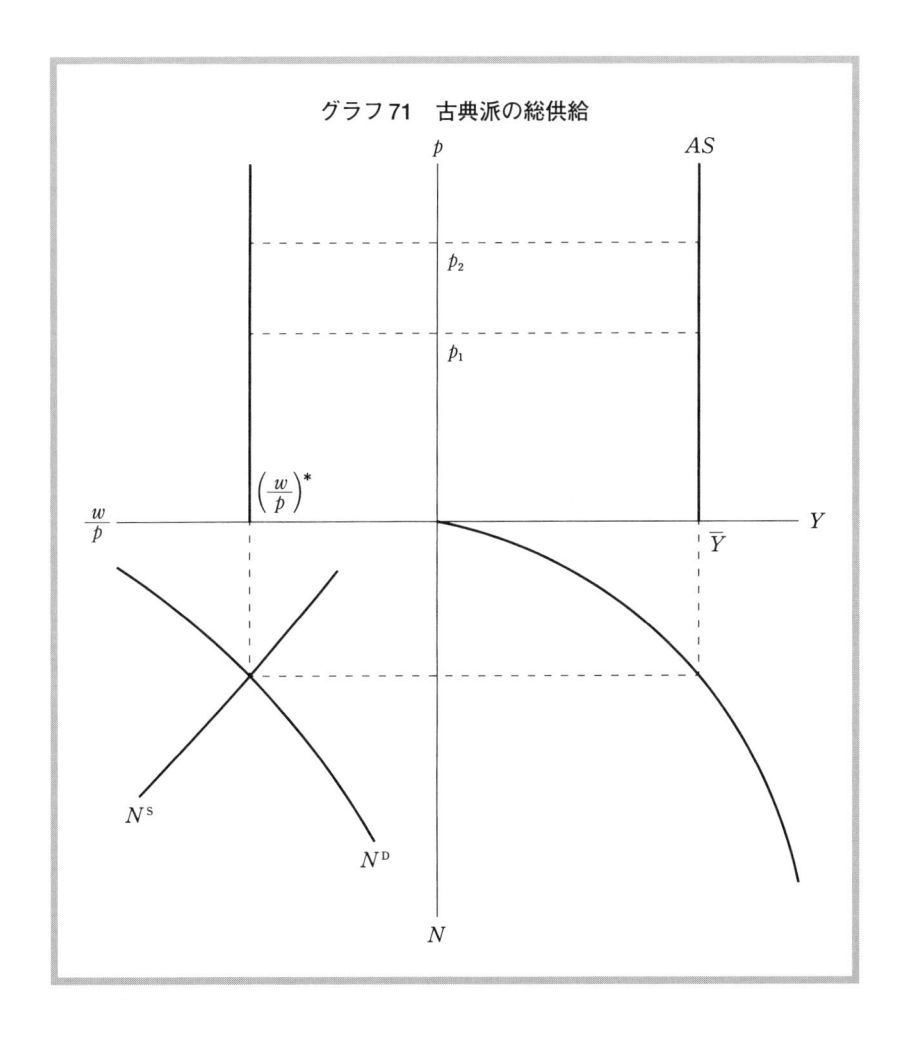

た，古典派では，物価が上昇すれば賃金も同率で上昇する。これは，労働者が明確に物価を認識することができることにより実現する。労働者がこのような認識が可能であるとき，**貨幣錯覚**がないという。グラフ第2象限は，貨幣錯覚がないことを表現している。これらの関係から所得と物価の関係をみたものが総供給曲線 AS といわれるもので，古典派においては物価に関わらず所得が一定であり，総供給曲線は垂直である。

3　総需要総供給均衡

さて，現金残高方程式において，貨幣数量Mを一定とすれば，kが一定であることからpが上昇するときYが下落しなくてはならず，pY平面に右下がりの曲線を描くことができる。一般にこの曲線を古典派の総需要曲線ADという（グラフ72）。

総需要曲線と総供給曲線を同時に描いたものがグラフ73であり，当初均衡点がEであるとする。このとき貨幣供給量が増加すると総需要曲線が上方にシフトし，所得一定で物価のみが上昇することがわかる。この体系で，所得に変化が発生するのは，生産関数や労働供給行動といった供給側の要因がシフトする場合のみである。例えば，生産関数が上方にシフトすると総供給は右にシフトし，産出が増大し，物価は低下する。

このように，貨幣的な要因が所得水準を変化させることはなく，実物要

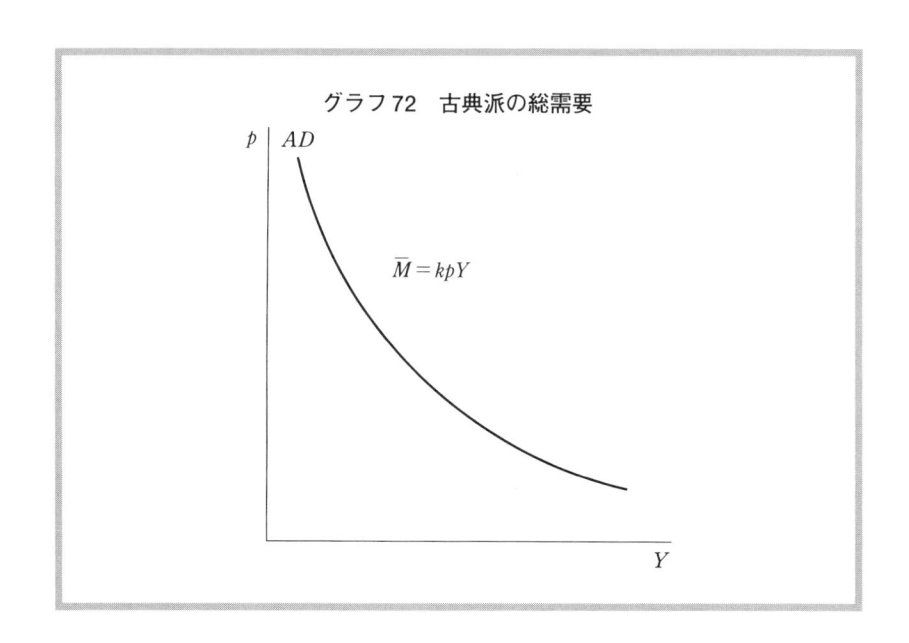

グラフ72　古典派の総需要

$\overline{M} = kpY$

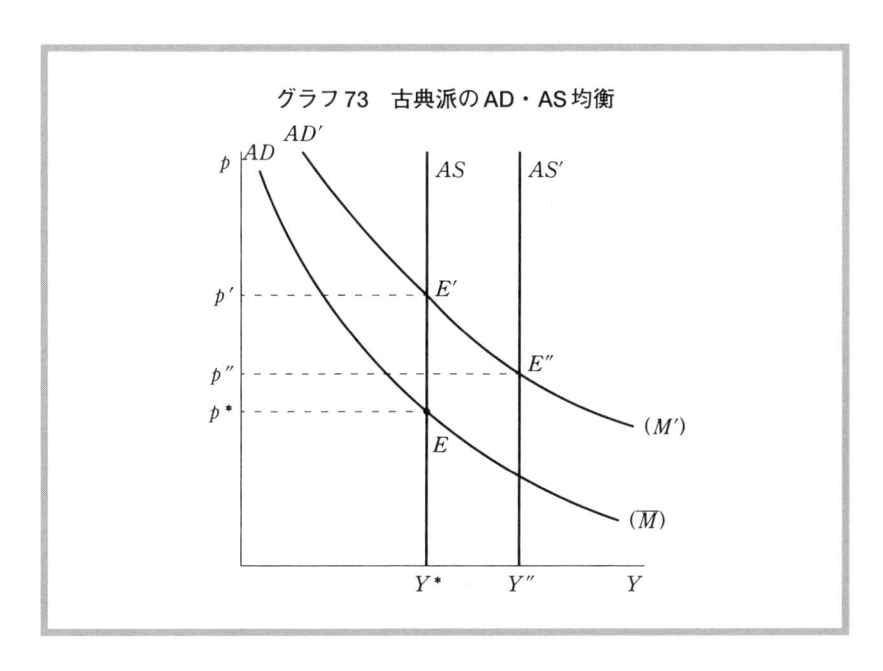

グラフ73 古典派のAD・AS均衡

因と貨幣要因が分離していることを，**古典派二分法**という。

　古典派においては，このように完全雇用国民所得水準が常に実現するが，これは生産物が完全に売り切れること，換言すれば供給と需要が常に等しいことを意味している。生産物は別の見方をすれば購買力に他ならないから，生産を行えば同額の購買力が生じ，その意味で過剰生産は発生しないのである。「**供給がそれ自らの需要を創出する**」というこの考え方は**セイ法則**として知られている。

4　貸付資金説

　貸付資金説は，利子率（*rate of interest* : r），投資額（*Investment* : I），貯蓄額（*Saving* : S）がどのように決定するかを明らかにする。貯蓄は利子率及び所得の上昇とともに増加する一方，投資は利子率の上昇とともに減少するとされる。貯蓄資金の供給と投資のための資金需要が主体的均衡の

グラフ74　貸付資金説

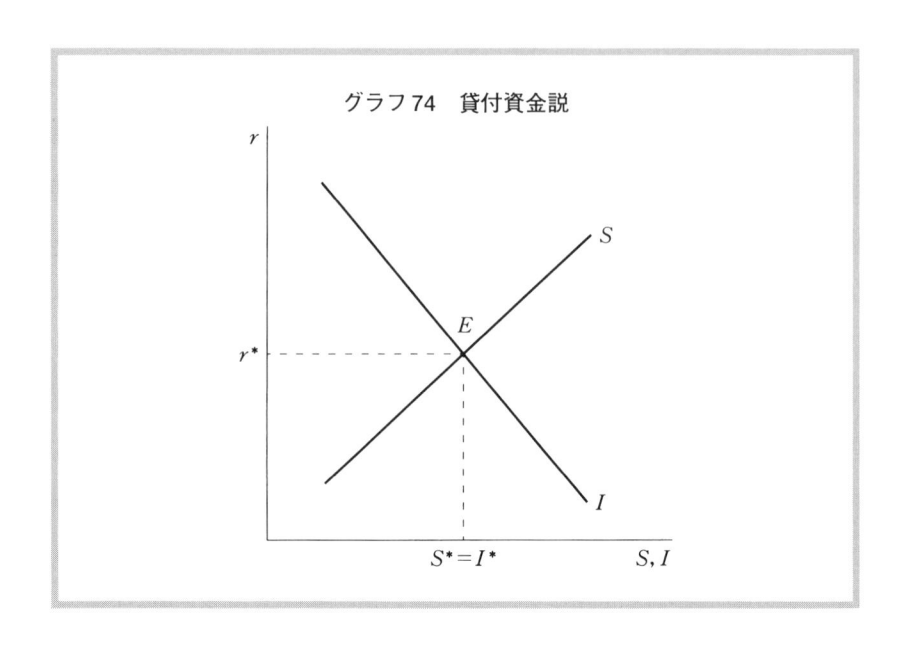

結果として決まっているのなら，資金市場の均衡は貯蓄と利子率の関係を示す曲線と投資と利子率の関係を示す曲線との交点Eのみである。ここで均衡利子率が決定する。この関係はグラフ74に示すとおりである。注意すべき点は，貸付資金市場での出来事が産出水準に全く影響を与えないということである。所得のうち消費されない部分が貯蓄であるが，貸付資金市場では金利が伸縮的に動いて，貯蓄はすべて投資にまわされることが保証されるのである。

第11章 45度線分析

前章に示した古典派モデルに対して，ケインズは批判を行い，古典派二分法を否定した。本章では，最も単純化されたケインズモデルを提示し，その意義を学ぶことにしよう。

1 有効需要の原理

ケインズは，不況下では遊休資本設備や労働がいくらでも存在し供給に関する制約がなく，経済の水準は専ら不足している需要側の要因で決定すると主張した。すなわち，企業は，需要がどれだけあるかを予測して供給量を決定すると考えた。

総需要の構成要素の代表は，消費（*Consumption*：*C*）と投資（*Investment*：*I*）であり，この合計値が総需要であり，なおかつ所得水準 Y を決めるとしたのである。すなわち，

$$Y = C + I$$

である。

いま簡単化のために投資を一定とし，消費を，

$$C = a + cY$$

とする。ここで，c が所得一単位上昇に対する消費増の係数となっていることから，これを**限界消費性向**（*Marginal Propencity of Consume*：*MPC*）と呼ぶ。以上2式より，

$$Y = \frac{1}{1-c}(I + a)$$

が得られるが，この式によって得られる国民所得が**均衡国民所得**である。

グラフ75　45度線分析

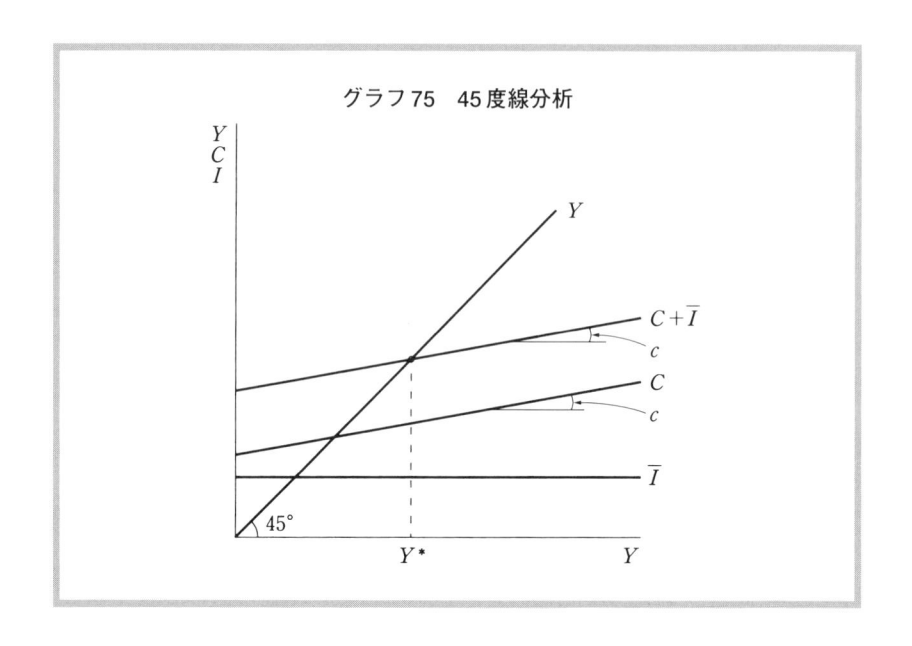

　総需要をグラフ75に描けば，これと45度線との交点で均衡国民所得が決まることがわかる。この45度線は，単に横軸と縦軸をともにYとしたときのYの表現にすぎないが，このようにできるのは総供給に制約が何らなく，総需要だけで国民所得を決定できるからである。また，理論的にこの分析が意味を持つ領域は完全雇用国民所得水準までであって，それ以上の所得水準は実現できないし，需要が均衡を決めるといった考え方も成立しない。

　ところで，この経済においては所得のうち消費されない部分はすべて貯蓄（$Saving$：S）と定義される。したがって貯蓄は，

$$S = Y - C = (1-c)Y - a = sY - a$$

と表現される。ここで，sは**限界貯蓄性向**と呼ばれる。

2　GNPの決定

（1）ギャップ分析

総需要で決定される国民所得は，
$$Y = C + I + G$$
となるが，この値は，一般的には完全雇用国民所得水準（Y_f）とは異なる。この原因は，グラフ76に示すY''が実現されるときのように，消費あるいは投資水準が低いことである。このように失業（非自発的失業）が存在するときの総需要水準と完全雇用時の総需要水準の差を**デフレギャップ**という。反対に，総需要水準が過剰である場合，完全雇用国民所得と整合的な需要水準との差を**インフレギャップ**という。ただし，インフレギャップが存在するときには，Y'が実現するわけではなく，Y_fが限界である。また，

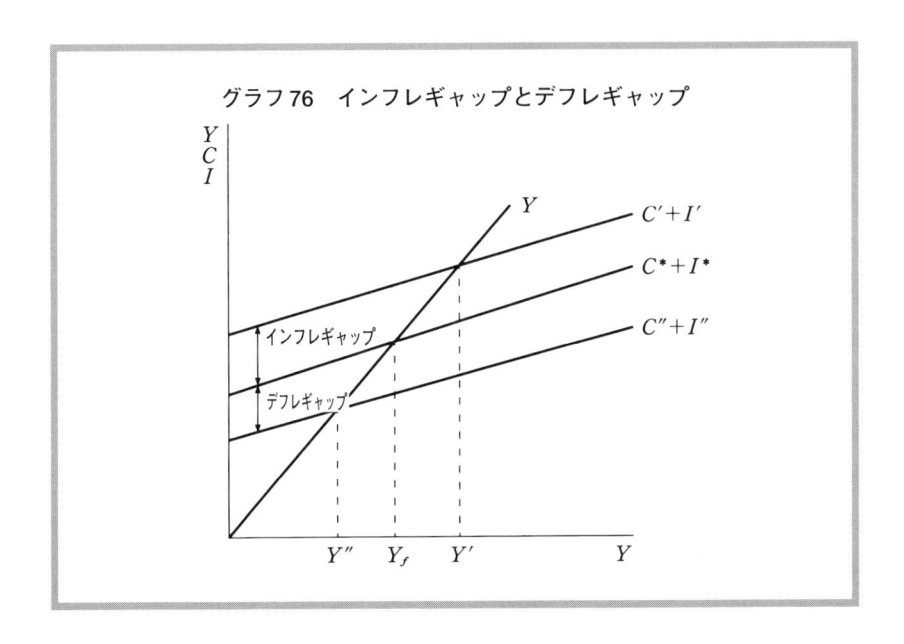

グラフ76　インフレギャップとデフレギャップ

第11章　45度線分析

このインフレ，デフレという用語は実際の物価変動を意味するものではなく，単に物価変動圧力が発生するという程度に理解すべきである。

（2）貯蓄のパラドクス

国民所得統計では，支出から国民総生産（GNP）を捉えたとき，
$$GNP = C + I$$
となり，分配から考えると，分配所得が消費 C ないし貯蓄 S にまわされることから，
$$GNP = C + S$$
となって，この結果恒等式的に $I = S$ が成立するものとされる。しかし，現実には，貯蓄資金が投資に円滑にまわされる保証はなく，所得が変動することによって両者の均衡が実現する。例えば，グラフ77のように投資額が一定で，貯蓄関数が所得の関数として描かれると，均衡が Y^* のように決定する。

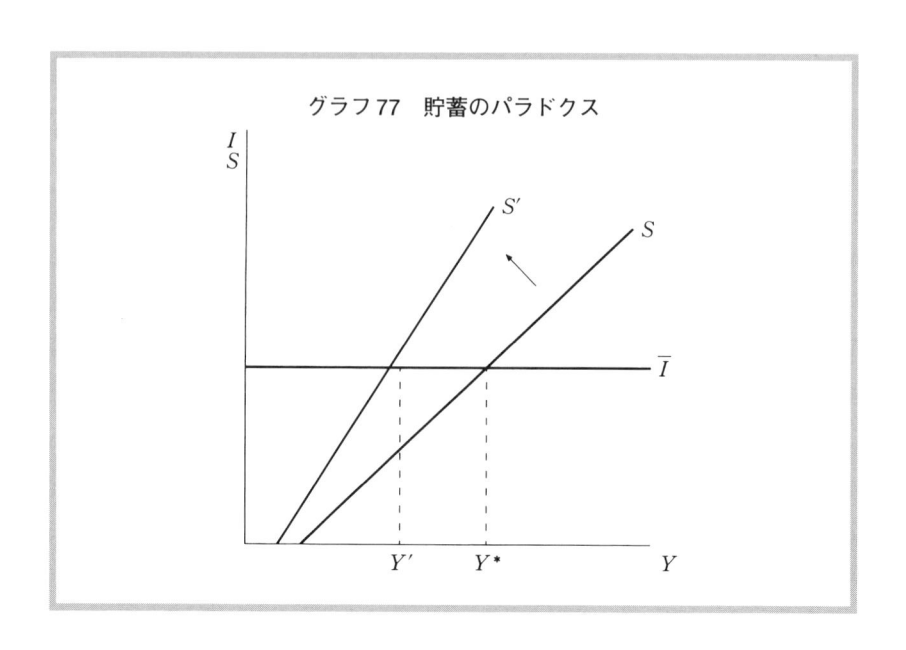

グラフ77　貯蓄のパラドクス

ところで，このとき人々が同一の所得に対してより多くの貯蓄をしようと考えた（限界貯蓄性向が上昇した）としよう。このとき貯蓄関数はS'にシフトするが，これにより均衡国民所得は小さくなってしまう。また，貯蓄が所得の関数であるとしたので，貯蓄水準に下方圧力が働き，結果として貯蓄額は一定となってしまう。このように，個別経済主体の行動の単純集計とマクロにおける結果が異なることがある。貯蓄に関するこの現象を**貯蓄のパラドクス**という。

3 乗数

（1）乗数プロセス

さて，いまグラフ78のように，総需要の水準が$C+I$であり，所得がY_1に決定していたとする。このとき，投資需要がΔIだけ増加したとしよう。このとき，

$$Y = C + I$$

であるから，投資の増加（ΔI）と同量の所得の増加が発生する。これをΔY_1とすれば，消費がこの所得増により$c\Delta Y_1$だけ増加する。消費の増加は再び所得を増加させ，$\Delta Y_2 = c\Delta Y_1$の所得増が実現する。これがさらに消費増$c\Delta Y_2$を誘発する。この過程が継続することにより均衡はE_1からE_2に徐々に近づいていく。最終的に，

$$\begin{aligned}\Delta Y &= \Delta I + c\Delta Y_1 + c \cdot c\Delta Y_1 + \cdots \\ &= \Delta I + c\Delta I + c \cdot c\Delta I + \cdots \\ &= \frac{1}{1-c}\Delta I\end{aligned}$$

だけの所得増加が実現することになる。これを**乗数プロセス**といい，

$$\frac{1}{1-c}$$

グラフ78　乗数プロセス

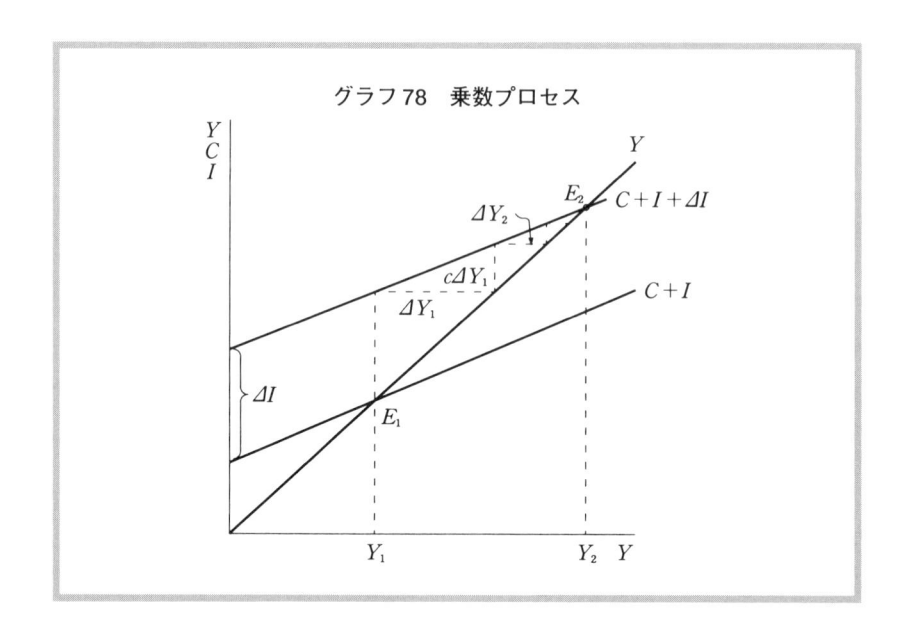

を投資乗数という。

（2）乗数の求め方

乗数の値を簡単に求めるためには，次のようにすればよい。Y_1 を事前の所得水準，Y_2 を投資増大後の所得水準として，

$Y_1 = C + I$

$Y_2 = C + I + \Delta I$

とする。消費関数を代入した上で，その差を求めることにより，

$$Y_1 - Y_2 = \Delta Y = \frac{1}{1-c} \Delta I$$

を得る。

（3）財政乗数と一括課税乗数

政府部門を導入したマクロモデルを考えよう。G を政府支出，T を税金，

T' を一括税，t を比例税率，Y_d を可処分所得とする。このときマクロモデルが，

$Y = C + I + G$
$C = a + cY_d$
$Y_d = Y - T$
$T = T' + tY$

であるとする。すなわち，消費は可処分所得に基づいて行われ，可処分所得は所得から税金を引いたものである。また税金は一括税と所得に依存する比例税とからなる。政府支出が増大した場合，先の計算方法により，

$$\Delta Y = \frac{1}{1 - c(1-t)} \Delta G$$

で示される所得の増大が発生することがわかる。
この場合の乗数 $1/(1-c(1-t))$ を**財政乗数**という。また，一括税が変化した場合には，

$$\Delta Y = \frac{-c}{1 - c(1-t)} \Delta T$$

で示される所得の変化が起こるが，この場合の乗数 $-c/(1-c(1-t))$ を**一括課税乗数**という。

限界消費性向は1より小さくなるため，財政乗数と一括課税乗数を比較すると，絶対値において財政乗数の方が大きい。これは減税より政府支出増の方が所得拡大効果が大きいことを意味している。

（4）均衡予算乗数

次のようなマクロモデルを考える。このモデルにおいて，政府支出を全額課税でまかなったとすれば乗数はどうなるであろうか。

$Y = C + I + G$
$C = a + cY_d$
$Y_d = Y - T$

$$T = T'$$

以上より,

$$Y = \frac{1}{1-c}(a + I + G - cT')$$

を得る。政府支出と増税が発生するときには,

$$\Delta Y = \frac{1}{1-c}(\Delta G - c\Delta T')$$

だけの所得変化が発生するが,予算が均衡（$\Delta G = \Delta T'$）しているのだから,

$$\Delta Y = \frac{1}{1-c}(\Delta G - c\Delta G) = 1\Delta G$$

となり,乗数が1であることがわかる。この乗数を**均衡予算乗数**という。

（5）外国貿易乗数

さて,政府部門が存在し,輸出（*Export*: *EX*),輸入（*Import*: *IM*）が存在するケースについてマクロモデルを考えてみよう。輸入を所得の増加関数として,m を**限界輸入性向**とする。このケースでは,輸出を海外からの需要の追加,輸入を国内から海外への需要の漏出と見なすことができるため,これらの要因が総需要の値に影響を与える。このとき体系は,

$$Y = C + I + G + EX - IM$$
$$C = a + cY_d$$
$$Y_d = Y - T$$
$$T = T'$$
$$EX = EX'$$
$$IM = IM' + mY$$

で与えられ,これより,

$$Y = \frac{1}{1-c+m}(a + I + G - cT' + EX' - IM')$$

グラフ79 外国貿易が存在するケース

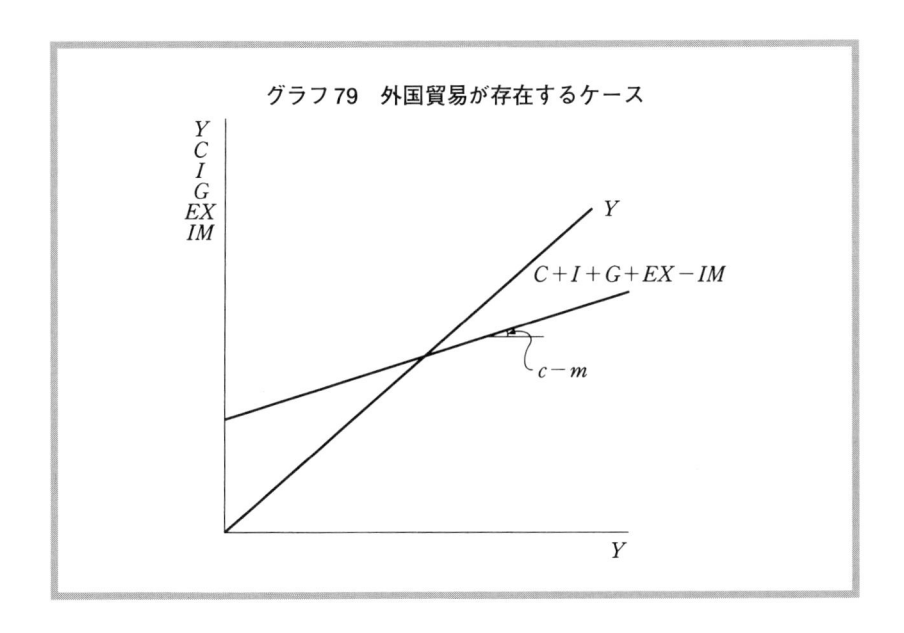

Y
C
I
G
EX
IM

Y

$C + I + G + EX - IM$

$c - m$

Y

を得る。均衡の状況はグラフ79に示すとおりである。これらから，輸出増加が国民所得に及ぼす効果を求めることができる。輸出が増大したときの所得の増大を表す式として

$$\Delta Y = \frac{1}{1 - c + m} \Delta EX'$$

を得るが，乗数$1/(1-c+m)$を**外国貿易乗数**という。

第12章 消費関数

これまでの議論では，消費関数を単に所得の関数として定義して用いてきた。これはケインズの導いた結果をほぼ踏襲したものであるが，消費関数については様々な定式化が存在している。本章ではこれらの議論について見ておこう。

1 ケインズ型消費関数

ケインズは，元々グラフ80に示すような，切片を持ち逓減的な消費関数を主張した。この消費関数は単位当たり消費で測られる**平均消費性向**

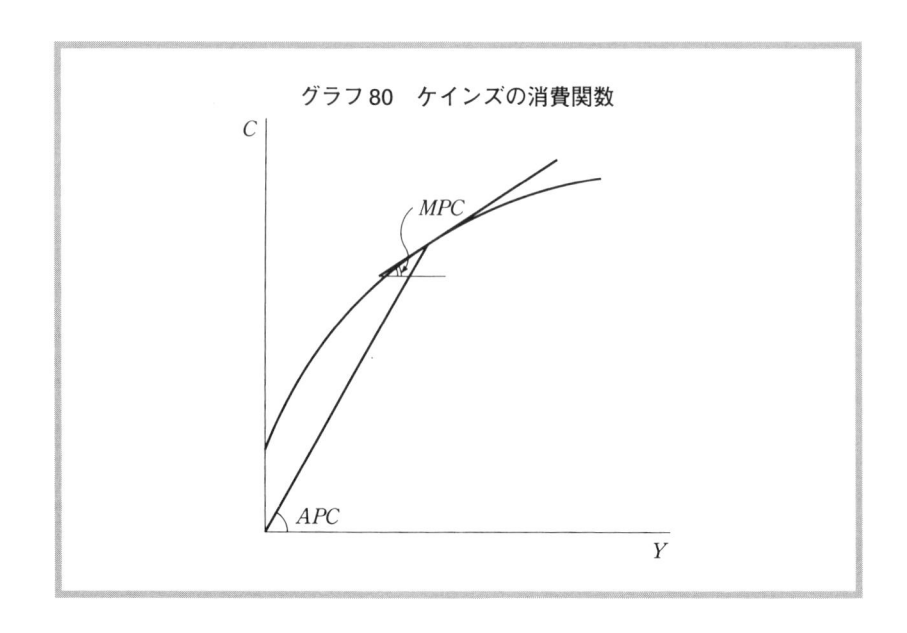

グラフ80　ケインズの消費関数

グラフ81　消費関数の推計結果

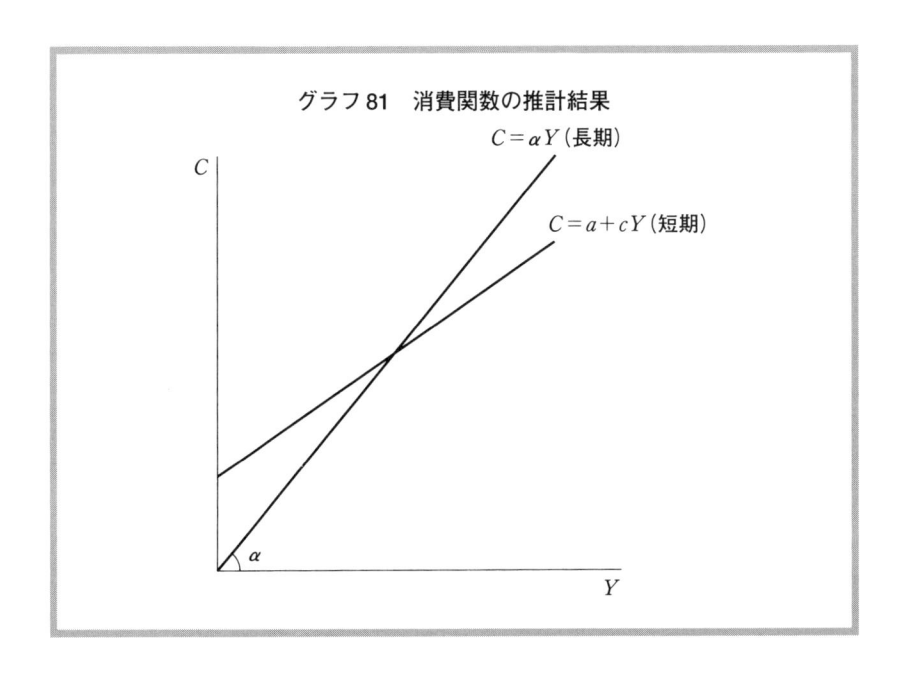

$C = \alpha Y$（長期）
$C = a + cY$（短期）

（*Average Propencity of Consume*：APC）が所得Yの増加とともに小さくなり，消費関数の接線の傾きで測られる**限界消費性向**（*Marginal Propencity of Consume*：MPC）よりも必ず大きいという性質を持っている。限界消費性向が所得の増加とともに逓減的になるのは，金持ちほど貯蓄性向が高まるという直感的なものである。

　これに対しては実証研究が行われ，検証が行われるに至った。最も有名な研究は，クズネッツによる推計であり，短期の費用関数については，その関数形が逓減的であることをのぞいて，ケインズの直感が概ね支持された。

　推計された消費関数はグラフ81のようなものである。短期においては切片が存在する線形の消費関数が，長期においては，切片のない線形の消費関数が推計されたのである。

2　消費関数論争

　消費関数に関する推計結果を受けて、この結果と整合的な消費関数に関する仮説が提示されるに至った。ここでは、相対所得仮説、恒常所得仮説、流動資産仮説について簡単に触れておこう。

(1) 相対所得仮説

　相対所得仮説はデューゼンベリーらによって提唱された仮説で、時間的相対所得仮説と空間的相対所得仮説に分けられる。

　時間的相対所得仮説は、消費は現在の所得と過去最高の所得水準に依存して決まるというものである。例えば、Y_0を過去最高所得とすれば、

　　$C = aY_0 + bY$

といった形の関数が考えられる。平均消費性向は、

　　$C/Y = aY_0/Y + b$

となる。この関数は短期平均費用が所得の上昇とともに低下し、関数が切片を持つという短期費用関数の推計結果に合致するとともに、長期の成長過程では、YとY_0が一致することから、長期平均消費性向が一定となるという性質も兼ね備えている。

　一方、空間的相対所得仮説は、消費支出が現在の所得と社会の平均消費水準に依存して決まるというもので、家計間の相互依存度をσとすれば、例えば、

　　$C = a\sigma + bY$

といった形になる。短期にはσが一定で長期には所得と比例すると考えることにより、やはり実証結果と整合的な結論が導けるとした。

(2) 恒常所得仮説

　恒常所得仮説はフリードマンによって提唱され、消費支出は恒常所得に

依存するとした。ここで，恒常所得（Y_P）とは，毎期安定的に得られると考えられる期待所得で，現在及び将来の所得の加重平均から求められるとした。消費関数は，

$$C = aY_P$$

と表され，平均消費性向は，

$$\frac{C}{Y} = \frac{aY_P}{Y}$$

となる。短期においては変動的な要因（変動所得）が存在するために平均消費性向は所得の増加とともに低下するが，長期ではYとY_Pが一致するために，平均消費性向は一定になるとした。

（3）流動資産仮説

流動資産仮説はトービンにより提示された仮説で，消費は所得水準と流動資産保有額に依存して決まるとされた。流動資産保有額をMとすれば，例えば，

$$C = a + bM + cY$$

といった形になる。（ここで，a，b，cは定数。）このとき平均消費性向は，

$$\frac{C}{Y} = \frac{a}{Y} + \frac{bM}{Y} + c$$

となる。短期平均消費性向は当然Yの上昇とともに低下するが，実証的にM/Y（マーシャルのkに等しい）が長期において上昇することが知られており，長期平均消費性向が一定となり得ることが主張された。

第13章 投資関数

マクロ投資関数論は著しく発展を遂げたという分野ではない。むしろこれほどミクロとマクロのインタラクションがうまくいっていない領域はないといってもよい。ケインズ型の投資関数論は，最も素朴な形の投資関数であるが，それにも関わらず今日にいたってもこの抽象化が廃れたわけではない。それはその後に行われた新古典派の投資関数論争が不毛に終わり，結局トービンの Q 理論のみが生き延びたという事情にもよる。本章では，ケインズとトービンの議論を中心に解説しよう。

1 ケインズ型投資関数

資本財価格を Q，第 i 期後の期待収益を R_i とすれば，

$$Q = \frac{R_1}{1+\rho} + \frac{R_2}{(1+\rho)^2} + \frac{R_3}{(1+\rho)^3} + \cdots\cdots$$

という関係が成り立つ。資本財の価値が将来収益により決まると考え，将来収益をある割引率で割り引いたものを資本財価格とみるのである。また，別の見方をすればこの割引率を収益率と見ることもできる。ケインズは，この割引率のことを**資本の限界効率**と呼んだ。グラフ82は資本の限界効率表を描いたものである。この線が右下がりとなるのは，企業が収益率の高いプロジェクトから採択するため，投資額が大きくなるにしたがって収益率の低いプロジェクトが採択されることを想起すればよい

さて，企業の予想収益の割引現在価値 V は，利子率を r とすれば，

$$V = \frac{R_1}{1+r} + \frac{R_2}{(1+r)^2} + \frac{R_3}{(1+r)^3} + \cdots\cdots$$

グラフ82 資本の限界効率表

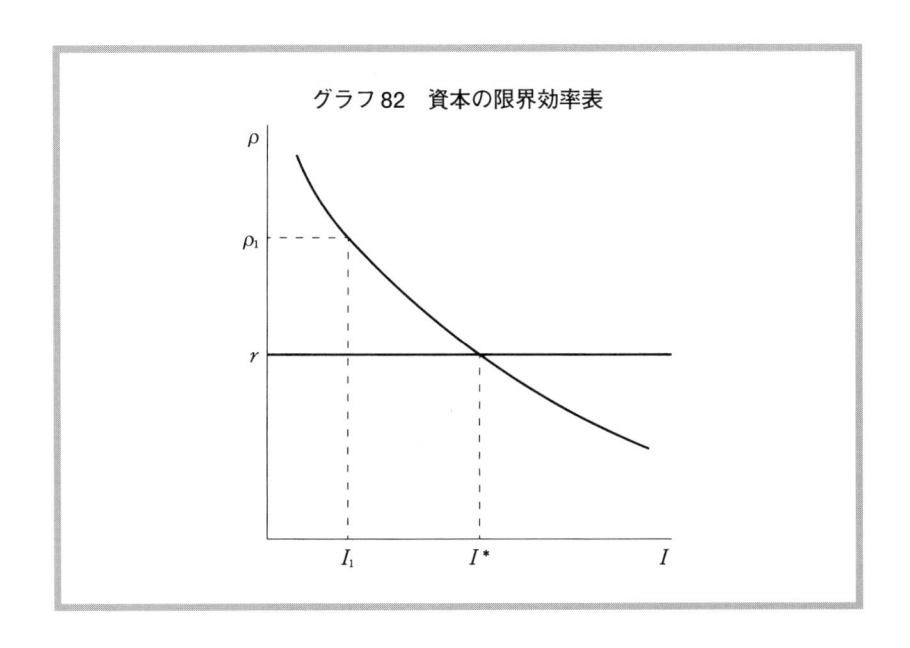

と表現される。資本の限界効率が利子率より高いとき投資は拡大した方が得であるし,逆の場合には縮小した方が得である。結局,限界収入である資本の限界効率と限界機会費用である利子率が一致するときにのみ均衡するのであり,そのとき$Q=V$が実現する。グラフ82において利子率がrで決まっていたとするなら,投資額はI^*となる。

以上より,ケインズの投資関数を利子の関数として,

$$I = I(r)$$

$$\frac{dI}{dr} < 0$$

とし,グラフ83のように表現することができることがわかる。しかしこれは一定の資本の限界効率表を基礎として描いているのであって,将来収益に関する期待が変化するようなとき,投資関数は激しく上下する。いうまでもなく,期待が好転するとき上方に,期待が悪化するときには下方にシフトする。

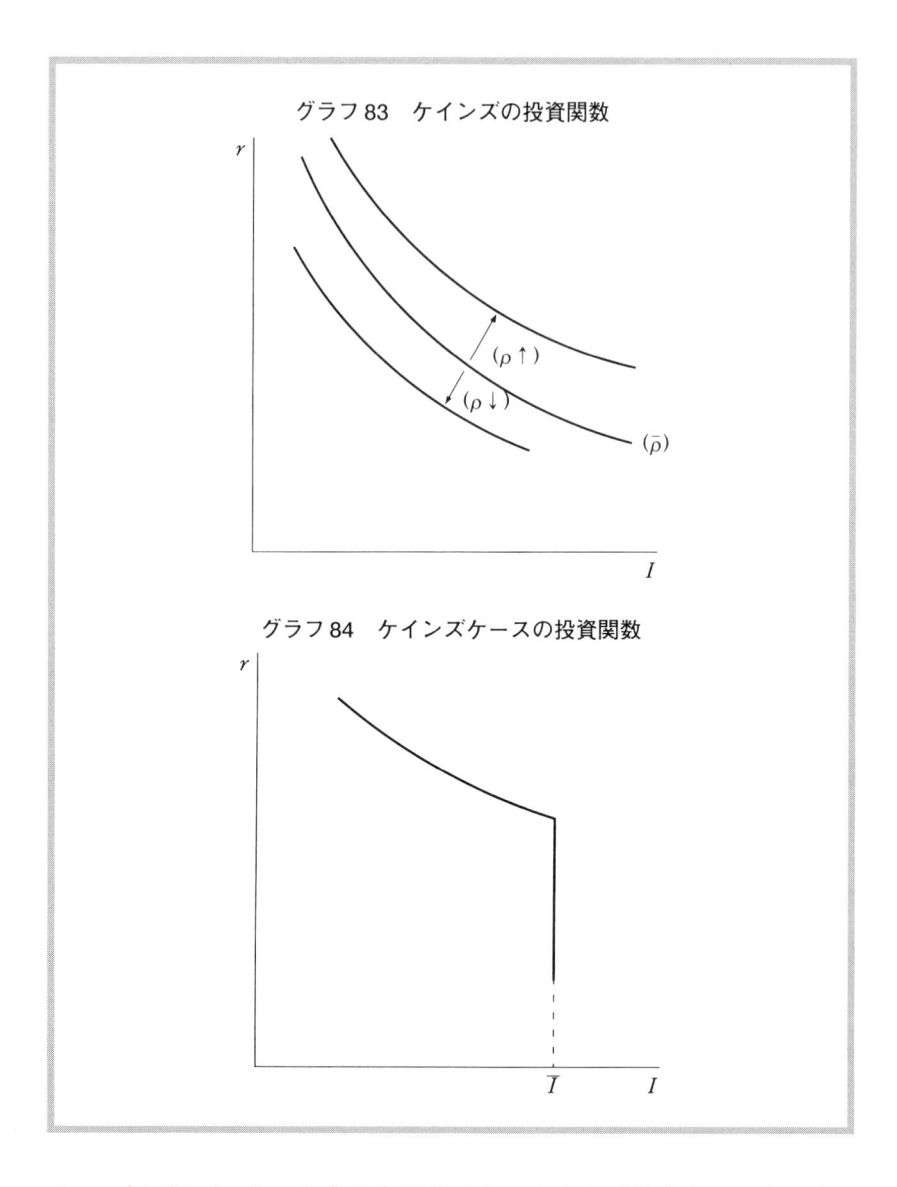

グラフ83　ケインズの投資関数

$(\rho\uparrow)$
$(\rho\downarrow)$
$(\bar{\rho})$

グラフ84　ケインズケースの投資関数

$\bar{I}$

　さて，大不況下にあるとき投資関数はどのような形状をとるであろうか。もちろん，資本の限界効率表は低位置にあり，投資関数も低位置にある。さらに，利子率がいくら下がっても，投資収益に対する悲観が支配してい

るため,借り入れをするインセンティブが発生せず,投資額は大きくならない。このため極端なケースでは垂直の投資関数に直面することになる。ケインズオリジナルの想定はこの垂直の投資関数であり,**ケインズケースの投資関数**ともいわれる。

2 新古典派投資関数論

ジョルゲンソンらを代表とする新古典派といわれる人々は,生産関数と費用条件から最適資本ストックを求め,これと現実の資本ストックとの差を投資によって調整することを考えた。資本はストックの概念で,投資はフローの概念であるが,投資は期間を経て資本の追加分となるため,このような考え方は自然である。しかし,資本ストックの調整を投資で行うとしても,その過程で生産能力拡大に伴う調整費用がかかるため,即座に最適資本ストックが実現されるだけの投資の増加は発生しない。最適資本ストック決定と,現実資本ストックと最適資本ストックの差分を埋め合わせるための最適投資額決定とを別々の問題として考えなければならないのである。このように,新古典派では,投資決定問題が一度の最適化問題を解く形では解決されない。このような多段階の最適化を行うとする新古典派型投資関数論には大きな矛盾があるとされ,事実上挫折することになった。

3 トービンのQ理論

調整費用の問題をクリアした議論にトービンの Q 理論がある。トービンの Q とは,

$$Q = \frac{株価総額(+負債総額)}{資本ストックの再取得価格}$$

と表される。株価はその企業を永続させた場合の企業価値であり,資本ス

トックの価値は企業活動とは関係がない。もし分母の方が大きければ，企業の営業には何ら意味がないことになり，株式は売り払われることになるであろう。これに対し，分子の方が大きいときには，より多くの資本ストックを買い入れて営業を拡大することが望ましいことになり，投資は拡大するであろう。投資を拡大し，収益率が落ちて分母と分子が一致するとき投資拡大はやむ。このように，投資拡大はトービンの Q が 1 より大きいときに行われるのである。

第14章 貨幣市場

これまで扱ってきた議論は，貨幣的な関係を意味しながらも，貨幣そのものについては全く扱っていない。本章では，貨幣とは何かを定義した上で，貨幣の需要と供給に関する議論を扱おう。

1 貨幣の定義と機能

貨幣とは，大まかには現金通貨と預金通貨の合計をいう。実際，取引が当座預金勘定で行われるのはむしろ普通であり，これを貨幣に含めるのは当然である。

マネーサプライ統計上では，現金通貨と預金通貨の合計をM_1と呼び，これに定期性預金を含めたものをM_2と呼ぶ。さらに，譲渡性預金，郵貯，信託などのも貨幣に含めて統計処理されることもあり，貨幣の定義は一義的ではない。しかし，理論的には，M_1，M_2程度までをイメージすれば十分であり，以後の議論もそのように理解していただきたい。

さて，ヒックス等によれば，貨幣の機能には，次の三つがあるとされる。すなわち，**取引手段**（流通手段），**価値貯蔵手段**，**価値尺度**（ニューメレール）である。取引手段は，誰もが貨幣と財貨との交換を喜んでするという一般的受容性を前提として，貨幣が取引の手段として機能することを意味する。また，価値貯蔵手段とは，貨幣を異時点へ持ち越すことにより，財保有（消費）の異時点間移転を可能にする機能を意味している。貨幣を保有すればするほど，現在時点の価値貯蔵額が増大し，将来時点へと価値が移転するのである。また，価値尺度とは，すべての財の価値を測定する基準となりうることを意味しており，財の価値が貨幣額で表現されうるこ

とを意味している。逆に言えば，これらの三つの機能を持つものが貨幣として定義されうるのである。

2 貨幣供給

さて，貨幣供給量はどのようにして決定されるのであろうか。いま，日本銀行がベースマネー（または**ハイパワードマネーH**）と呼ばれる現金通貨を供給したとする。このとき，現金は表4のようなプロセスで市場経済に流れ込む。まず，現金は市中銀行の手に渡り，市中銀行の現金準備率をαとすれば，αHだけ預金引き出しの準備として銀行におかれ，残りは貸出に向けられる。借り入れを行った主体aは現金保有率がゼロならすべての借入金を当座預金勘定に移す。この預金は再び準備を残して貸し出される。

この過程で発生した貨幣は，

$$\Delta M = \frac{1}{\alpha} \Delta H$$

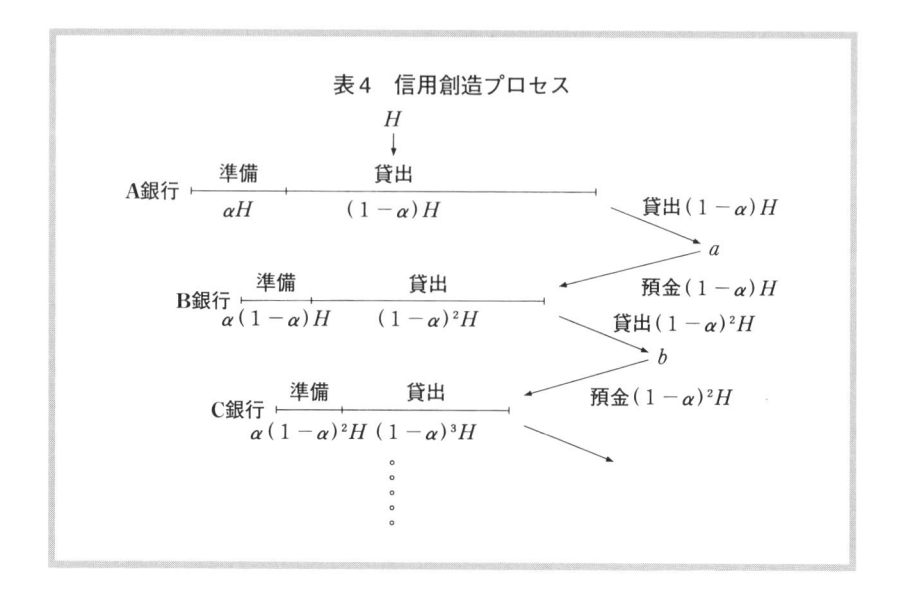

表4　信用創造プロセス

となるが，ハイパワーマネー変化にかけられる係数を**貨幣乗数**と呼ぶ。現金準備率が1より小さな値をとることから，この値は1よりも大きい。

一般に，準備率には法定準備率 α_1 と任意準備率 α_2 があり，借り入れ主体も一定の現金保有比率 β 設定するので，前と同様の計算から，貨幣乗数は，

$$\frac{\Delta M}{\Delta H} = \frac{1+\beta}{\alpha_1 + \alpha_2 + \beta}$$

となる。

3 貨幣需要

(1) ケインズの貨幣需要論

ケインズによれば，貨幣の需要には**取引動機に基づく貨幣需要**と，投機

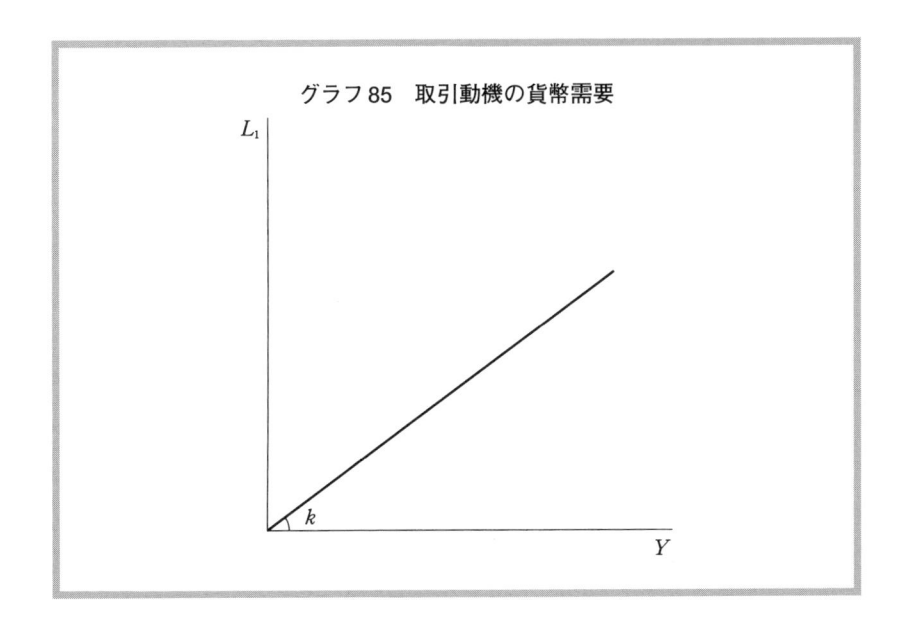

グラフ85　取引動機の貨幣需要

的動機に基づく貨幣需要がある。前者は，取引に必要な貨幣保有であり，古典派の取引需要と同じものである。すなわち，所得が増大するにつれ，取引のために保有する貨幣量は大きくなる。グラフ85はこれを示しており，マーシャルのkの傾きを持つ直線である。

一方後者の投機的動機とは，資産として貨幣を持つという意味であり，具体的には，貨幣と債券の資産選択を考えて，貨幣需要関数が説明される。この関数の形状は次のように説明される。まず代替資産である債券の価格Bを考えてみる。債券価格は将来その債券保有から得られる配当R_i合計の割引現在価値である。利子をrとすれば，

$$B = \frac{R_1}{1+r} + \frac{R_2}{(1+r)^2} + \cdots\cdots$$

であり，利子が上がると債券価格は下がる。さていま，利子が非常に高ければ債券価格は非常に安い。このときには債券買いを行い将来の値上がり益を期待すべきであろう。このため，このときには貨幣保有は小さくな

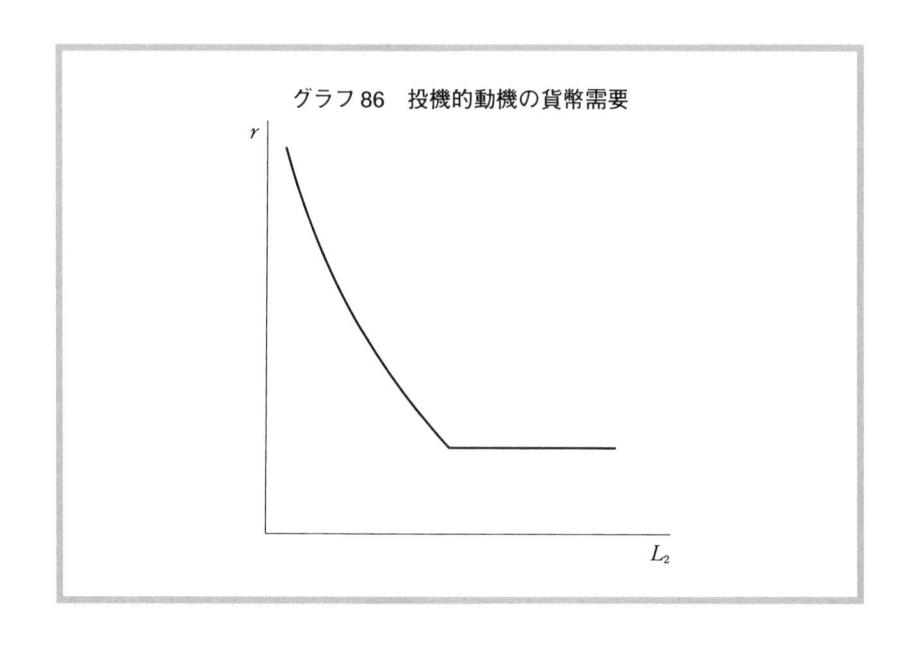

グラフ86　投機的動機の貨幣需要

る。逆の状況では貨幣保有が大きくなるため，投機的動機に基づく貨幣需要関数は右下がりとなる。これを描いたものがグラフ86である。グラフ中貨幣需要関数が水平な場所があるが，このようなときは大不況の時で，将来収益に不安があるため，ほんのわずかな利子の下落に対しても貨幣需要が無限に大きくなろうとすることを反映している。このような状態を**流動性の罠**といい，ケインズケースともいう。

以上から，ケインズの貨幣需要関数を次のように表現することができる。

$L = L_1 + L_2$
$L_1 = L_1(Y) = kY$
$L_2 = L_2(r)$
$dL_2/dr < 0$

L_1 は取引的動機，L_2 は投機的動機である。グラフ87にはケインズの貨幣需要関数と，中央銀行が外生的に貨幣供給量を決めることができるとし

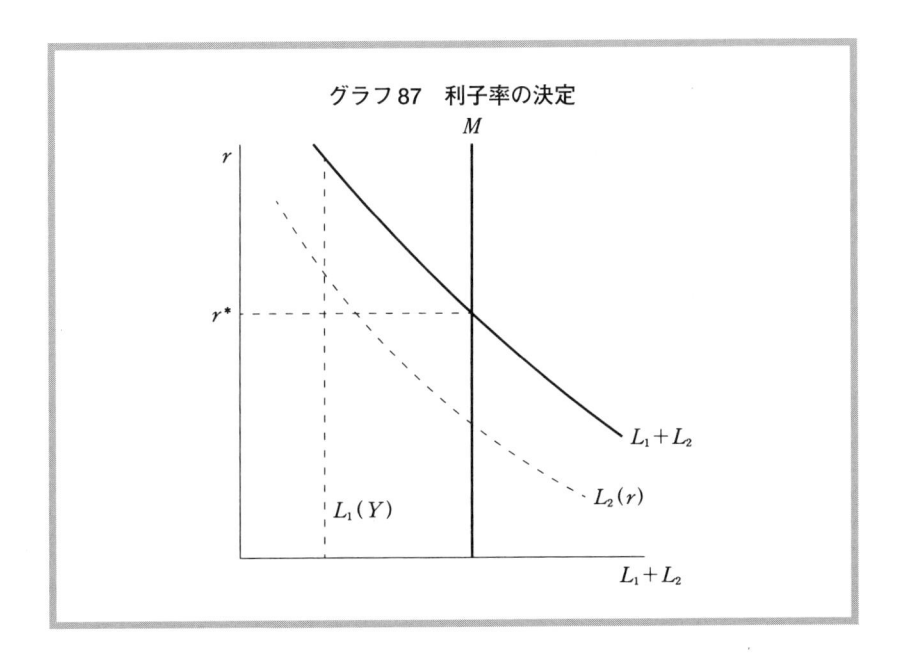

グラフ87　利子率の決定

たときの貨幣供給関数 M が描かれている。この需給均衡により利子率が決定することになる。ただし，所得が変化すれば利子率は即座に変化することに注意してほしい。貨幣市場だけで所得は決まらないので，この分析は完結していない。

（2）在庫理論アプローチ

ボーモルやトービン等は，貨幣保有に伴う費用に注目し，費用最小化問題を解くことによる最適貨幣需要量の決定を考えた。

所得 T をすべて利子 r を生む資産（例えば預金）で持つものとし，これを1回当たり C の額だけ取引費用 b で等分に取り崩して消費活動を行う主体を考える。1期間に，資産をすべて使い果たすとすれば，この主体が何回どれだけの金額を取り崩すことが最も安価であろうか。

ここでかかる費用は，取引にかかる費用と，貨幣保有による利子獲得機会の喪失から生じる費用（機会費用）である。取引にかかる費用は，現金引き出し回数（T/C）に取引費用を乗じたものだから，

$$b \cdot \frac{T}{C}$$

である。また，機会費用は，平均現金保有額（$C/2$）に利子を乗じたものであるから，

$$r \cdot \frac{C}{2}$$

である。（$C/2$ が平均となるのは，C を等しい速度で消費することを前提としているためである。）結局貨幣保有の総費用（TC）は，

$$TC = b\frac{T}{C} + r\frac{C}{2}$$

であり，これを最小化する一回当たり資産取り崩し額 C^* を求めれば，（微分してゼロとおいて），

グラフ88　在庫理論アプローチ

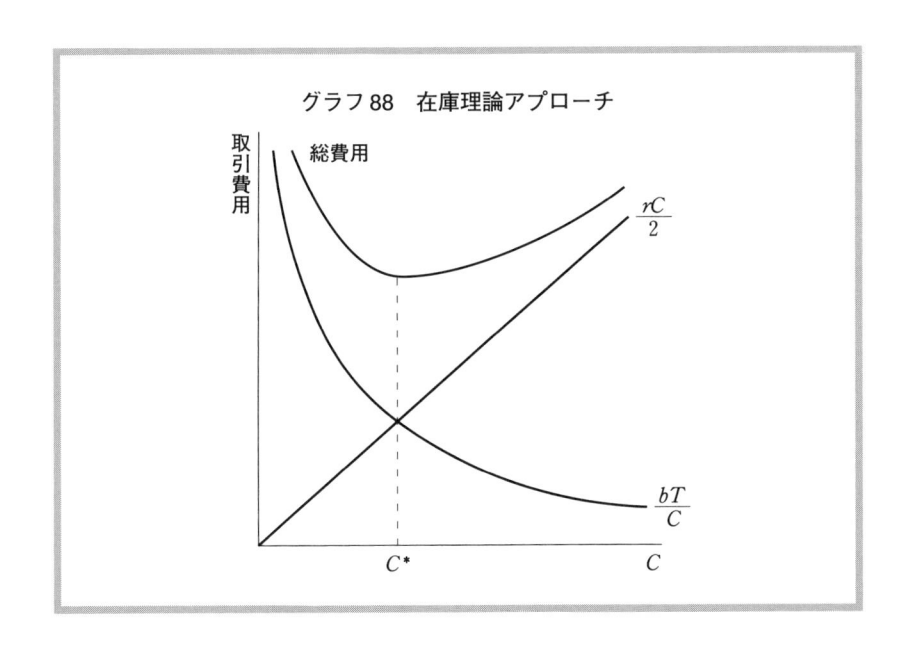

（縦軸：取引費用、総費用、$\frac{rC}{2}$、$\frac{bT}{C}$、横軸：C、最適点：C^*）

$$\frac{dTC}{dC} = -bTC^{-2} + \frac{r}{2} = 0 \qquad \therefore C^* = \sqrt{\frac{2bT}{r}}$$

を得る。（グラフ88参照）したがって，最適平均貨幣保有残高は，

$$\frac{C^*}{2} = \sqrt{\frac{bT}{2r}}$$

となり，これを貨幣需要と見れば，

$L = L(T, r)$

$\partial L / \partial T > 0$

$\partial L / \partial r < 0$

を得る。すなわち，利子率の減少関数で，取引金額の増加関数としての貨幣需要関数が得られる。

第15章 IS-LM分析

本章では，これまでに構成してきたマクロ経済を構成する要因を統合して，均衡理論的に国民所得と利子率の同時決定問題を分析する。このようにして構成される体系は，ケインズモデルのヒックスによる要約として知られるもので，いわゆるケインジアンの考え方の基礎となるものである。ただ，このモデルでは，物価と賃金が一定であるという仮定がおかれており，この点で後のケインジアンよりもオリジナルなケインズモデルに忠実である。後の章で現れる総需要総供給分析がいわゆる正統派ケインジアンの中核であるが，これと *IS-LM* モデルとは本来異なるものである点には注意してほしい。

1 財市場均衡

さきに見たように，
$$Y = C + I$$
により所得が決まるが，これを変形すると
$$I = Y - C = S$$
となり，投資と貯蓄の均等が均衡条件であることがわかる。すなわち，財市場を構成する要因は，貯蓄，投資及びその均等である。すなわち，
$$I = I(r)$$
$$S = S(Y)$$
$$I = S$$
の3式が成立する必要があり，以上の式をまとめれば，
$$I(r) = S(Y)$$

グラフ89　IS曲線

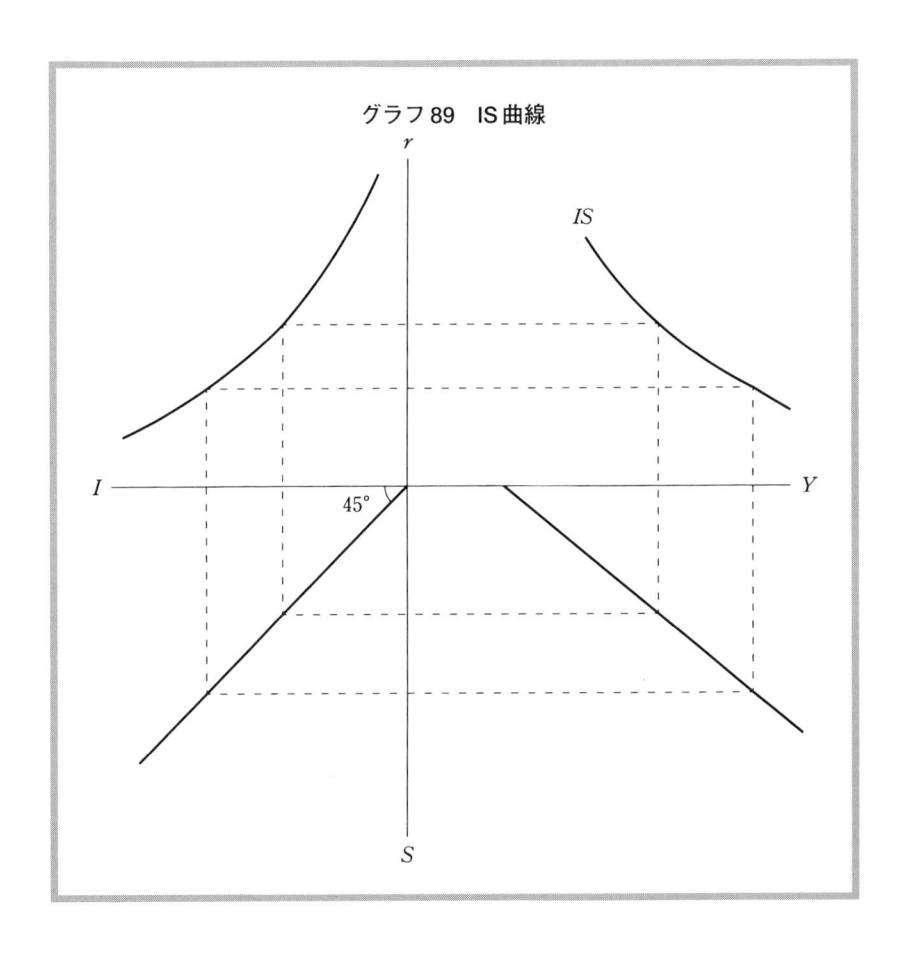

となる。これを **IS方程式** という。この式は，貯蓄資金がちょうど投資需要に見合うときの利子率と所得の関係式である。グラフでこの形を求めるためには，グラフ89のような第4象限のグラフをつくり，第2象限に投資関数，第4象限に貯蓄関数，第3象限に市場均衡条件条件（$I=S$）をかきこみ，任意の所得に対応する利子率を見つければよい。こうして得られた線のことを *IS* 曲線という。

このときケインズケースにあり，投資の利子弾力性がゼロの投資関数が成立していたとすると，グラフ90のように *IS* 曲線も垂直となる。

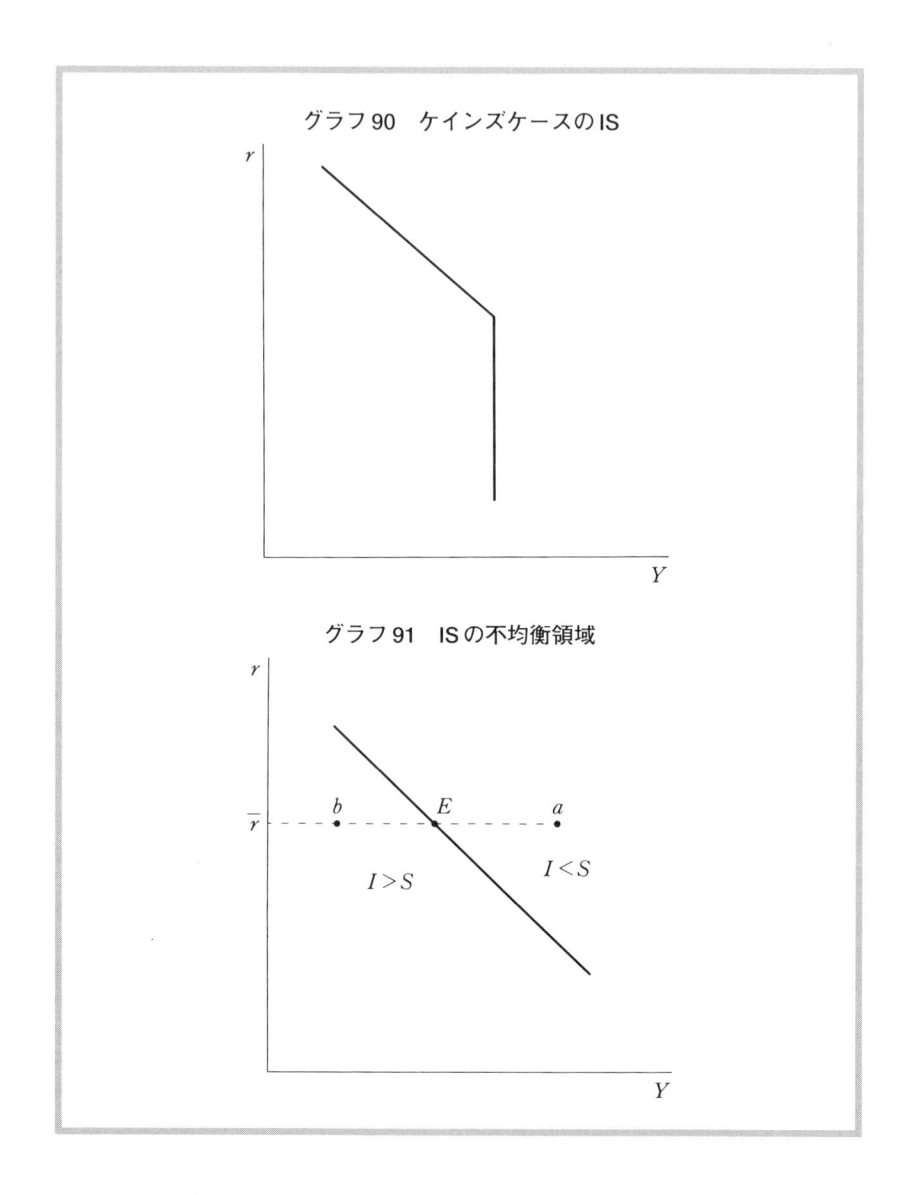

グラフ90　ケインズケースのIS

グラフ91　ISの不均衡領域

$\bar{r}$　　b　　E　　a

$I>S$　　$I<S$

　さて，この経済でIS上にないすべての点は，財市場において超過需要であるか超過供給である。例えば，グラフ91において同一の利子率（$\bar{r}$）で所得の異なるabでは，均衡より所得が大きい場合にはSが大きくなっ

て超過供給が，b点では超過需要が発生する。

2 貨幣市場均衡

貨幣市場均衡は前章で扱ったように次式で表現される。

$L = L_1 + L_2$
$L_1 = L_1(Y) = kY$
$L_2 = L_2(r)$

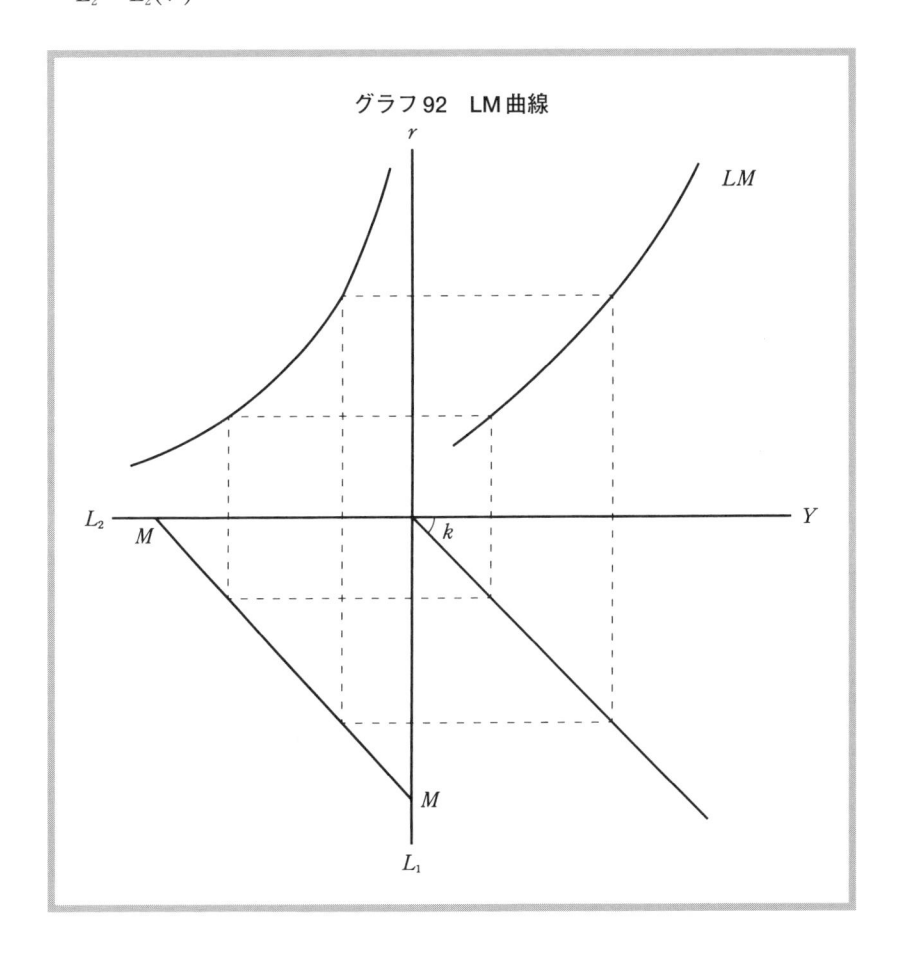

グラフ92　LM曲線

$$M = M'$$

ここで，貨幣供給量 M を一定の値 M' であるとしているのは，これが中央銀行による操作変数であることを想定しているからである。（実際には中央銀行がマネーサプライを簡単に操作できないことは，貨幣乗数を見れば明らかである。）これをまとめて，

$$M = L_1(Y) + L_2(r)$$

を得る。これを **LM方程式** といい，貨幣市場が均衡するときの利子率と所得の組合せが表現されている。これを図示すれば，グラフ93のようになる。第2象限には，投機的動機に基づく貨幣需要関数が，第4象限には取引動機に基づく貨幣需要関数が描かれており，貨幣市場均衡条件が第3象限に描かれている。もし流動性の罠の状況にあれば，LM曲線もまた水平な領域を持つことになる。

 LM曲線上にない点は何を意味しているだろうか。いま，同一の利子率（$\bar{r}$）で所得のみが異なる2点を考えてみよう（グラフ94）。a 点では均衡

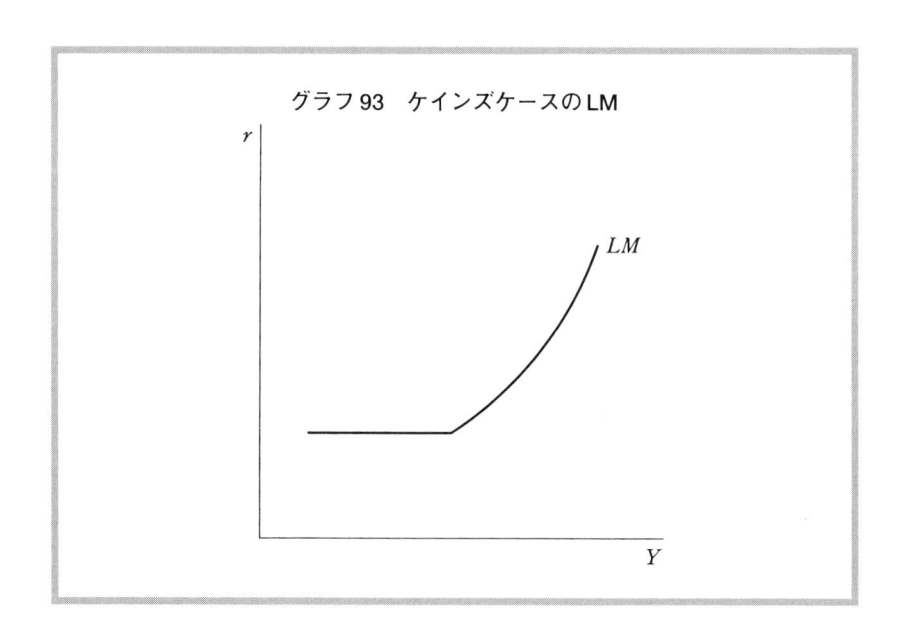

グラフ93　ケインズケースのLM

グラフ94　LMの不均衡領域

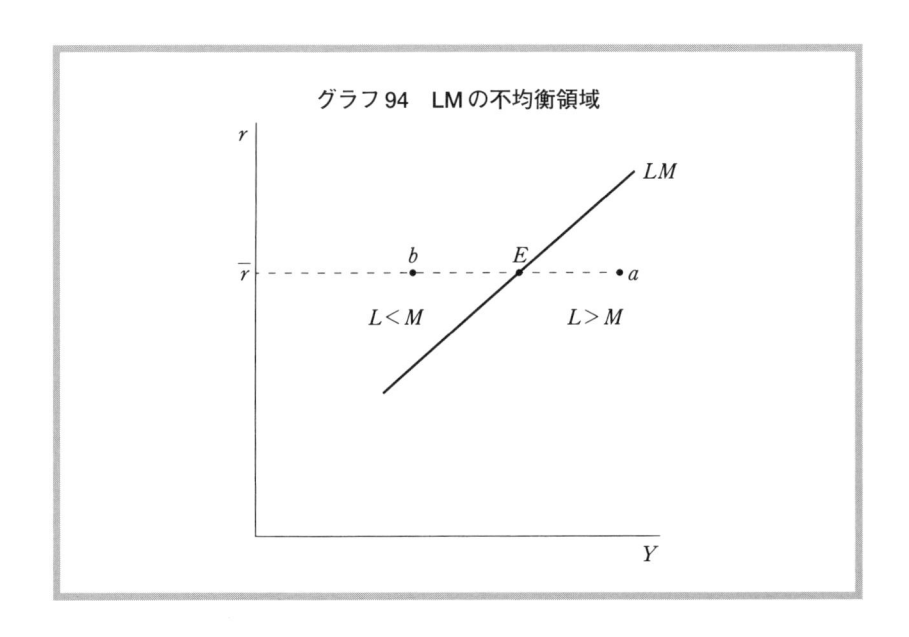

より所得が大きいのだから，取引需要が大きく，超過需要となる。b 点では逆の理由により超過供給となる。

3　マクロ均衡と安定性

上の議論から，IS と LM の同時均衡を考えることができる。この点は，貨幣市場と財市場の同時均衡を実現しているときの，利子率と所得の組合せであり，グラフ95上では E 点のように示される。体系において所与とされた変数が異なる値をとれば移動する。

ところで，任意の点から，この均衡点に向かう経路を説明できるであろうか。
ここで，財市場に超過供給（超過需要）があるときには所得が減少（上昇）し，貨幣市場に超過供給（超過需要）があるときには利子率が低下（上昇）するというもっともらしい仮定をおこう。このとき例えば領域Ⅰにあれ

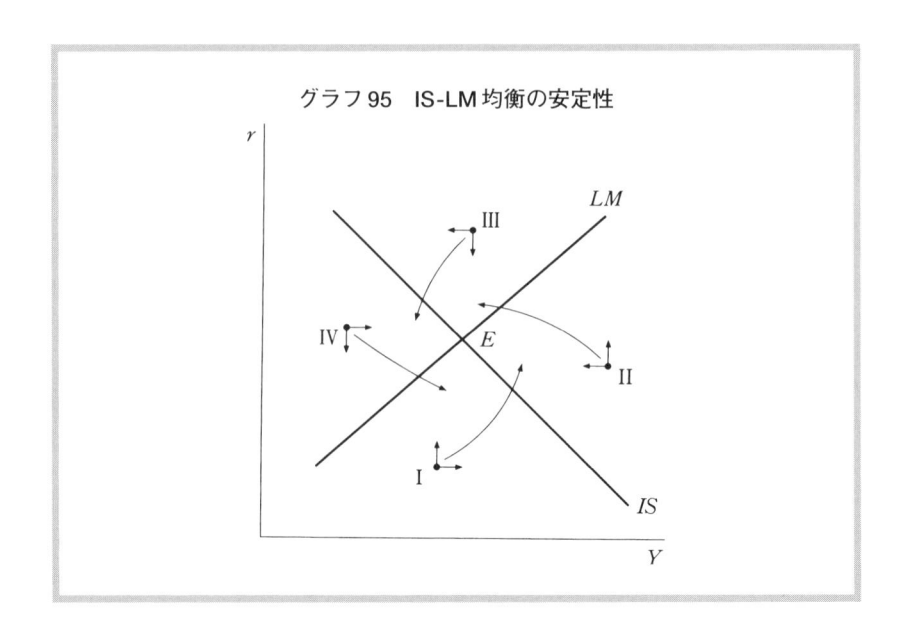

グラフ95　IS-LM均衡の安定性

ば，財市場は超過需要，貨幣市場も超過需要で，所得と利子はともに上昇することになる。他の領域についてもベクトルを調べてみると，どの領域からも，均衡点に向かう傾向が見られる。(この点については，自ら確認されたい。) このように考えると，*IS-LM*均衡は安定的である。

4　政策効果

*IS-LM*分析の長所の一つは，政策効果を視覚的に表現できることである。本節では，財政政策と金融政策の双方について，その政策効果を見ることにしよう。特に財政政策の効果については，主に1970年代に展開されたクラウディングアウト論争を簡単に要約し，*IS-LM*上において，古典派，ケインジアン，ケインズの主張の相違点を明確にしておこう。

（1）財政政策の効果

　財政政策手段としては，公共投資と減（増）税の二つを代表的なものと考えることができる。例えば，有効需要を拡大させるためには，公共投資を行い，直接需要を拡大するか，減税によって可処分所得を増大させ，消費を刺激するかの方法をとることができる。公共投資を行う際には，他の歳出を一定とする限り，財源を確保するために，公債を発行するか増税を行うかしなければならない。また，減税に際しても，他の歳出を一定とす

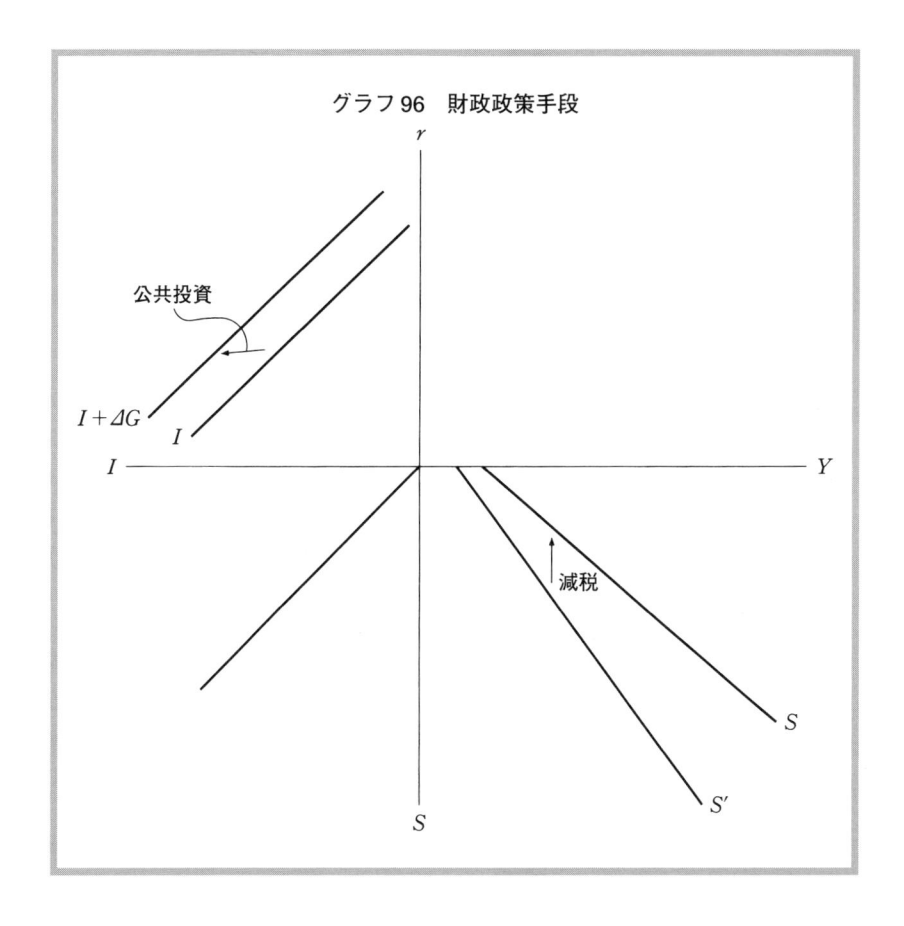

グラフ96　財政政策手段

れば、やはり、公債を発行する必要が生じる。

　グラフ96は政策効果に対応するIS側の変化が示されている。例えば、公共投資が行われるとすれば、投資の純増となるため、投資関数が平行に拡大の方向へシフトする。また、減税が行われるときには、可処分所得が増大し、各所得水準に対して消費が増大し、貯蓄が減少する。この結果、公共投資の拡大、減税はともにIS曲線を右方にシフトさせる。（作図して確認されたい。）

　公共投資が、民間引き受けの公債発行によりまかなわれるケースを考えよう。もし、公債発行が、中央銀行による同額の市中債券購入（買いオペレーション）とともに行われるとするなら、事実上公債購入が中央銀行により行われたことになり、貨幣が追加発行されることになるであろうが、このケースではそのようなことは起こらないのでLM側の変化はない。したがって、IS曲線のみが右にシフトし均衡点は、グラフ97に示すように

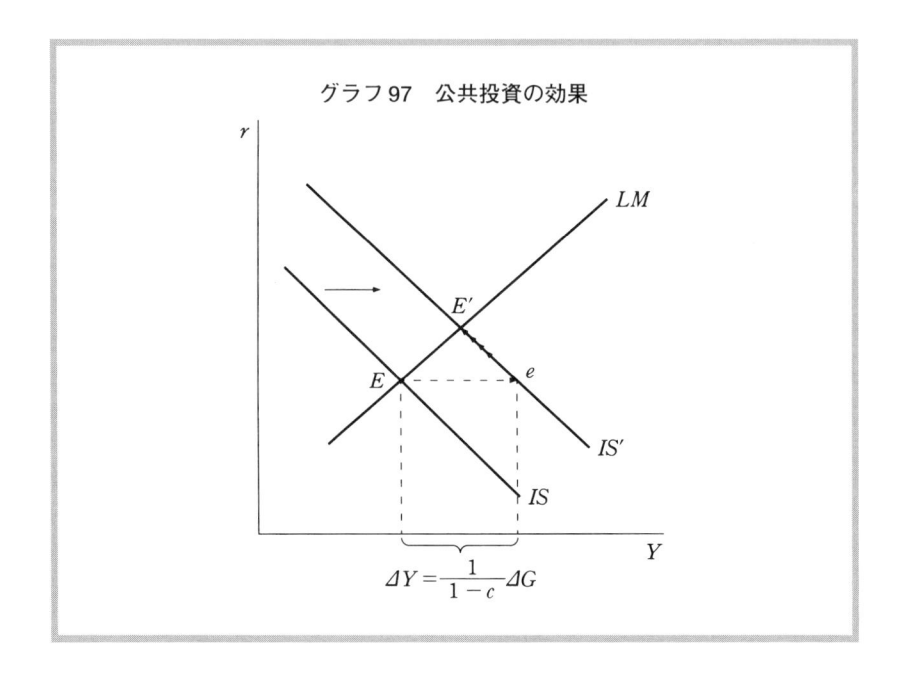

グラフ97　公共投資の効果

$$\Delta Y = \frac{1}{1-c} \Delta G$$

EからE'のように変化する。

ところで，前に45度線分析で考えたときには，ΔGの大きさの公共投資の追加があったときの所得増ΔYは，その乗数倍であった。ところが，IS-LM分析では，所得増はそれよりも小さな値になる。この理由をグラフ上で考えてみよう。

均衡Eにおいて拡張財政政策を行うと，有効需要増加の影響を受けて所得が増加しようとするが，便宜上，第1段階にはこの拡大が公共投資額の乗数倍まで実現するものとしよう。このためe点へと移動する。しかしこの点は貨幣市場の均衡を実現しない。これは，所得が大きくなり，取引動機に基づく貨幣需要が大きくなる結果，貨幣市場に超過需要が生じるためである。このため，利子が上昇し始めるであろう。利子の上昇は，投資関数を考えると，投資の減少をもたらすので，所得の減少が発生する。この所得の減少は，利子率が貨幣市場の均衡を実現するまで上昇して停止する。この結果，最終的な均衡点はE'ということになるのである。

この過程で，公共投資が公債発行を通じて民間からある一定の資金を引き上げ，その分だけ民間部門の利用可能資金（すなわち民間への資金供給）が減少して，民間投資の一部が市場から閉め出されている。このため，公共投資増大に伴う民間投資減少プロセスを，**クラウディングアウト（締め出し）効果**といい，EからE'への論理的道筋を**ヒックスメカニズム**ということもある。

(2) クラウディングアウト論争

財政政策の効果については，先のヒックスによる議論を端緒として，ケインジアンとマネタリストによって激しい議論が展開された。

ヒックスによるケインズモデルの要約は，IS曲線が右下がり，LM曲線が右上がりであるが，ケインズ自身の直面していた経済は大不況であり，投資の利子弾力性がゼロ，流動性の罠の状況が想定されるため，ケインズの考えた財政政策の効果を考えるためには，LM曲線が水平，IS曲線が垂

グラフ98 財政政策の効果（ケインズ）

$$\Delta Y = \frac{1}{1-c}\Delta G$$

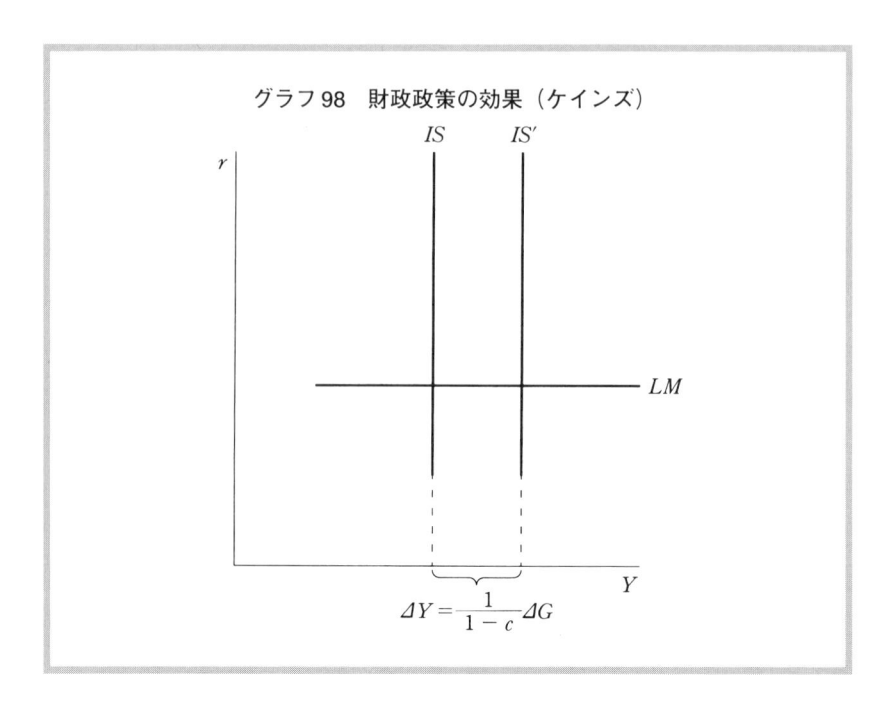

直となるモデルを考えるべきである。このときの財政政策では，利子の固定性，投資の利子非感応性を反映して，クラウディングアウトが生じる余地が完全に排除されるので，乗数理論の結論がそのままあてはまる。この様子は，グラフ98に示す通りであり，このときには事実上財市場と貨幣市場のリンクは切れてしまっている。投資の利子弾力性がゼロであるか流動性の罠にあるかどちらか一方が成立していればこの結論となることに注意してほしい。

　一方，後に説明するマネタリストのフリードマンは，古典派的な貨幣需要理論を概ね継承し，貨幣需要関数が利子に感応的でない，すなわち LM 曲線が垂直であることを主張した。グラフ99に示すように，このとき IS 曲線がいかなる位置にあろうとも均衡国民所得は一定であり，拡張財政政策は金利を引き上げるだけで無効ということになる。これは，クラウディングアウト論の立場からは，乗数効果によって増加した分の所得増が，そ

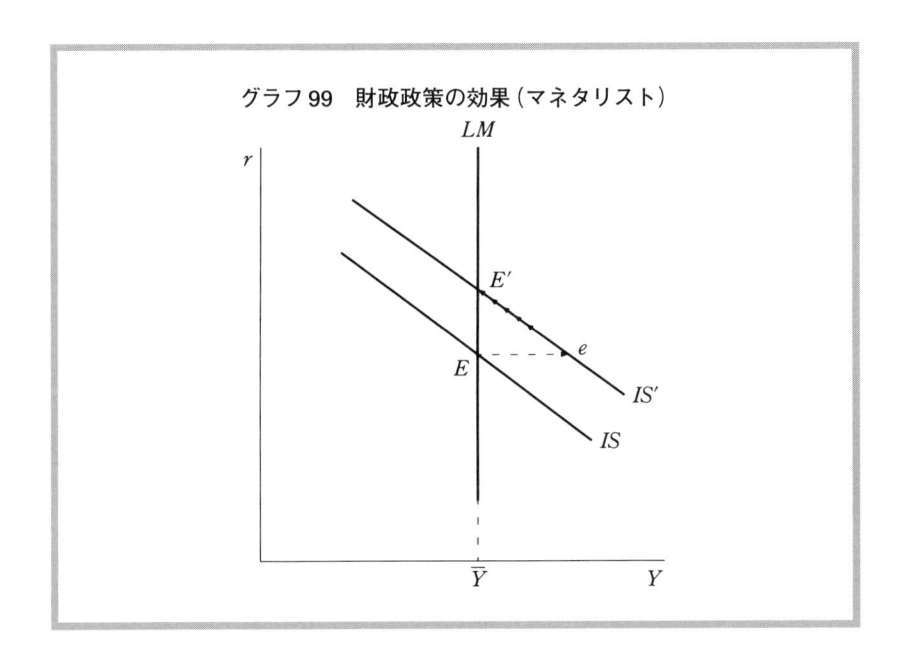

グラフ99　財政政策の効果（マネタリスト）

れに伴う利子率の増加によって完全に相殺されてしまうような，100％クラウディングアウトが発生していると見ることができる。

　クラウディングアウト論争は，当初マネタリストがLM曲線が垂直であることを主張することから始まったが，実証的にもLMが若干の傾きも持たないとするのには無理があり，結局，マネタリストの財政政策無効論の論拠は変化していくことになった。この後に展開された議論が，**公債の富効果**に関する議論と資産増加の貨幣需要に与える効果に関する議論である。これらは次のような内容の議論である。（グラフ100参照。）

①公債の富効果

　財政政策とともに公債が発行され，これを民間が保有するとすれば，民間は政策前より資産を多く保有することになる。これが，消費支出や投資支出を増大させる効果（公債の富効果または**ラーナー効果**）を持つなら，IS曲線はさらに右にシフトすることになるであろう。このため財政政策の効果は大きくなる。

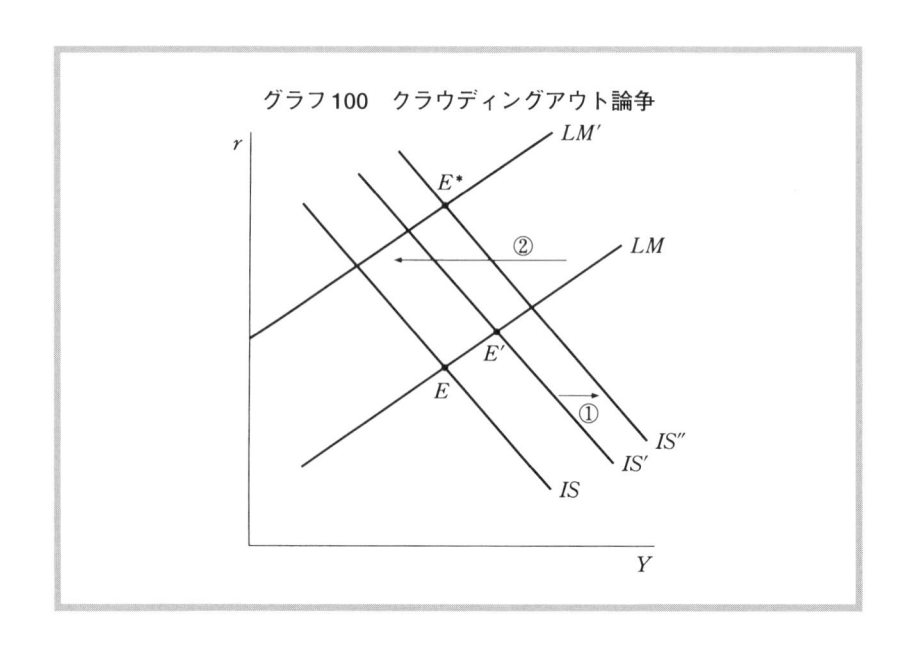

グラフ100　クラウディングアウト論争

(図：縦軸 r、横軸 Y。IS、IS'、IS'' の右方シフト①、LM、LM' の左方シフト②。均衡点 E、E'、E^*)

②公債増加の貨幣需要に与える影響

　一方，公債が資産として認識されるとき，その割合が大きくなると，公衆は資産保有割合を調整するために貨幣需要も大きくするであろう。すなわち，所与の利子に対する投機的動機に基づく貨幣需要が大きくなり，LM が左方にシフトすることになる。このため財政政策の効果は小さくなる。

　これらの二つの効果の結果均衡が財政政策前の所得水準を上回るか否かに関して，ケインジアンであるトービンらとマネタリストの間で議論が展開された。フリードマンは，財政支出増による IS シフトと公債の富効果による所得増を，ヒックスメカニズムと②による LM の左方シフトによる所得減が完全に相殺すると主張した。しかし，結論は定性的には明らかにできず，実証的な問題ということになったのである。また，フリードマンが，自らの枠組みではなく IS-LM 上で論争を行ったため，これによりケインジアンマネタリスト論争のすべてを語りうると考えることが早計である

ということも理解しておいてほしい。

(3) 金融政策の効果

　金融政策手段には，公定歩合政策，支払い準備政策，公開市場操作などがある。公定歩合政策は，中央銀行の市中銀行に対する貸出金利を変動させることにより，市中への貸出金利を調節し，企業の借入額を調整して，マネーサプライをコントロールする政策である。また，支払い準備政策は，

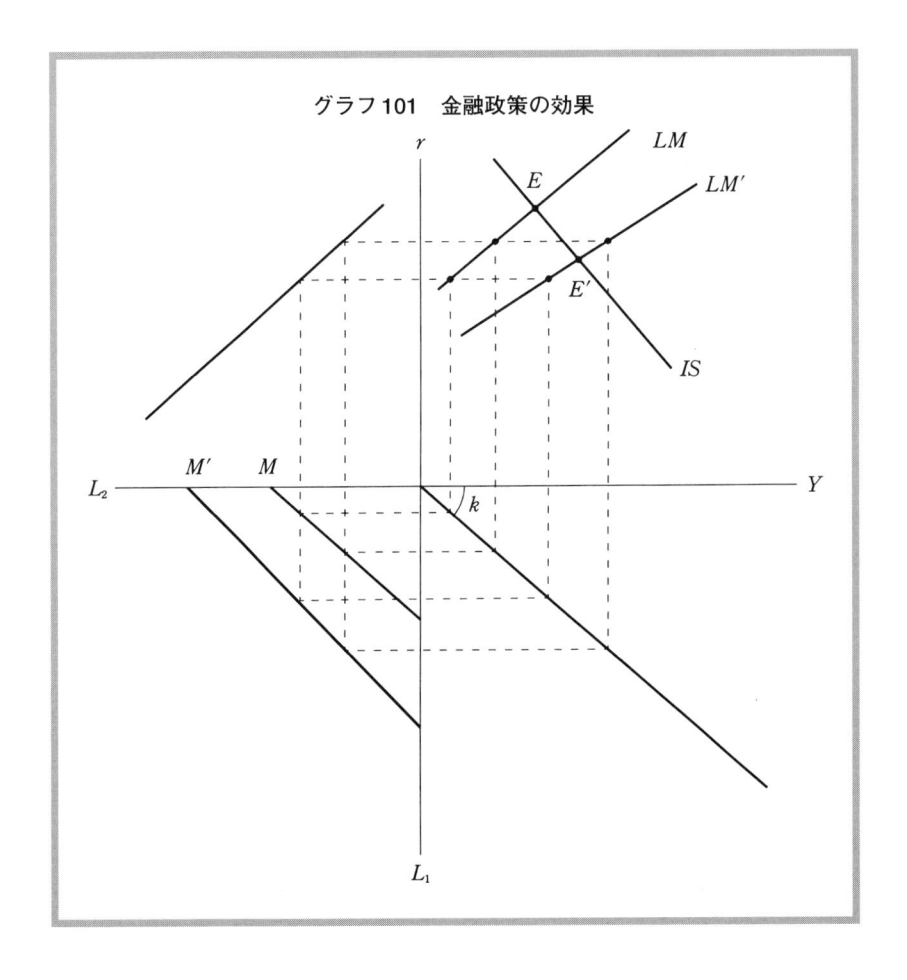

グラフ101　金融政策の効果

法定準備率を変化させて、貨幣乗数を調整し、マネーサプライをコントロールするものである。公開市場操作は、中央銀行が公開市場で有価証券の売買を行い、マネーサプライや金利をコントロールする政策である。このように、いずれも、LM上では貨幣供給量を変化させる政策手段と見なすことができる。貨幣供給量を増加させたいとき、中央銀行は、公定歩合を引き下げるか、法定準備率を引き下げるか、あるいは買いオペレーションを行うであろう。ここでは、貨幣供給量の調整がこれらの手段を通じて容易に可能であるケースを想定し、その政策効果を考えよう。

いま、グラフ101のように、マネーサプライがMであり、均衡がE点で与えられるケースを考えよう。このときマネーサプライをM'に引き上げるとLMはLM'までシフトし、新しい均衡点E'が得られる。すなわち貨幣供給増加政策により均衡国民所得水準が上昇することがわかる。このことの直感的説明は次のようなものである。

貨幣供給量が増加すると、貨幣市場において利子率の低下が起こる。右

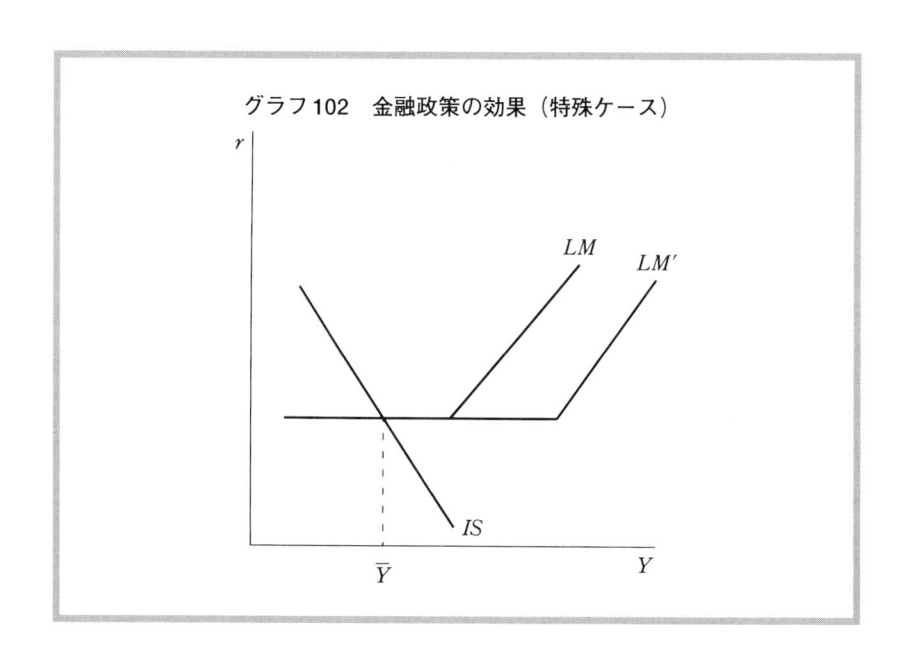

グラフ102　金融政策の効果（特殊ケース）

下がりの投資関数を想定すれば，金利の低下は投資を増大させ，有効需要の原理から国民所得の増加をもたらす。このため，金利の低下と国民所得の上昇が同時に進行し，これらの変化は財市場と貨幣市場がともに均衡する点まで続く。

　さて，大不況下で，流動性の罠にあるとき，金融政策の効果はどうなるであろうか。グラフ102は流動性の罠のもとで，マネーサプライが増加したケースを示している。貨幣供給量がいくら変化しても金利は一定であり，仮に*IS*が右下がりであっても貨幣市場の変化が財市場に影響を及ぼすことはない。このため，所得水準は一定となり，金融政策の効果は現れない。

第16章 労働市場分析

　ここまで，マクロの市場として，財市場と貨幣市場を扱ってきた。有効需要の原理を仮定し，生産要素資源はいくらでも存在するため供給側に制約が無いという45度線分析，あるいは*IS-LM*分析の枠組みでは，国民所得の決定要素として財市場と貨幣市場を分析するだけで十分であった。しかし，マクロの市場と言えば一般に，生産要素量決定の基礎となる労働市場，貨幣市場（及びその裏側となる債券市場），財市場の三市場のことである。当然，三市場のうちどこかの市場に超過需給不均衡が存在すれば，それに対応する需給不均衡が他の市場に存在し，ワルラスの法則が成立しマクロ一般均衡が成立すると考えられる。そこで，本章では，これまで分析の外にあった労働市場について明示的に扱い，他の市場との関連について考察しよう。

1　ケインズの労働市場均衡

　さて，既に分析した*IS-LM*型のケインズモデルでは，完全雇用を実現する国民所得水準（完全雇用国民所得水準）は一般に実現せず，消費，投資といった総需要構成項目の合計値が国民所得水準を決定する。これは労働市場において失業が発生することを意味しているが，このときの労働市場均衡をどのように表現すればよいであろうか。

　ケインズは，古典派の労働市場に関する**第一公準**「賃金は労働の価値限界生産力に等しい」と**第二公準**「実質賃金は労働の限界非効用に等しい」に対して検討を行い，結果として，第一公準は支持したが，第二公準は否定した。

前に見たように，第一公準は，ミクロの要素需要の議論の簡単な拡張である。いま代表的企業の生産関数を，産出をY，雇用量をNとして，
$$Y = f(N)$$
とする。名目賃金をw，物価をp，産出をyとすれば，企業の利潤πは，
$$\pi = pY - wN = pf(N) - wN$$
であり，利潤最大化の結果，
$$pf'(N) = w$$
が成立しなければならない。左辺が価値限界生産力であり，これが第一公準に他ならない。

　一方ケインズは，名目賃金が一定である状況を考え，ある賃金の水準において労働供給を行いたいと思う主体がいくらでもいる状況を考えた。換言すれば，大不況下で，現行賃金w_0で働きたいと思っているのに働けない人が存在する経済を考えたのである。この仮定はきついものであるが，ケインズにとっては自然なものであった。実際，労働者は，名目賃金にの

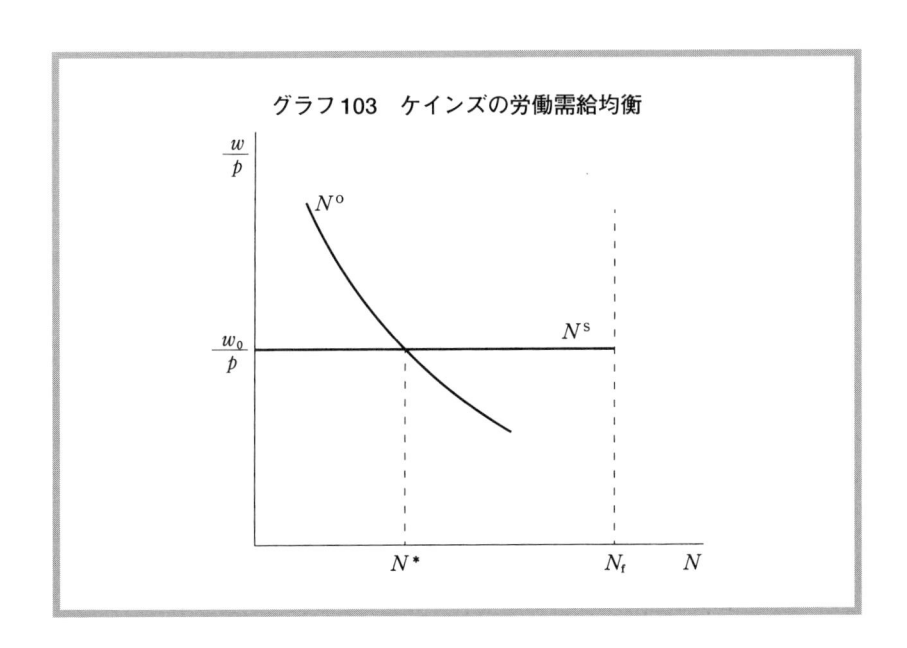

グラフ103　ケインズの労働需給均衡

み反応して労働供給を決定し、物価が変動して実質賃金（w/p）が変化しても労働供給を変化させなかった。すなわち、労働者には貨幣錯覚が存在した。また、労働組合が企業の賃金の上昇の提示は受け入れるが賃金の下落の提示に対しては強く反対するため、不況下では賃金が硬直的になりがちであった。

この状況では、古典派の第二公準は成立しない。グラフ103はこのときの労働需給均衡を示したもので、労働供給曲線は完全雇用時の労働量N_fに至るまで水平となり、労働需給均衡は労働の需要者すなわち企業の意思に完全に支配されている。このときの均衡労働量N^*とN_fの差が**非自発的失業**と呼ばれるものであり、この均衡は非自発的失業均衡あるいは不完全雇用均衡などと呼ばれる。

2　固定価格モデル

ケインズの労働市場では、名目賃金が一定という仮定の下で議論が行われた。この根拠は、労働組合が企業の賃金の上昇の提示は受け入れるが賃金の下落の提示に対しては強く反対するため、不況下では賃金が硬直的になるという素朴なものであったが、実証的に確認される賃金の硬直性に関して、これを理論化する研究はその後延々と続くことになった。賃金の固定性を合理化しようとする業績は、ケインジアンの理論的発展の歴史に重ね合わせることができる。賃金の固定性が確保されれば理論的には労働市場が即座に精算されることがなくなるため、ケインズ的な失業が存在する経済が現れるのであり、これをいかに合理的に説明するかがケインジアンの中心的関心事になっていったのである。ここでは、暗黙の契約理論、ジョブサーチ理論、効率的賃金仮説について触れておこう。

（1）暗黙の契約理論

アザリアディスを中心として次のような貨幣（名目）賃金率の硬直性の

グラフ104　暗黙の契約理論

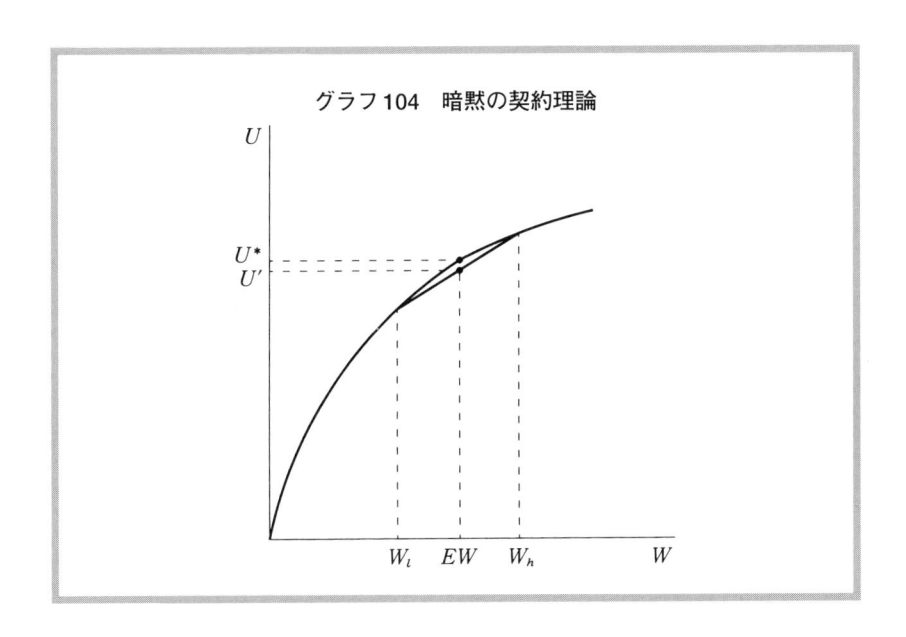

説明がなされた。

　いま労働者が，賃金水準に関する不確実性にさらされているものとする。起こりうる賃金の可能性が W_h と W_l の二つで生起確率がおのおの π_1，π_2 で表されるものとし，労働者はグラフ104のような危険回避者の効用関数を持つものとする。このとき労働者の期待利得は，

$$EW = \pi_1 W_h + \pi_2 W_l$$

である。不確実性にさらされたままであれば，得られる効用は，

$$U' = \pi_1 U(W_h) + \pi_2 U(W_l)$$

である。しかしもし，労働者と企業の間で長期契約が結ばれ，賃金水準が EW の水準に固定されれば，得られる効用は U^* となり不確実にさらされるよりも高い効用を得ることができる。雇用者である企業はリスク中立的であると考えられるので，労働者の固定賃金契約の要求は実現する可能性がある。このような理由から，短期的な賃金率の調整よりも長期的な賃金契約が好まれ，結果として貨幣賃金が硬直的になるのである。

(2) ジョブサーチ理論

ジョブサーチとは職探しのことであり，経済内に貨幣賃金が硬直的な産業が存在すると，労働者が職探しを行うことにより経済全体の貨幣賃金率が硬直的になるとするのがこの理論である。

いま，職探しをしている人がいるとしよう。現在オファーされている賃金が W_0 であり，職探しにより可能となるであろう賃金が W_1 であれば，職探しの期待利得は $W_1 - W_0$ である。経済には賃金調整が瞬時に行われる競争的産業と，賃金が硬直的な産業が存在する。ここで，外生的ショックにより景気が後退すると，競争的産業の賃金と賃金が硬直的産業との賃金格差が大きくなる。このため，競争的産業により賃金をオファーされている人の期待利得は上昇し，職探しの期間は長くなるであろう。このため，経済全体の失業率が上昇し，労働供給が減少するため，競争的産業の賃金下落は一部相殺される。したがって，景気後退期には，賃金硬直産業の存在を原因として，競争的産業の賃金が硬直的になる。

(3) 効率的賃金仮説

賃金と生産性の間にはある一定の関係があるとし，これを基礎に賃金水準を考えようというのが効率的賃金仮説である。この議論の類型には，伝統的な生産関数論と雇用者と労働者の情報の非対称性を基礎とした議論とがある。

伝統的な議論として，企業内訓練を行った場合，その効果は長期においてしか現れないが，賃金が安いという理由で短期で退職されると訓練費用が埋没してしまう可能性があるとするものがある。このように考えるなら，高い賃金率を維持し生産性を確保する方が望ましいことになり，賃金は硬直的になる。

情報の非対称性を基礎とした議論には，逆選択，モラルハザード双方からの説明が存在する。個々の労働者の生産性を雇用者が正確に知り得ない

場合，平均的生産性をもとに賃金が決定されるが，この賃金が引き下げられると，自主的な離職は生産性の高い優良な労働者から始まり，当該市場には低生産性の労働者のみが残留することになる。すなわち逆選択が発生する。また，賃金下落は，労働インセンティブを低下させるが，雇用者は労働者の生産行動を完全にはモニターできないので労働者のモラルハザードが発生する。このように非対称情報下では，賃金引き下げは生産性低下と密接に結びついているのであり，硬直的賃金を支払う理由があるのである。

第17章 総需要総供給曲線分析

*IS-LM*によって表現されるマクロ均衡は，供給制約が全くないような経済を前提としており，このために総需要項目のみを考えれば国民所得の規模を決定することができる。本章では，この考え方を変え，完全雇用に近づくにつれて供給制約が働き始めるような経済を前提とする。この考え方は，完全雇用以下の経済では物価，賃金が一定であるとしたケインズ自身の極端な抽象化を柔軟に再解釈したケインジアンによって定式化された。総需要総供給曲線分析として要約されたものがこれである。総需要の構成要素は *IS-LM* の構成要素と同一であるが，総需要がそれだけで国民所得を決定しない点，供給側の要因は，名目賃金一定とするケインズの労働市場が念頭に置かれている点に注意してほしい。

1　総需要（AD）曲線

総需要曲線とは，財及び貨幣市場が均衡するときの物価と国民所得の関係を表したものである。総需要の構成項目は *IS-LM* モデルの要素がすべてであり，体系のどこかに物価が導入されなければならない。そこで，実質貨幣供給量 M を名目貨幣供給量 m と物価 p を使って，$M = m/p$ とする。あきらかに，物価が低下（上昇）すれば，実質貨幣供給量は増加（減少）することになるであろう。グラフ105上図は，物価が p から p' に低下したとき実質貨幣供給量が増加し，*LM*曲線が右にシフトする結果国民所得が Y から Y' に増加する様子を示している。このように，総需要側の均衡においては，物価が低下すると総需要額が大きくなるのであり，これを (Y, p) 平面上に表現すればグラフ105下図に示すように右下がりの曲線になる。

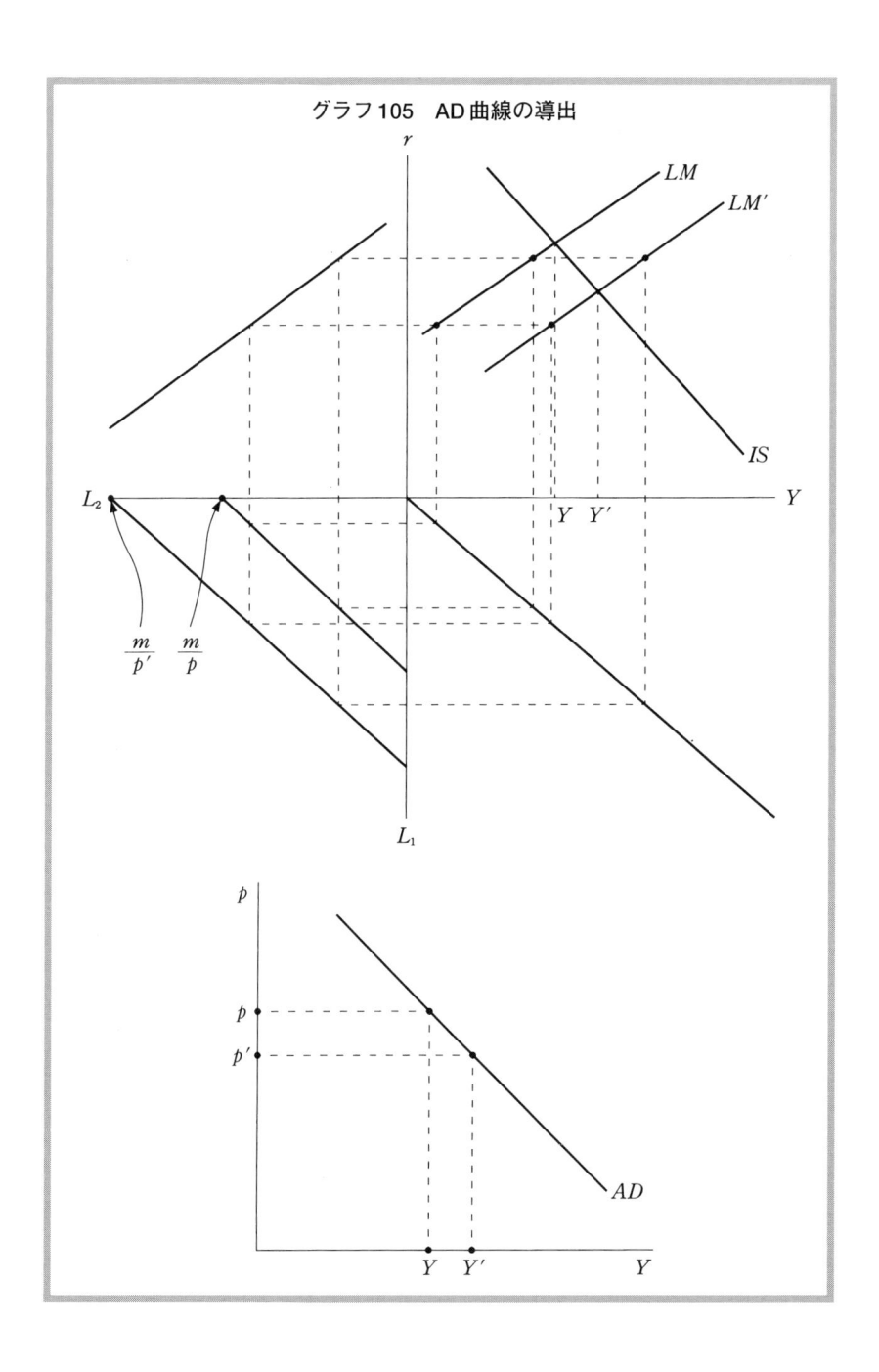

グラフ105　AD曲線の導出

第17章　総需要総供給曲線分析

2　総供給 (AS) 曲線

ここにいう，**総供給曲線**とは，労働市場がケインズの前提のもとに均衡しているときの物価と総供給額の関係を示した曲線である。ケインズの労働市場の前提は，労働者に貨幣錯覚があり，労働組合が名目賃金低下に抵抗することに起因する，貨幣賃金の硬直性とその貨幣賃金における水平な労働供給曲線である。換言すれば，ケインズモデルでは，労働の供給制約

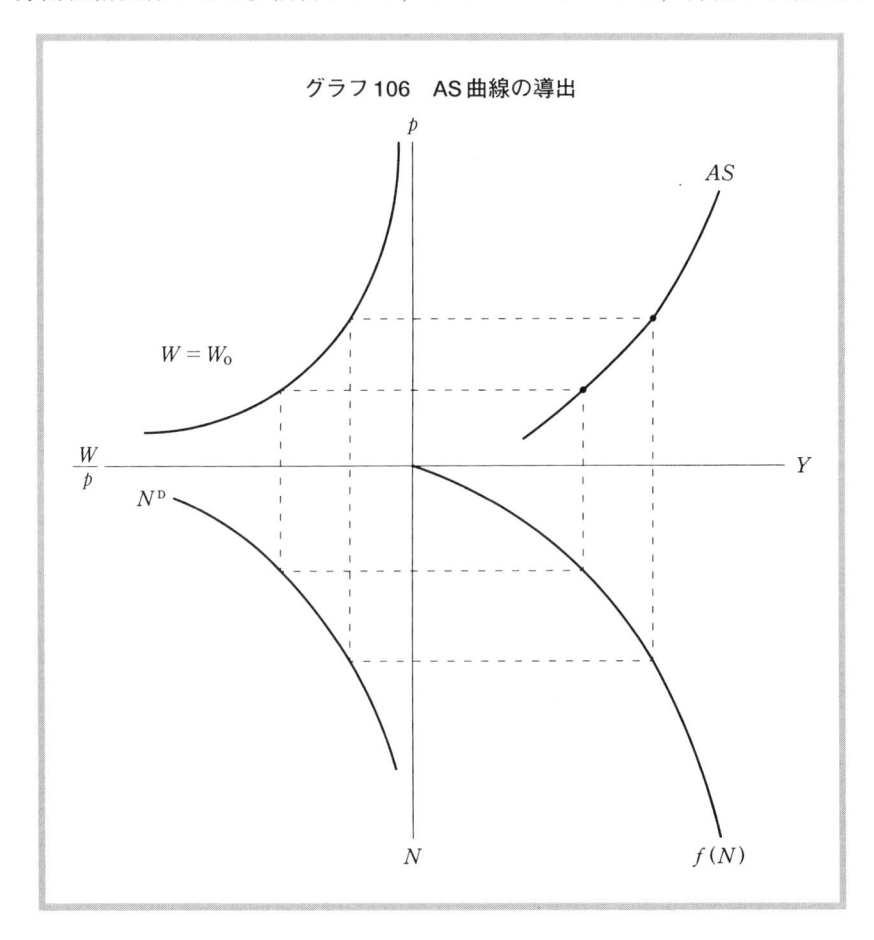

グラフ 106　AS 曲線の導出

はないのであって，労働の需要のみが供給水準を決定することになる。

この均衡を具体的に示したものがグラフ106である。第4象限には，単調に逓減する生産関数が仮定され，第3象限に，これを前提として労働需要曲線が描かれている。労働需要は当然実質賃金が労働の限界生産力に等しいところで決まっている。また，第2象限には貨幣賃金がW_0で一定であることが示されている。これらより，次式を得る。

$$\frac{W_0}{p} = f'(N)$$

この式をみたすようなYとpの組合せを見つければ，これが総供給曲線である。この曲線は右上がりとなるが，これを直感的に説明すれば次のようになる。

いま物価pが上昇したとすると，実質賃金は低下する。実質賃金と労働の限界生産力は均等しなければならないので，労働の限界生産力も低下する。逓減的生産関数の仮定下では，労働の限界生産力が低下するということは労働投入量が増加することに他ならない。（簡単に言えば賃金コストが下がれば，雇用量は増大する。）労働投入量が増加すれば，生産関数から総供給所得額Yが上昇することになる。このように，pが上昇するとYも上昇すること，すなわち総供給曲線が右下がりとなることがわかる。

3 総需要総供給均衡と政策効果

総需要総供給曲線はそれぞれ需要側の均衡と供給側の均衡を表すため，二つの曲線の交点はマクロ経済における一般均衡を意味している。グラフ107のE点はこのような点を表すものであるが，この点が決まればY, pのみならず利子率，貨幣需給量，貯蓄投資均衡水準，均衡労働量といった変数が一度に決定することになる。これらの変数は，所与とされた貨幣供給量，公共投資水準，税率，生産技術，貨幣賃金等の要因が変化すれば当然に変化するであろう。本節では，総供給側，総需要側双方における与件の

変化が均衡をどのように変化させるかを検討しよう。

(1) 総需要管理政策の効果

　所与の物価水準p_0のもとで，総需要拡張政策として，公共投資が拡大されたケースを考えよう。このとき IS 曲線が右にシフトし，所得がY_0からY_1に増加する。

　この状況はグラフ107のEからeへの均衡変化として示される。しかしこの点は供給側の制約をみたさず，超過需要の状態にある。このため，物価が上昇し，実質貨幣残高の低下に伴い所得も低下する。この結果，最終的にE'において均衡が実現する。

　総需要拡張政策には，他に減税，貨幣供給量の増大などがあるが，すべて同一物価水準に対する総需要所得額を増大させるので，総需要曲線の右方シフトをもたらす。この均衡への経路は，公共投資拡大政策と同一である。

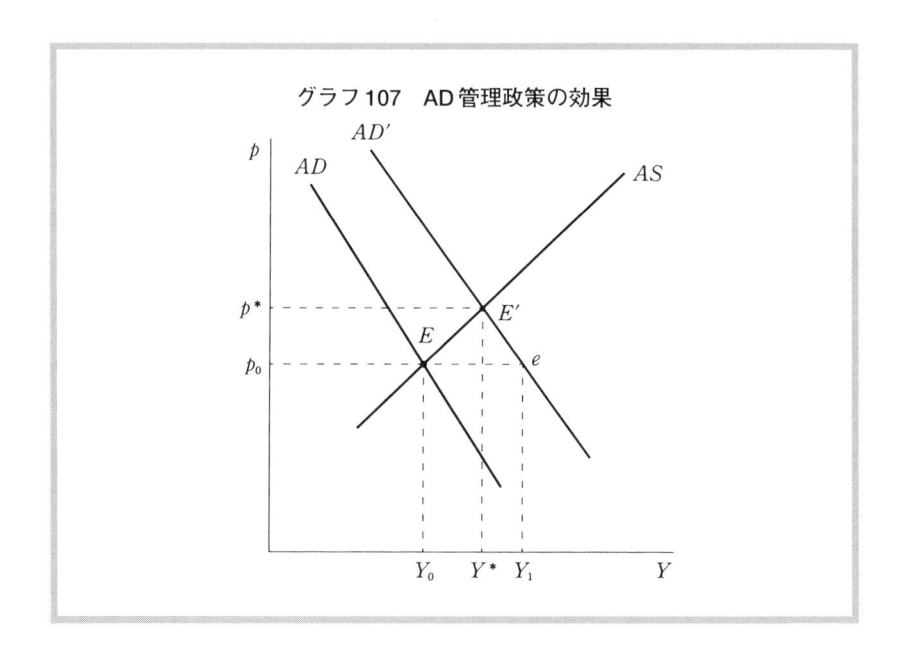

グラフ107　AD管理政策の効果

このように，総需要拡張（縮小）政策は所得と物価を上昇（低下）させることがわかる。

（2）総供給曲線シフトの効果

総供給曲線をシフトさせる要因としては，生産関数のシフトと名目賃金の変化を考えることができる。

生産関数の上方シフトは技術革新により実現する。また，石油ショックのような生産条件に対する外生的圧力は生産関数の下方シフトとして扱うことができる。

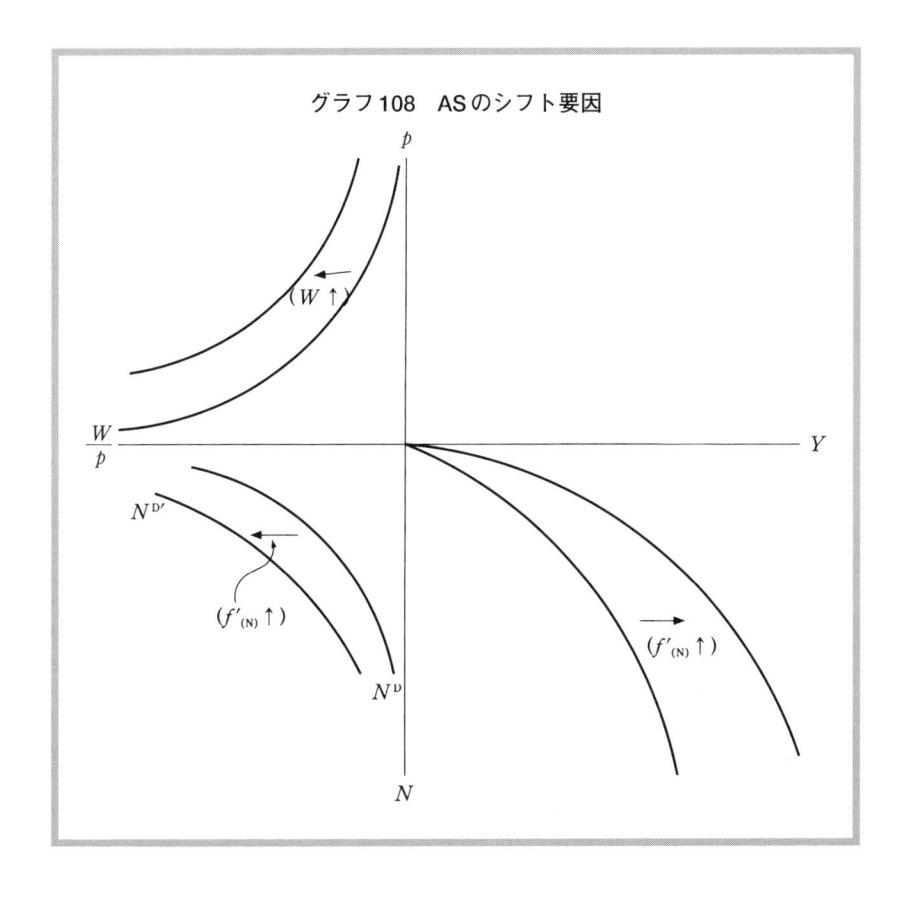

グラフ108　ASのシフト要因

グラフ109 ASシフトの効果

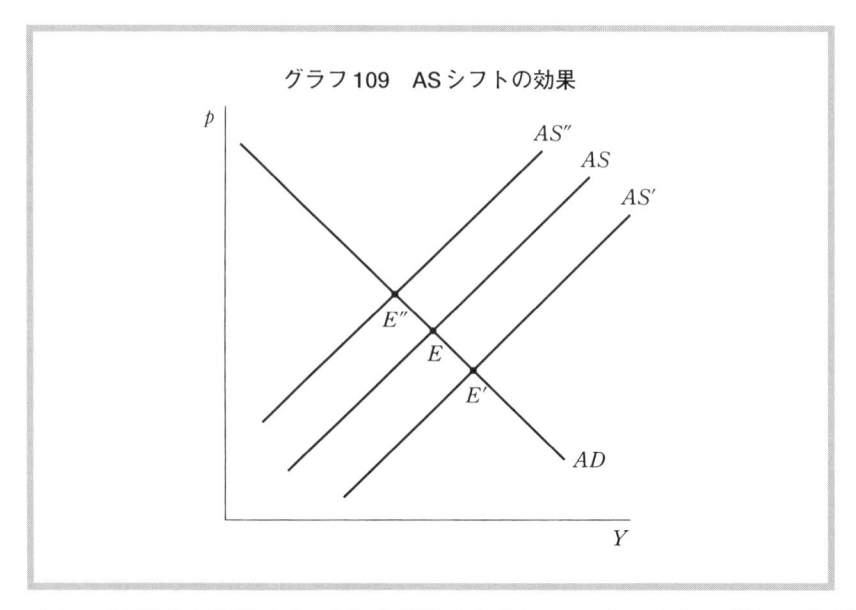

仮に，技術進歩が発生して生産関数が上方にシフトすると，所与の労働量が実現する限界生産力も変化するので労働の需要曲線も同時にシフトする。この様子は，グラフ108の第4象限及び第3象限に示すとおりである。これらのシフトによりASからAS'へのシフトのように総供給曲線は右方にシフトすることを確かめることができる。また，貨幣賃金が上昇した場合，第2象限に示すような変化が発生し，ASからAS''へのシフトのように総供給曲線は左方にシフトする。

このように考えるなら，賃金を上昇させるような政策を採るときや石油ショックのときには，所得が減少するとともに物価が上昇し（スタグフレーション），技術進歩が促進されるときには所得の上昇と物価の低下が発生することになる。

4 インフレーション

総需要総供給曲線分析は，物価の決定モデルであるから，そのままイン

グラフ110　インフレーション

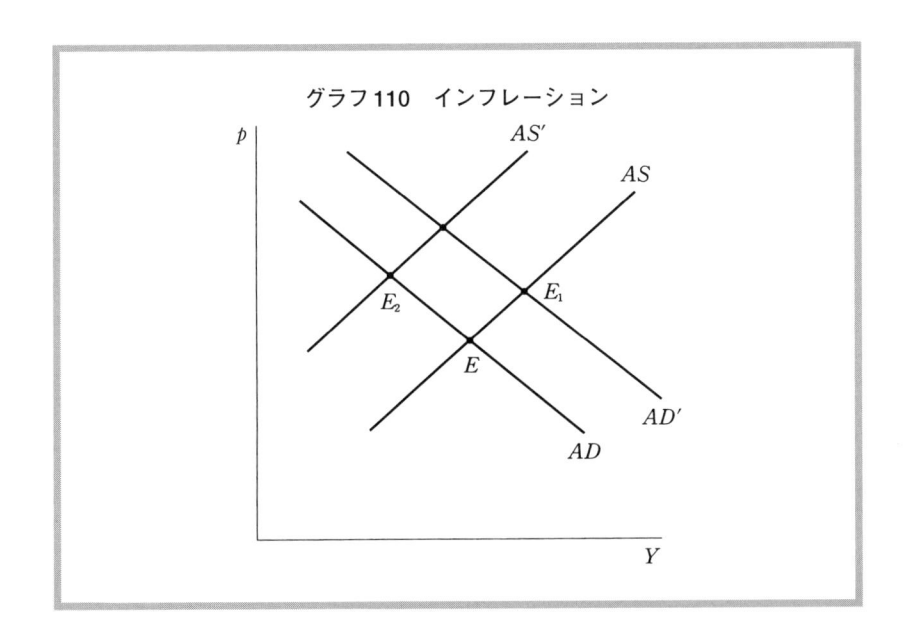

フレ分析に利用することができる。

　総需要拡大政策が採られたり，民間投資が資本の限界効率の上昇を反映して拡大するなど，総需要拡大が発生すると，グラフ110に示すように総需要曲線が右方にシフトし，均衡はEからE_1のような点にシフトする。このときには物価の上昇が発生するが，この物価上昇を**ディマンド・プル・インフレーション**と呼ぶ。

　一方，貨幣賃金の上昇は，総供給曲線を上方シフトさせ，均衡をEからE_2のようにシフトさせるが，これによって生じる物価上昇を**コスト・プッシュ・インフレーション**という。

　特に，石油ショックや賃金上昇の結果生じる所得の低下と物価上昇の同時の同時進行を**スタグフレーション**という。スタグフレーションは，スタグネーション（景気停滞）とインフレーションの合成語である。

第18章 マネタリスト

　ケインズ及びケインジアンの経済学に対して批判を行い，古典派的な経済学の結論，すなわち，完全雇用が実現するケースが一般的であるという主張を新しい理論的枠組みで提示したのが**マネタリスト**と総称される学派のフリードマン等であった。彼らの主張は，当初短期においては完全雇用の所得水準を離れることがあっても，長期には完全雇用国民所得水準に落ち着くというものであった。この主張は，ケインズ的な裁量政策を否定し，ルールによる政策運営の提唱につながった。また，この議論は，合理的期待という分析用具のモデルへの導入によってより押し進められ，短期においてすら裁量的政策が無効であるとする主張に発展していった。

　本章では，フリードマンの議論を中心に，マネタリストの理論の全体像を把握し，理論的発展を見ることにしよう。

1　フィリップス曲線

　はじめに，マネタリストの利用した理論的枠組みを理解するために，**フィリップス曲線**について把握しておこう。

　フィリップスは，次のような仮説を立てた。

　労働市場に超過需給が存在すると賃金は変化するが，その上昇速度は超過需要が大きいほど大きいであろう。労働の超過供給は，失業率に他ならないから，失業率が小さくなり労働市場が逼迫するほど貨幣賃金変化率は上昇すると考えられる。このため，縦軸に貨幣賃金変化率，横軸に失業率をとった場合，右下がりで原点に対して凸の曲線が描かれるであろう。この様子はグラフ111に示すとおりであるが，グラフ上 u_0 点は貨幣賃金変化

グラフ111　フィリップス曲線

(縦軸: w 貨幣賃金変化率、横軸: u 失業率、u_0)

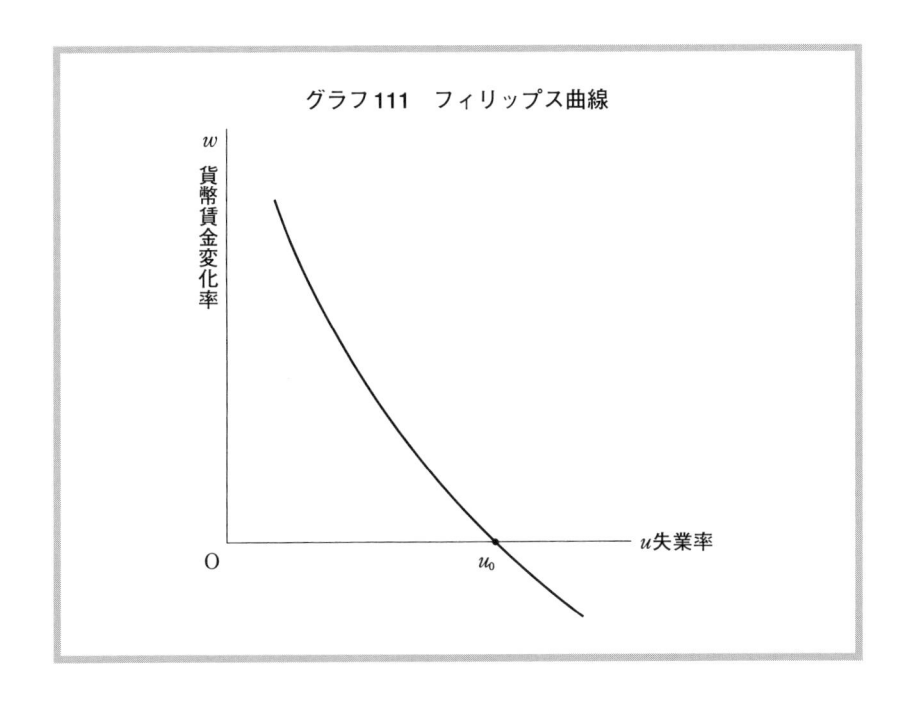

率がゼロで，労働の超過需要がゼロの点である。この点で正の失業率が存在するのは，職探し中の失業者などの摩擦的失業が存在しているためである。

　以上の仮説について，フィリップスは，1950年代の後半に，約1世紀にわたるイギリスにおける実証研究を行い，これを立証した。そこで，貨幣賃金上昇率と失業率のトレードオフの関係を示すこの曲線は一般にフィリップス曲線と呼ばれる。

　このフィリップス曲線を応用して，サムエルソン，ソロー等は，インフレと失業の関係を示す修正フィリップス曲線を導いた。ワイントラウプの実証によれば，物価上昇率（p）と貨幣賃金上昇率（w），労働生産性上昇率（y），労働分配率（β）の間には，

$$\dot{p} = \dot{w} - \dot{y} - \dot{\beta}$$

という関係がある。そこで，労働生産性と労働分配率を所与とおくことに

第18章　マネタリスト　207

より，失業率と賃金上昇率の関係を失業率と物価上昇率の関係に書き換えることができるが，これが修正フィリップス曲線に他ならない。

フィリップス曲線は，拡張的総需要管理政策の問題（すなわち失業率低下の一方でインフレが発生する）に対して，これに対処する一定の政策指針を示すための枠組みとして注目されるようになった。

2　自然失業率仮説

フリードマンは，フィリップス曲線の枠組みを拡張することにより，ケインズ的な裁量政策の批判を行った。ここで用いられたのは，縦軸がインフレ率，横軸が失業率の曲線であるが，線形近似すれば，

$$\pi = \pi^e - \varepsilon(u - u_n) \quad (\varepsilon > 0)$$

で表される。ここで，π^eは人々の予想するインフレ率である「**期待インフレ率**」を表し，u_nは非自発的失業を含まない摩擦的失業と自発的失業の合計値に概ね対応する「**自然失業率**」を表す。フリードマンのロジックは次のようなものである。

いま，期待インフレ率と実際のインフレ率が一致し，なおかつその値がゼロなら，グラフ112のu_n点が実現する。すなわちインフレ率ゼロで自然失業率が実現している。この点を出発点として，拡張的な貨幣政策が採られたとしよう。このときに，物価も賃金も上昇するが，人々はこれを正確には認識できない。労働者は，自らの賃金の上昇は認識できるが，物価の上昇を認識できないため，実質賃金が上昇したと誤認して労働供給を増やす。一方，企業は，自らの生産物価格の上昇は認識できるが，貨幣賃金率や原材料価格の上昇には時間がかかると誤認し，労働需要量を増加させる。この結果，失業率は減少し，一時的には所得水準が上昇する。この過程がグラフ上のu_nからaへの移動で表されている。期待インフレ率は一定であるから，期待インフレ率がゼロのもとでのフィリップス曲線上を移動するのである。このように，期待調整がなされない期間を，フリードマン等マ

グラフ112　自然失業率仮説

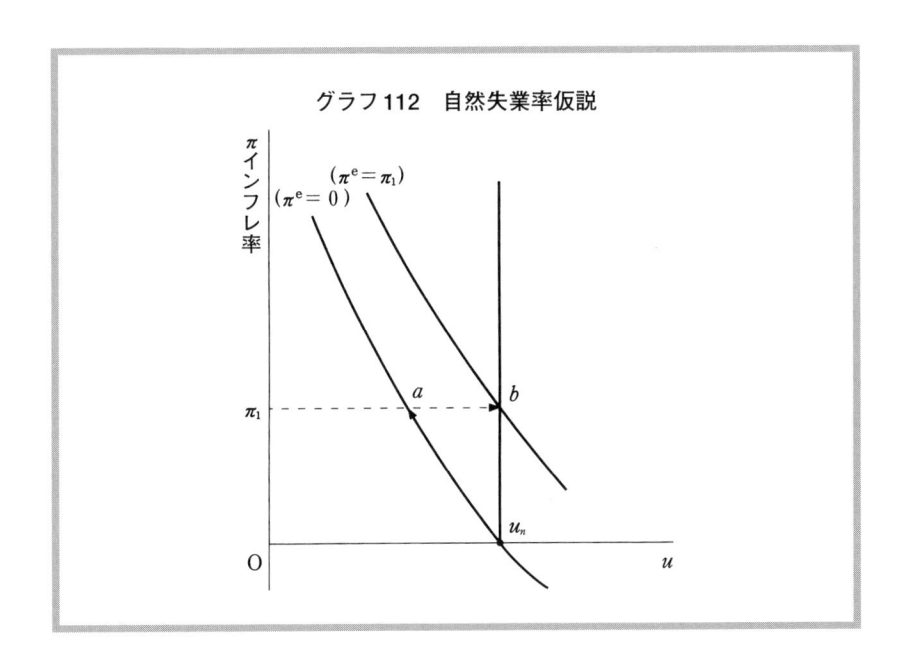

[グラフ：縦軸 π（インフレ率）、横軸 u。2本の右下がりフィリップス曲線が描かれ、左側の曲線は $(\pi^e = 0)$、右側の曲線は $(\pi^e = \pi_1)$。点 a は左曲線上、点 b は右曲線上で u_n の垂直線上にあり、両点は高さ π_1 で結ばれている。]

ネタリストは**短期**と呼ぶ。

　さて，時間が経過すると，期待が調整されることになる。（このような期待調整がなされるような期間を**長期**と呼ぶ。）期待調整がなされると，労働需要，労働供給ともに元の水準に戻される。また，インフレ率が正確に認識されるので，現実のインフレ率と期待インフレ率が一致する新たなフィリップス曲線上に移動することになる。この様子がグラフにおける a から b への移動である。このとき $\pi^e = \pi$ となるので，$u = u_n$ となることは明らかである。すなわち，拡張的貨幣政策は，長期には，インフレ率を高め，自然失業率を実現するのである。このように，長期フィリップス曲線は自然失業率水準で垂直となり，裁量的財政政策は長期にはインフレをもたらすのみであることがわかる。

3　新貨幣数量説

フリードマンは，次のような貨幣需要関数を考えた。

$$\frac{L}{p} = f(Y_p, \ \omega, \ r_m, \ r_e, \ r_b, \ \pi^e; \ \mu)$$

ここでLは貨幣需要，pは物価，Y_pは恒常所得，r_m, r_e, r_b, は順に貨幣，株式，債権の収益率である。また，π^eは期待インフレ率，μは選好，ωは富に対する人的富の割合である。この貨幣需要関数は，資産収益率を考えることにより投機的動機に基づく貨幣需要を含み，インフレや選好についてもその影響を組み込んでいるという点で包括的な貨幣需要関数と見ることができる。当然，貨幣の収益率が高ければ貨幣を保有し，他資産収益率が高ければ貨幣の需要は減少する。また，期待インフレ率の上昇は，現在消費を促進するので貨幣需要を減少させ，人的富は非流動的であるから，流動性を確保するために貨幣需要を増大させると考えるであろう。

しかし，貨幣需要関数におけるこれらの変数すべてが，結果として貨幣需要関数に重要な影響を及ぼすとはいえない。例えば，資産収益率は，均衡においては一定の関係を持つが，その変動の方向は一般には同一であり，資産の代替が行われることは少ない。このため，貨幣需要決定にとってこれらの変数は重要ではない。フリードマンは，貨幣需要関数に影響を与える最も重要な変数は恒常所得であると結論づけている。

フリードマンは，このような，恒常所得を変数とする貨幣需要関数が安定的な関数であることを実証的に貨幣の流通速度（及びマーシャルのk）が安定的であることをもって説明した。

結局，**新貨幣数量説**として以下の関係が導かれた。

$$M = k(r)pY$$

ここでkは安定的である。この式から，短期においては，貨幣供給量の変化が発生すると，名目国民所得pYが比例的に変化するといえる。また，

長期においては，Yは恒常所得と見なせるから，貨幣供給量の変化は物価の変化のみをもたらすであろう。

4 マネタリストの政策命題

これまで見てきたように，マネタリストの議論は，自然失業率仮説と新貨幣数量説に要約することができる。

政策論的には，自然失業率仮説からは，拡張的裁量政策が長期的にはインフレをもたらすのみであることが確認された。また，短期的には，貨幣政策が裁量的になされると，エクスペクテーションエラーが発生し，経済変動が発生することを見た。このような変動はパレート最適な変動ではないから，経済厚生を低めることになるであろう。

また新貨幣数量説からも，短期においては拡張的貨幣政策が名目所得を変動させるものの，長期にはインフレをもたらすのみであることが確認された。

このように，長期には所得は一定となるのであるから，注目すべき点は物価の安定のみとなる。また，短期には期待を攪乱しないような貨幣政策が望まれることになる。物価の安定と期待の攪乱を回避する貨幣政策は，実物成長に見合うだけの安定的な貨幣成長をルールとして実現することである。このため，マネタリストはx％ルールという安定的貨幣供給方式を提言するのである。

ところで，マネタリストの政策効果を考える枠組みに**フィッシャー方程式**がある。これは，

　　名目利子率＝実質利子率＋期待インフレ率

とするものである。ここにいう実質利子率とは，生産関数条件等実物的要因により決定されるもので，究極的には投資の収益率と等しい。拡張的な貨幣政策が行われるとき，貨幣市場の需給関係から名目利子率が低下するが，短期的には期待インフレ率の調整が行われないので，見かけ上実質利

子率も低下することになる。このため，投資のコストが低くなったと認識され，投資水準は増大することになるであろう。このため，短期には所得水準が増大する。しかし，長期には，期待インフレ率が調整されるので，前式が成立するように実質利子率は上昇してしまい投資水準も元に戻ってしまう。このように考えるなら，拡張的貨幣政策は，長期にはインフレをもたらすのみで，所得に対する効果を持たないことになる。このようにフィッシャー方程式を用いても x ％ルールの有効性を確認することができるのである。

5 合理的期待

　前述のように，マネタリストにおける短期的政策効果の原因は期待調整の遅れである。この議論をさらに押し進めて，サージェント，バロー，ルーカス等は，マネタリストモデルに短期の期待調整方法として合理的期待の概念を導入することにより，理論的発展を試みた。

　合理的期待とは，利用可能情報を完全に利用して形成される期待であり，数学的期待値と考えてよい。ここで，合理的期待が完全情報を仮定しているわけではないことに注意してほしい。例えば，インフレ期待（π^e）を合理的に形成するといった場合，数学的には，

$$\pi^e = E\pi$$

と表現し，確率による加重平均値を期待値と見る。

　さて，マネタリストモデルに合理的期待を組み込むために，マネタリストモデルを再構成しよう。

　修正フィリップス曲線は，

$$\pi = \pi^e - \varepsilon(u - u_n)$$

であるが，オーカンによれば，失業率と GNP ギャップとの間には次のような関係がある。

$$u - u_n = \alpha(Y_P - Y)$$

ここで Y_p は潜在産出量（完全雇用産出量），α は正の定数である。以上2本の方程式から，

$$\pi = \pi^e + \alpha\varepsilon(Y - Y_p)$$

を得る。これは通常インフレ供給曲線と呼ばれる。

一方，総需要 Y^a は，財政政策 F と貨幣政策 M/p の関数であり，

$$Y^a = Y^a(F, \frac{M}{p})$$

と表すことができる。この式の差分をとって，貨幣成長率を m，インフレ率を π とすれば，

$$\Delta Y^a = \gamma \Delta F + \phi(m - \pi)$$

を得る。$\Delta Y^a = Y - Y_{-1}$ としてこれを変形すると，

$$Y = Y_{-1} + \gamma \Delta F + \phi(m - \pi)$$

を得る。（Y_{-1} は前期所得である。また，以下 ΔF をゼロとして分析を行う。）

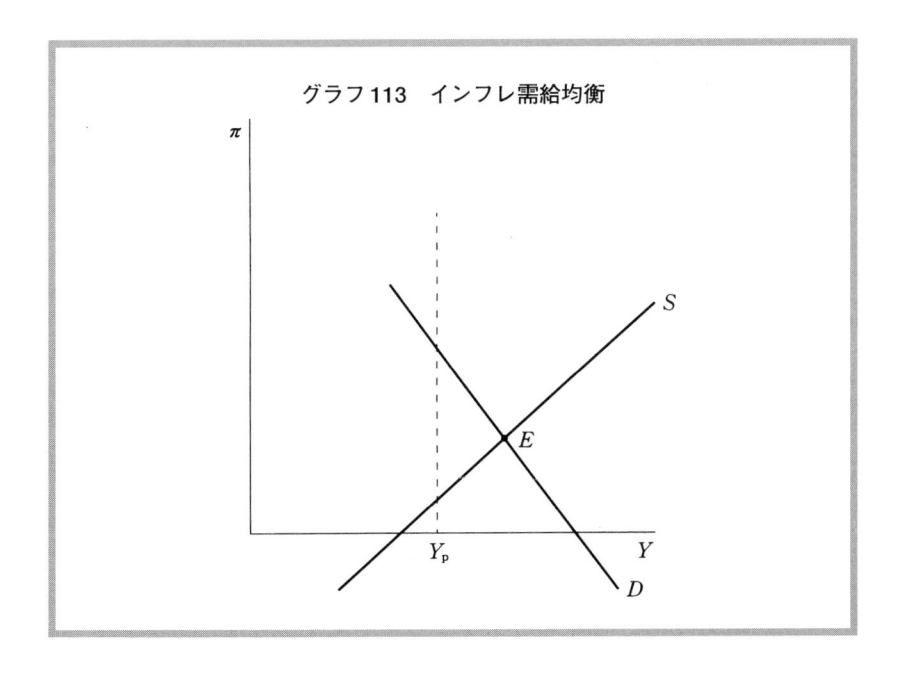

グラフ113　インフレ需給均衡

第18章　マネタリスト

これは通常インフレ需要曲線と呼ばれる。インフレ需要曲線（D）とインフレ供給曲線（S）が求められれば，所得とインフレ率の同時決定モデルが得られることになる。（グラフ113参照。）このモデルの均衡が常にY_p上ないしそれより右側に落ち着くことには注意してほしい。これはマネタリストの枠組みを表現しているからに他ならない。

さて，インフレ需給曲線をさらに次のように変形して扱う。

$$\pi = \pi^e + \alpha(Y - Y_p) + \varepsilon$$
$$Y = Y_p + \beta(m - \pi) + \mu$$

ここで，ε，μは攪乱項であり，長期的にはその平均値はゼロである。また期待インフレ率を，

$$\pi^e = E\pi$$

とおく。（合理的期待の仮定。）インフレ需要曲線とインフレ供給曲線から，均衡インフレ率を求めると，

$$\pi = \frac{\pi^e + \alpha\beta m}{1 + \alpha\beta} + \frac{\alpha\mu + \varepsilon}{1 + \alpha\beta}$$

を得る。これより期待インフレ率を求めると，

$$\pi = E\pi = \frac{E\pi^e + \alpha\beta Em}{1 + \alpha\beta} + \frac{\alpha E\mu + E\varepsilon}{1 + \alpha\beta} = Em$$

を得る。すなわち期待インフレ率は名目貨幣成長率に等しい。

一方，インフレ需要曲線とインフレ供給曲線から，均衡産出量を求めると，

$$Y = Y_p + \frac{\beta}{1 + \alpha\beta}(m - \pi^e) + \frac{\mu - \varepsilon\beta}{1 + \alpha\beta}$$

を得るので，これに先の期待インフレ率の式を代入して，

$$Y = Y_p + \frac{\beta}{1 + \alpha\beta}(m - Em) + \frac{\mu - \varepsilon\beta}{1 + \alpha\beta}$$

を得る。この式から，攪乱要因以外の景気変動要因が，現実の貨幣政策と予期された貨幣政策の乖離のみによってもたらされることがわかる。しか

し，政府の貨幣政策ルールが知られていれば，
$$Em = m$$
となり，裁量的政策は無効となる。これを**ルーカス＝サージェント＝ウォレスの政策無効性命題**などとも呼ぶ。

第19章 経済成長

ケインズモデルは短期モデルであり，資本ストック一定の仮定がおかれている。これに対して，早い段階からケインズモデルの動学化の試みがなされた。この代表がハロッドとドーマーの業績である。彼らの研究は別々になされたものであるが，内容的には顕著な一致点があり，総称してハロッド＝ドーマーモデルと呼ばれる。本章でははじめに，ケインジアンの成長モデルであるハロッド＝ドーマー型のモデルを検討し，これに続いて現れた新古典派の成長モデルを対比的に検討しよう。

1　ハロッド＝ドーマーモデル

（1）ハロッドの成長率

ハロッドはモデルを構成するにあたって，成長率を現実成長率，保証成長率，自然成長率の3つに分けて考えた。

現実成長率とは，実際の成長率のことである。これを G とし，C を**現実資本係数**と呼んで以下の式が成立するとする。

$$C = \frac{\Delta K}{\Delta Y} = \frac{I}{\Delta Y}$$

$$G = \frac{\Delta Y}{Y} \left(= \frac{s\Delta Y}{sY} = \frac{\Delta S}{S} = \frac{\Delta I}{I} \right)$$

と定義される。ここで，K は資本であり，他の記号は従来通りの定義である。投資 I は時間をへて資本の変化分 ΔK となる。また，s は平均貯蓄性向で，$I = S$ が成立し財市場が均衡している。このとき次式が成立する。

$$GC = \frac{\Delta Y}{Y} \cdot \frac{I}{\Delta Y} = \frac{S}{Y} = \frac{sY}{Y} = s$$

$$\therefore GC = s$$

また，操業度100％のときの資本係数を必要資本係数 C_r と呼んで，次のように定義する。

$$C_r = \frac{\Delta K}{\Delta Y_u}$$

ここで ΔY_u は操業度100％の下での産出増加分である。資本ストックが完全利用されるときの成長率を G_w とすれば，

$$G_w = \frac{s}{C_r} \left(= \frac{s}{\frac{\Delta K}{\Delta Y_u}} = \frac{s\Delta Y_u}{\Delta K} = \frac{s\Delta Y_u}{I} = \frac{s\Delta Y_u}{S} = \frac{s\Delta Y_u}{sY} = \frac{\Delta Y_u}{Y} \right)$$

$$\therefore G_w C_r = s$$

を得る。

さらに，産出の上限を期待する要因が技術進歩率 m と人口成長率 n であることから，自然成長率を G_n として次式を定義する。

$$G_n = m + n$$

さて，最も望ましい経済では，現実の経済が資本を完全に利用し，なおかつ成長の限界であるような状態であるから，

$$G = G_w = G_n$$

が最も望ましい。一般にこのような状況を**黄金時代均衡**という。

ところで，ドーマーは，投資には，乗数効果とともに資本を増大させて生産力を増大させる**生産力効果**があることに注目して議論を展開した。

乗数効果は，

$$\Delta Y = \frac{1}{1-c} \Delta I = \frac{1}{s} \Delta I$$

であり，生産力効果は，

$$\Delta Y_u = vI$$

と表すことができる。ここで v は資本一単位が実現する産出能力を表し，

第19章 経済成長

産出係数と呼ぶ。この二式より，資本が完全利用され $\Delta Y = \Delta Y_u$ となるとき，

$$\frac{\Delta I}{I} = vs$$

となることがわかる。生産力効果の式を，

$$v = \frac{\Delta Y_u}{I} = \frac{1}{C_r}$$

と見れば，ドーマーモデルは，

$$\frac{\Delta Y}{Y_u} = \frac{\Delta I}{I} = \frac{s}{C_r}$$

と表現できる。これは結局，

$$G_w = \frac{s}{C_r}$$

であるから，ハロッドの保証成長率の議論とドーマーのモデルは事実上同一の議論と見なすことができる。このため，一般にハロッド＝ドーマーモデルとして扱われるのである。

さて，黄金時代均衡は常に実現可能であろうか。いま，短期において，$G > G_w$ が起こったとしよう。このときには，資本の完全利用の操業よりも大きな産出増加が実現されるのであるから，$C < C_r$ となる。すなわち現実資本の方が必要資本より少ないと考えられ，資本ストック不足を補うための投資が行われるであろう。この結果所得の成長はより拡大するので，G と G_w の乖離はいっそう大きくなってしまうであろう。一方，$G < G_w$ のケースでは，逆のロジックで，投資水準の低下が生じ，G と G_w の乖離幅はいっそう大きくなる。

長期において，$G_n > G_w$ のケースを考えてみよう。このとき，資本の完全利用以上の成長が可能であるから，現実成長率が保証成長率を上回るであろう。$G > G_w$ であれば，その乖離が大きくなることは前述の通りである。一方，$G_n < G_w$ のケースを考えてみよう。このとき，G は G_n を上回る

ことができないので，$G < G_w$ となり，その乖離が大きくなることは前述のとおりである。

このように，黄金時代成長が実現することはまれであり，いったん均衡からはずれると均衡から累積的に乖離する傾向が存在する。

2 新古典派成長モデル

ケインジアンの成長理論は，資本係数の固定性を仮定している。これに対して，ソロー等による新古典派成長モデルでは，このような固定性は排除されている。すなわち生産要素は（労働と資本の間で）代替的である。本節では，このモデルについて，均衡成長の安定性を分析しておこう。

いま生産関数を一次同次型の関数とし，次のようなものであるとする。

$$Y = F(K, L)$$

労働生産性を y，労働の資本装備率 K/L を k とすると，

$$\frac{Y}{L} = F\left(\frac{K}{L}, 1\right) \quad \therefore y = f(k)$$

を得る。技術進歩率 m を 0 とすれば

$$G_n = n$$

$$G_w = \frac{s}{C_r} = \frac{s}{\frac{K}{Y}} = \frac{sY}{K} = \frac{\frac{sY}{L}}{\frac{K}{L}} = \frac{sf(k)}{k}$$

であるから，黄金時代均衡が実現しているとすれば，

$$n = \frac{sf(k)}{k}$$

が成立するはずである。このときの均衡は，グラフ114に示す E 点で与えられる。

いま，この経済が均衡をみたさず，e 点のような状況にあったとしよう。このとき均衡よりも y の値は小さく，

グラフ114　黄金時代均衡

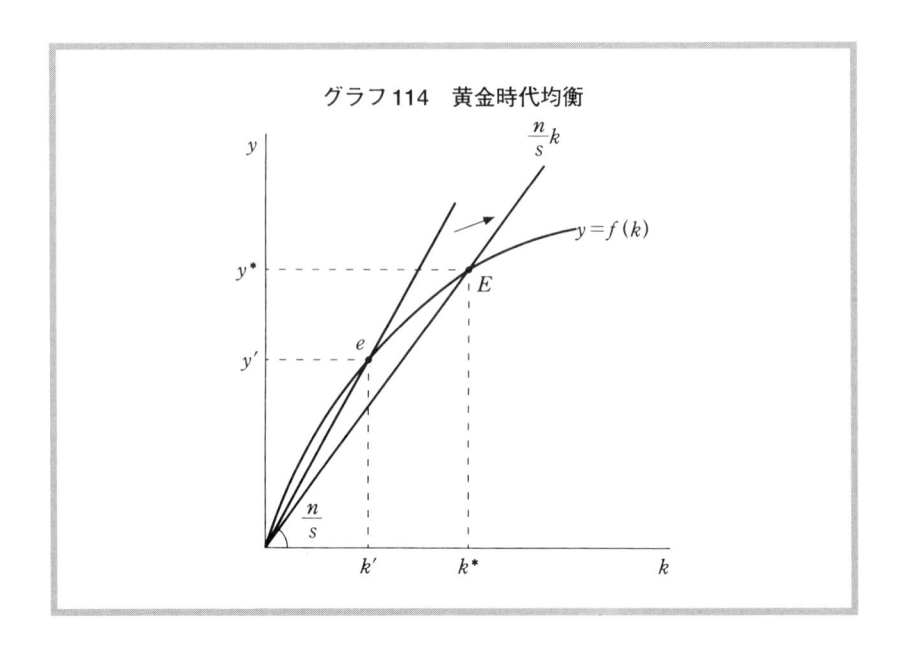

$$\frac{n}{s}k < y^* \quad \therefore n < \frac{sf(k)}{k}$$

が成立している。ここでnは労働Lの成長率であり，

$$n = \frac{\Delta L}{L}$$

である。また，

$$\frac{sf(k)}{k} = \frac{sY}{K} = \frac{S}{K} = \frac{I}{K} = \frac{\Delta K}{K}$$

となるから，結局この不均衡状態は，

$$\frac{\Delta L}{L} < \frac{\Delta K}{K}$$

と表すことができる。ところで，

$$\Delta k = \Delta\left(\frac{K}{L}\right) = \left(\frac{\Delta K}{K} - \frac{\Delta L}{L}\right)$$

となるので，このケースでは，

$\Delta k > 0$

である。したがって，これは，kの成長を意味するので，均衡が回復することになる。このように，新古典派モデルでは均衡は安定的である。

第20章 国際経済

 これまでの分析は，乗数の分析を除いて主に国内経済に限定して行われた。本章では，*IS-LM*分析を基礎としながら，開放体系を構成し，財政金融政策の効果を分析する。一般に開放体系では，現状に応じて固定相場制と変動相場制のどちらかの体系で分析をする必要が生じる。本章では，双方についてモデルを構成し，さらに，国際資本移動の役割についても考察を行おう。

1　固定相場制

 固定相場制下のマクロ体系は次のように構成される。はじめに*IS*側は，
$$Y = A(Y, r) + CB(Y)$$
と修正される。右辺第1項はアブソープションと呼ばれ，*IS*によって決定される総需要の大きさである。また右辺第2項は，経常収支であり，固定相場制下では所得のみの関数となる。より具体的には，
$$CB = EX - IM_0 - mY$$
と表される。（ここで*EX*は輸出，*IM*は輸入，mは限界輸入性向である。）
 一方*LM*側には変化はなく，
$$\frac{M}{p} = L(Y, r)$$
と表現される。問題は，経常収支均衡と国内における完全雇用の同時実現をいかに行うかということである。

(1) 不胎化政策

　為替相場を一定にするためには，中央銀行が相場を維持するための外為市場介入を行う必要がある。例えば，経常収支が黒字化すると，外貨があまり，外国為替の価値が落ちるため，固定相場が維持できなくなる。このため，中央銀行が外貨の買い介入を行って相場を維持するのである。

　このような介入が常に行われると，マネーサプライが激しく変動することになる。例えば，外国為替を買う場合にはマネーサプライが増大する。この弊害を回避するために行われるのが不胎化政策といわれるもので，このケースでは売りオペレーションを行って貨幣供給量を安定化させる。

(2) 資本移動が存在しないケースの政策効果

　いま，国内均衡が完全雇用国民所得水準にあり，経常収支を均衡させる所得水準がY'であるため，経常収支赤字にある状況を考えよう。このとき

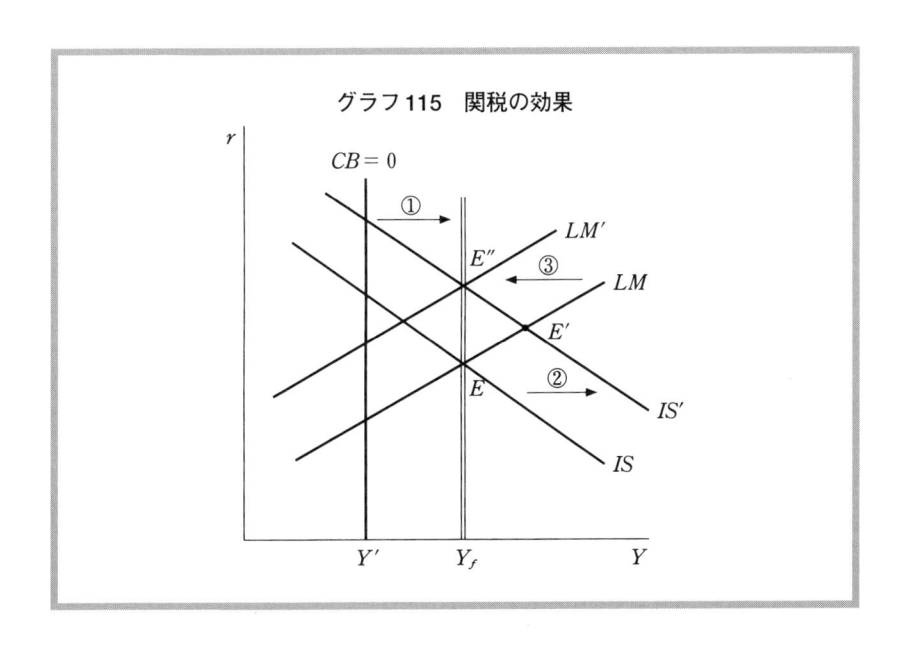

グラフ115　関税の効果

対内均衡と対外均衡を同時実現するための手段として，**関税政策**が考えられる。

関税をかけることにより，輸入が減少するため，経常収支均衡を実現する所得水準が上昇する。グラフ115に示すように，経常収支が均衡する線（$CB=0$）が完全雇用国民所得水準に一致するように関税がかけられたとしよう。このとき，輸入品から国内財へと消費代替が行われるので，ISは右にシフトする。この結果，均衡はE'となり，インフレと経常赤字が発生する領域に移動してしまう。これを是正するため，マネーサプライを減少させれば，LMが左方にシフトし，うまくE'''が実現すれば，政策は成功である。

これと同一の効果は平価切り下げによっても実現するので注意されたい。

(3) マンデルの定理

上と同様の議論を不完全ながら資本移動が存在するケースについて考えてみよう。資本移動が存在するケースでは，国内利子率が国際利子率に比べて高いとき，金利からの利益を求めて外国から資本が流入し，逆の場合には資本の流出が発生する。国際収支は，貿易収支とこの資本収支の合計で考えられ，この均衡が政策目標となる。

いま横軸に貨幣供給量M，縦軸に財政支出Gをとって，完全雇用を実現するY_f線と国際収支均衡を実現する$BP=0$線を描く。（以下グラフ116参照。）どちらの項目も有効需要を増大させる要因であるから，完全雇用実現のためには，代替的な政策手段である。このためY_f線は右下がりとなる。また，経常収支均衡も，所得の関数であるから，同一の所得を実現するGとMの組合せが右下がりの関数で表現されるのであれば，やはり$BP=0$線も右下がりとなる。しかし，資本移動を考えているために二つの線の傾きは異なる。これを理解するためにE点からMを減少させたときの状況（e'）を考えよう。貨幣供給量が減少すると，所得が低下するため公共支出

グラフ116　マンデルの定理

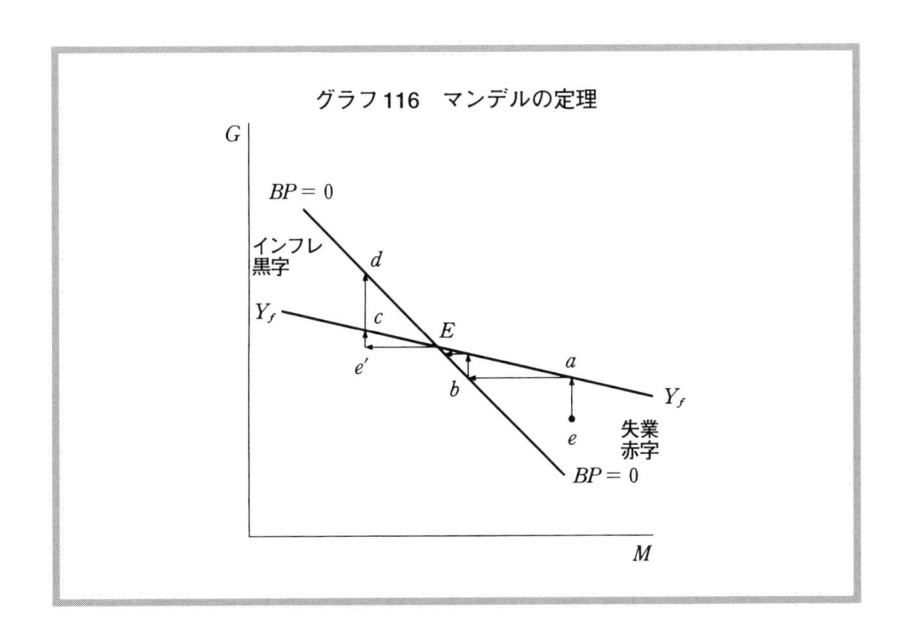

の増大を行わないとY_f（c点）が実現しない。また，貨幣供給量の低下は利子率の上昇をもたらし，外国資本の流入をもたらすので，完全雇用をもたらすより大きな公共投資を行い，所得を増大させないと経常収支均衡（d）は実現しない。このため，Y_f線よりも$BP=0$線の方が傾きが大きいのである。

さて，いま経済がe点，すなわち，経常収支が赤字で，失業が存在するような領域にあったとしよう。このとき，国内均衡のために財政政策を，対外均衡のために貨幣政策を用いると，e点からa点を経てb点へと同時均衡点E点に近づいていく。しかし，この逆の政策割当を行った場合には，均衡から乖離してしまう。

この政策に関する議論は，次の二つの定理の重要な説明例である。
（ティンバーゲンの原則）複数の独立した政策目標を達成するためには，同数の政策手段が必要である。
（マンデルの定理）政策手段は，それが相対的に強く効果を発揮する目標

に対して割り当てられるべきである。

(4) 資本移動が完全なケースの政策効果

資本移動が完全なケースでは、政策効果はどうなるであろうか。

当初、グラフ117のE点のような均衡にあったとき、財政政策を行ったとしよう。ISが右にシフトし、E'に均衡が移動して利子率が上昇する。このため、資本流入が発生し、貨幣供給量が増大する。このため、LMが右シフトするが、このシフトは、国内利子と国際利子が均等して、資本流入が止むまで続く。結果として、E''点のような大きな所得の上昇が実現する。

一方、拡張的金融政策が行われるとき、グラフ118のように一時的にLMが右シフトするが、E'では金利が国際利子より低くなる結果、資本流出が発生して、LMは結局元の位置に落ち着く。このため、金融政策は無効である。

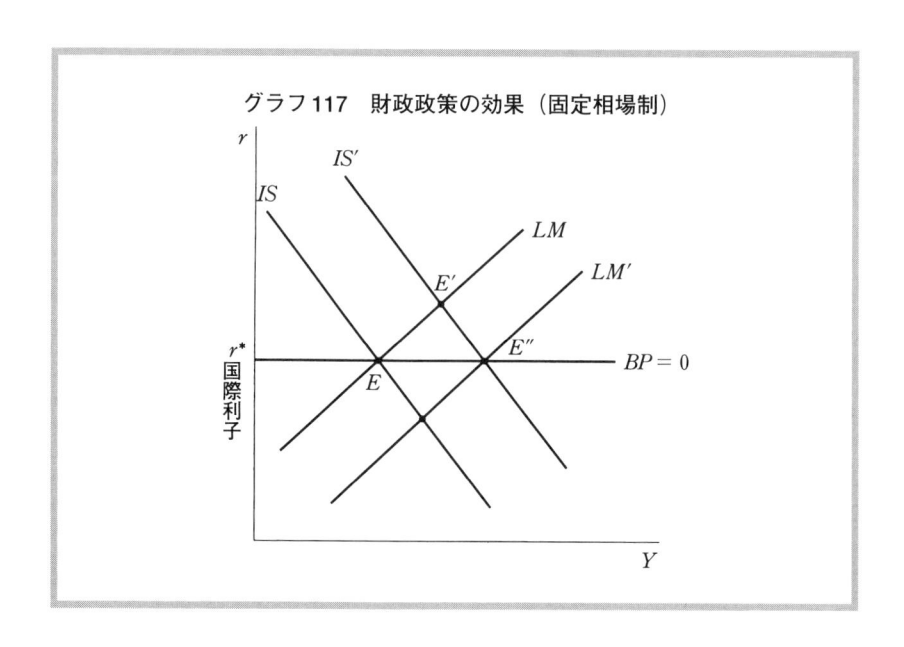

グラフ117　財政政策の効果（固定相場制）

グラフ118　金融政策の効果

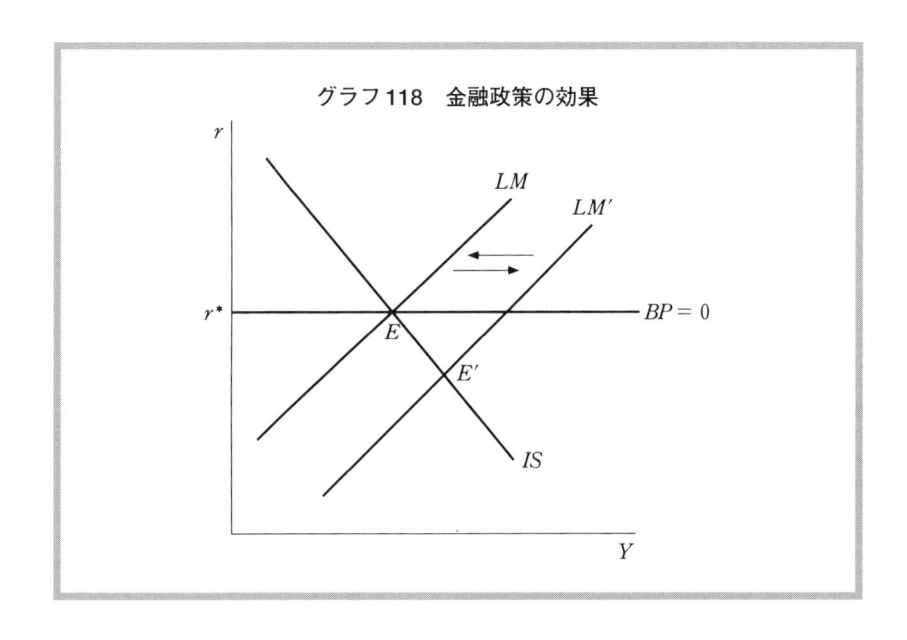

2　変動相場制

　現在，世界において，変動相場制が支配的である。変動相場制では，外国為替市場における自立的な調整により相場が決まるので，政策当局は国内政策のみに専念することができる。もちろん，一時的な市場介入が存在するが，長期的な効果を及ぼすことはできない。

（1）資本移動が不完全なケースにおける政策効果

　グラフ119のように，均衡がE点にある場合を考えよう。政策当局が拡張的財政政策を行いIS'へと需要を拡大したとすると，均衡はE'となり，経常収支赤字が発生する。このため，外国為替市場で自国通貨が減価し，$BP=0$線が下方シフトするとともに，輸出増，輸入減の影響を受けて，ISはさらに右方へとシフトする。最終的な均衡点はE''点である。

一方，グラフ120のE点において金融緩和政策が採られるとLMがシフトしてE'が実現する。このとき経常収支赤字が発生するので，自国通貨が減価し，前と同じロジックでBP＝0線とIS曲線がともに右方シフトする。

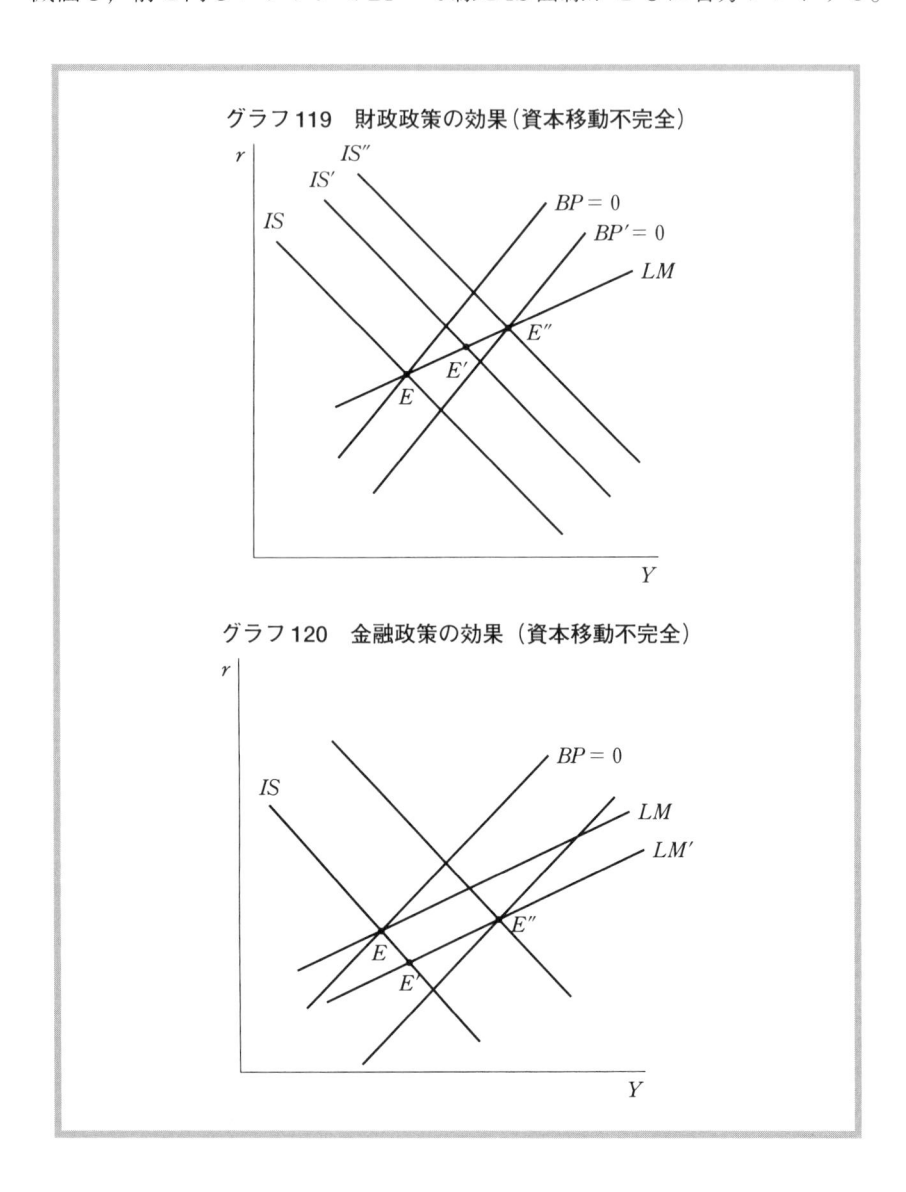

グラフ119　財政政策の効果（資本移動不完全）

グラフ120　金融政策の効果（資本移動不完全）

この結果，e'' が実現する。

（2）資本移動が完全なケースにおける政策効果

グラフ 121 の E で均衡が実現しており資本移動が完全であったとする。

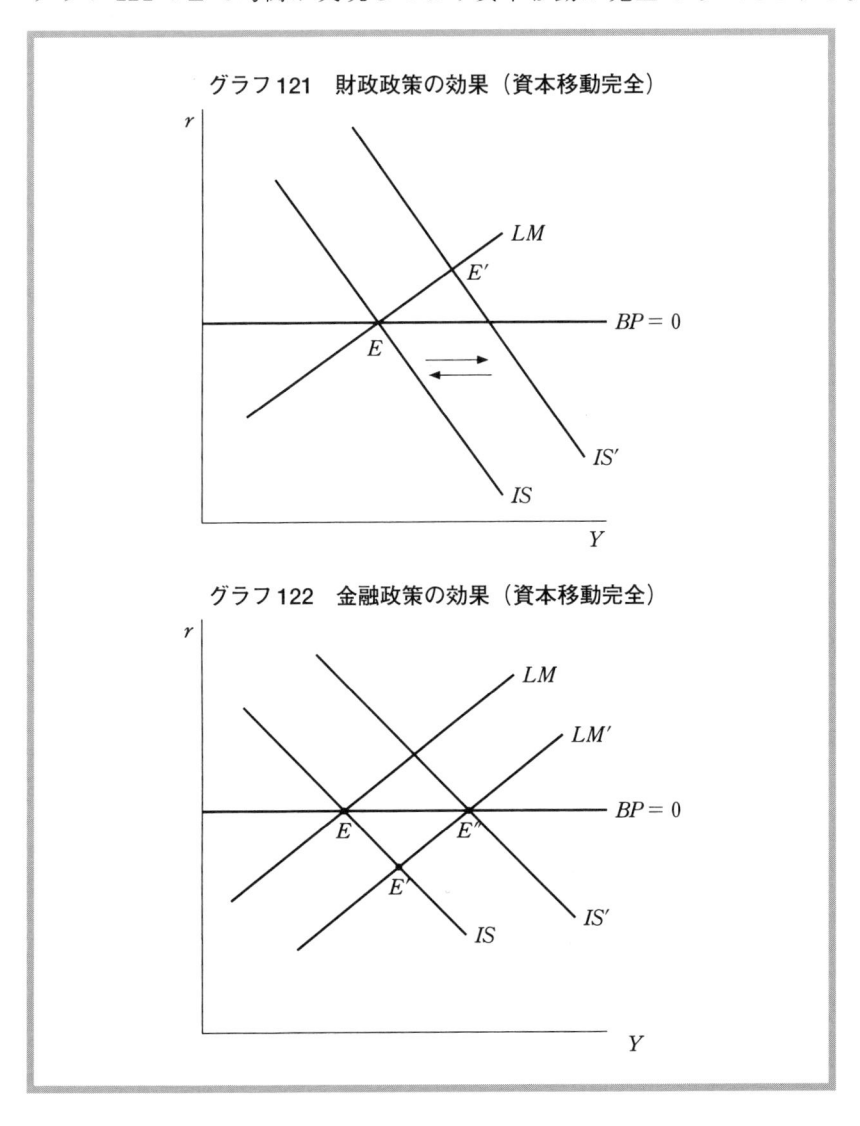

グラフ 121　財政政策の効果（資本移動完全）

グラフ 122　金融政策の効果（資本移動完全）

このとき財政政策を行うと一時的に E' が実現するが，利子質上昇に伴い資本が流入して，自国通貨が増加する。このため，輸入が増加し，輸出が減少するので，IS は元の水準まで左方シフトする。このため，財政政策は無効である。

　一方，グラフ122のように，金融緩和政策が行われると，利子率の低下を反映して資本が流出し，自国通貨が減価する結果，輸出増，輸入減が発生する。この結果 IS が右にシフトして，金融政策の効果はさらに大きくなる。

第Ⅱ部　練習問題

【客観問題】

Q1（国民経済計算）

国民経済計算の諸概念に関する記述のうち妥当でないものはどれか。

1　ある国の国民総生産に，その国の国民が外国で獲得した要素所得（賃金・投資収益等）を加え，外国人がその国で取得した要素所得を控除したものを国民総生産という。

2　国民総生産から固定資本減耗（減価償却）を控除したものを国民純生産といい，国民純生産から「間接税マイナス補助金」を引いたものを国民所得という。

3　民間部門における貯蓄超過は，財政赤字と経常黒字の和に等しい。数式では，

$$S - I = (G - T) + (X - M)$$

（S：貯蓄，I：投資，G：政府支出，T：税金，X：輸出，M：輸入）

である。これは三面等価から証明できる。

4　名目国民総生産は各時点の価格で測ったものであり，実質国民総生産は基準時点の価格で測ったものである。GNPデフレーターは，

$$\frac{名目国民総生産}{実質国民総生産}$$

で表される。

5　国民経済計算の対象には，自宅における主婦労働なども含めた包括

的指標である。

ヒント

市場取引で扱われるもののみが国民経済計算の対象となる。

解 答

5

＊本文選択肢1から4は本文の補足である。確実に覚えてほしい。

Q2（産業連関分析）

次の表は2部門からなる産業連関表である。第1部門の最終需要が1単位増加したときの国内生産額に及ぼす影響を求めよ。

投入＼産出	中間需要		最終需要
	第1部門	第2部門	
第1部門	20	10	50
第2部門	30	15	15
粗付加価値	30	35	

ヒント

はじめに投入係数を求める。これより，

$2/8 X_1 + 1/6 X_2 + F_1 = X_1$

$3/8 X_1 + 1/4 X_2 + F_2 = X_2$

（X_i：第 i 部門産出，F_i：第 i 部門最終需要）

が得られるので，これを X_1, X_2 について解けば，

$$X_1 = 3/2 F_1 + 1/3 F_2$$
$$X_2 = 3/4 F_1 + 3/2 F_2$$

を得る。差分をとれば,
$$\Delta X_1 = 3/2\, \Delta F_1 + 1/3\, \Delta F_2$$
$$\Delta X_2 = 3/4\, \Delta F_1 + 3/2\, \Delta F_2$$

を得る。これより最終需要が1単位増加するときには,
$$\Delta X_1 = 3/2$$
$$\Delta X_2 = 3/4$$

だけの変化が起こる。

解　答

9/4

Q3 （乗数分析）

経済体系が次のように示され,総需要が所得水準を決定するものとする。

$$Y = C + I + G$$
$$C = a + b(Y - T)$$
$$I = I'$$
$$T = c + dY$$

（Y：国民所得, C：消費, I：投資, G：政府支出, T：租税, a, b, c, d：定数）

$b = 0.8$, $d = 0.2$ としたとき1兆円の減税はいくらの所得増をもたらすか。

ヒント

体系を Y について解いて租税乗数を求める。乗数関連の問題はすべて同様に解けばよい。

> **解　答**

20/9兆円

Q4（投資理論）

投資決定理論に関する次の記述のうち妥当なものはどれか。
1　ケインズ理論における資本の限界効率表は右上がりの曲線である。
2　単純な加速度原理とは，純投資は生産量に依存するというものである。
3　ストック調整原理によれば最適資本ストックは毎期必ず実現される。
4　新古典派生産関数は，資本と労働の代替性を認めていない。
5　トービンのQ理論では，設備稼働率を最も重要な投資誘因としている。

> **ヒント**

加速度原理については本文で扱わなかったが次のようなもの。生産量Yと資本ストックKとの間に，

$K/Y = b$　すなわち　$K = bY$

という関係があるとすれば，

$\Delta K = I = b\Delta Y$　（I：投資）

が成り立つ。bを加速度係数と呼べば，生産の増加がその加速度係数倍の投資を誘発すると読むことができる。選択肢2はこの内容である。

> **解　答**

2

Q5（信用創造理論）

ある経済主体が420万円を銀行に預金した場合，この預金は追加的にいくらの預金を創造するか。法定準備率10％，任意準備率10％，民間現金保有比率0％として求めよ。

ヒント

貨幣乗数を利用する。信用創造による追加分であることに注意。

解 答

1680万円

Q6（クラウディングアウト）

マクロ経済体系が次のように示されるものとする。

$Y = C + I + G$

$C = 0.8Y$

$I = 60 - r$

$G = 20$

$M/P = Y - 2r$

$M = 330$

$P = 1$

（Y：国民所得，C：消費，I：投資，G：政府支出，M：貨幣供給量，r：利子率，P：物価）

このとき政府支出を34にすると民間投資はいくらクラウドアウトされるか。

ヒント

与えられた体系を単に解くことによって，$r = 10$が求まり，これより

$I=50$ を得る。また，$G=34$ の時には，同様にして $r=20$, $I=40$ を得る。クラウドアウトとは，政府支出増により民間投資が閉め出されることである。

解 答

10

Q7（インフレ需給曲線分析）

インフレ需給曲線が次のような経済を考える。

$\pi = \pi^e + \alpha(Y - Y_F)$

$Y = Y_{-1} + \beta(m - \pi) + \gamma g$

初期時点では，

$\pi = \pi^e = m$, $g = 0$, $Y = Y_F$

（π：インフレ率，π^e：期待インフレ率，Y：国民所得，Y_F：完全雇用国民所得，m：貨幣成長率，g：実質政府支出増加率，Y_{-1}：前期国民所得，α, β, γ, ：正の定数）

が成立しているとして，以下の記述から妥当なものを選択せよ。

1 期待物価上昇率が当期の物価上昇率に等しい場合，名目マネーサプライ増加率を初期時点より高めると，実質国民所得は増加する。

2 期待物価上昇率が当期の物価上昇率に等しい場合，実質政府支出増加率を高めても，物価上昇率は変化しない。

3 期待物価上昇率が当期の物価上昇率に等しい場合，実質政府支出増加率を高めても，実質国民所得は増加しない。

4 期待物価上昇率が前期の物価上昇率に等しい場合，名目マネーサプライ増加率を高めても，短期的には実質国民所得は増加しない。

5 期待物価上昇率が前期の物価上昇率に等しい場合，実質政府支出増加率を高めると，長期的には実質国民所得は増加する。

> **ヒント**

　考え方の基本は，インフレ需給曲線がマネタリストの議論の要約であるということである。したがって，期待が調整されない状態では政策が国民所得に対して効果を持ち，期待が調整されれば国民所得は自然失業率水準，すなわち完全雇用国民所得に落ち着く。1, 2, 3は期待が調整されている状態に関する設問で，このときの拡張的裁量政策は，物価を上昇させるのみで所得に影響を与えない。4は期待が調整されない場合の設問であり，拡張的政策は所得を増加させる。5のみが解りずらいが，マネタリストにおける長期とは期待が調整される期間であり，国民所得は政策の効果を受けない。

　このように，特にモデルを確認しなくても解答を導くことができるが，練習のため個々の選択肢について，数式において検討を試みておいてほしい。

> **解答**

3

Q8（ハロッド＝ドーマーモデル）

　ハロッド＝ドーマーの経済成長モデルが，

　　$Y = C + I$

　　$C = 0.8Y$

　　$\Delta K = I$

　　（Y：所得，C：消費，I：投資，ΔK：資本の増分）

で示されるものとする。必要資本係数が5.0であるとすると保証成長率はいくらか。

ヒント

ハロッド＝ドーマー理論に関する設問は，基本公式を記憶していれば解けるものがほとんどである。本文は，保証成長率の公式（$G_w = s/C_r$）を問う問題。限界消費性向＝0.8であるから，限界貯蓄性向＝1－0.8であることに注意。

解 答

4％

【論述問題】

論述問題については，論点のみを提示した。これを文章化する必要があるが，求められている解答の長さに応じて，グラフ，数式の利用を試みてほしい。このとき，記号の定義については明確にしておかないと得点にならないので注意してほしい。

Q9 （45度線分析）

45度線分析における45度線とは何か。

（論点）

45度線は総供給曲線として扱われているが，この線は単に横軸のものを縦軸に変換しただけのものであり，供給側に制約が全くなく，専ら需要側のみで経済規模が決定することを意味している。このような経済は，大不況下のように，供給側の要因，例えば資本や労働などに制約がない状態を前提としている。

Q11 （貨幣供給）

銀行の貸し渋りが貨幣乗数に及ぼす影響について述べよ。

(論点)

貸し渋りは，任意準備率の増大を意味する。したがって，信用創造プロセスを通じて，貨幣乗数を低下させる。

貸し渋りが存在するとき，ハイパワードマネーが追加的に発行されても，その貨幣供給量拡大効果は小さなものにとどまる。

Q12 (IS-LM 分析)

大不況下における財政政策の効果についてケインズに即して述べよ。

(論点)

ケインズケースとは，大不況下のような，流動性の罠及び投資の利子弾力性がゼロの状況である。このとき，水平な IS 曲線と垂直な LM 曲線が描けるので，財政政策の効果は乗数理論に一致する。(クラウディングアウトは発生しない。)

Q13 (総供給曲線)

ケインジアンの総供給曲線が右上がりとなる理由は何か。古典派との相違を意識しつつ述べよ。

(論点)

古典派では，貨幣錯覚はなく，賃金は伸縮的である。このため，労働需給で実質賃金が決まり，物価上昇は比例的な賃金の上昇をもたらし，総供給曲線は垂直となる(古典派の総供給曲線導出グラフを参照)。これに対して，ケインズでは，貨幣賃金は固定的であり，貨幣錯覚が存在する。このため，特定の貨幣賃金において，労働需要側の要因のみにより経済規模が決定される。このことは，賃金＝価値限界生産力の関係から総供給曲線が導出できることを意味しており，このために総供給曲線は右上がりになる(ケインズの総供給曲線導出グラフ参照)。

Q14（インフレ）
石油ショックの物価に及ぼす影響について述べよ。

（論点）
　石油ショックは，一般に生産関数の下方へのシフト要因と理解される。生産関数が下方シフトすると，労働需要曲線も下方にシフトし，雇用量及び，産出量は低下する。この結果，総供給曲線は左方にシフトすることになるが，供給の減少は物価の増加をもたらす。
　このように，石油ショックでは，物価上昇（インフレ）と国民所得低下（景気停滞：スタグネーション）が同時に生じる，いわゆるスタグフレーション的状況が出現する。

Q15（マネタリスト）
　マネタリストにおいて，短期的な裁量政策が経済を変動させる理由を古典派と比較しつつ述べよ。

（論点）
　マネタリストにおいて，短期的裁量政策が所得を変動させる要因は，誤認（エクスペクテーションエラー）に基づく労働需給量の誤った選択である。古典派にあっては，誤認が生じる余地はないので，完全雇用（自然失業率）が常に実現するのに対し，マネタリストでは，政策効果が完全に予測されず期待物価上昇率が現実物価上昇率と乖離する事態が生じて，自然失業率水準以下の失業率が現れる。

Q16（合理的期待）
　合理的期待形成学派と古典派の総供給曲線に関する考え方の相違を述べよ。

〔論点〕
　両学派とも総供給曲線が垂直であるとする点で同一である。しかし，古典派が，完全情報を前提として，常に完全雇用が実現すると主張しているのに対して，合理的期待形成学派においては，不確実性が存在している短期的状況にあっても，利用可能情報を完全に利用して期待を形成する主体を前提とすれば，労働需給は合理的に行われ，完全雇用が実現すると主張する。

付録 マクロ経済学の歴史

マクロ経済学は，学説の歴史を把握することによりその全体像をつかむことができる。以下に，学派別の代表的学者名と理論内容を示そう。本文を参照し，あるいは他の参考書などとも併せて内容を整理してほしい。

1　古典派（新古典派）
　　＊フィッシャー，セイ，マーシャル，ピグー
　　＊＊二分法，完全雇用，価格伸縮性

2　ケインズ
　　＊＊非自発的失業，価格硬直性，有効需要の原理，流動性選好説

3　ケインジアン
　（1）初期ケインジアン
　　　＊ヒックス
　　　＊＊ケインズ理論の要約（IS-LM モデル）
　（2）新古典派総合
　　　＊サムエルソン
　　　＊＊不完全雇用下ではケインズ理論，完全雇用下では新古典派理論が妥当
　（3）ポストケインジアン
　　　＊カレツキー，カルドア，ロビンソン，デヴィドソン，アイクナー
　　　＊＊不確実性下における市場不均衡，貨幣の役割，期待の役割を強調（IS-LM ケインジアンを批判）

4　マネタリスト
＊フリードマン，ルーカス
＊＊自然失業率仮説（期待が調整される長期には自然失業率が実現）

4'　新古典派ケインジアン（主流派ケインジアン）
＊トービン
＊＊*IS-LM* モデルを基本枠組みとして分析

5　ケインズ経済学のミクロ的基礎付け
＊クラウアー，レーヨンフーブド，ベナシー，根岸
＊＊ミクロ消費関数をケインズ理論と結合，ワルラス法則をマクロに適用

6　合理的期待形成学派（マネタリストマークⅡ）
＊ルーカス，サージェント，ウォレス
＊＊利用可能情報を完全に利用して期待形成を行えば，短期にも自然失業率が実現
（合理的期待という道具はケインジアンも利用）

7　ニューケインジアン
(1) 固定価格モデル
　＊ブランシャード，フィッシャー，マンキュー，清滝
　＊＊独占的競争とメニューコストを仮定して，価格の硬直性を主体の合理的行動の結果として定式化。ケインズ的結論を導出。
(2) 情報の非対称性
　＊スティグリッツ，ワイス，ガートラー，バーナンキ，（固定価格モデルと重複）
　＊＊情報の非対称性に起因する労働市場，金融市場の均衡が，セカ

ンドベスト均衡であることを基礎に，失業，景気循環といった現象を分析。

　7'　ニュークラシカル
　　＊バロー，キッドランド，プレスコット，キング，プロッサー
　　＊＊リアルビジネスサイクルセオリー。景気循環は異時点間の最適化行動の結果であり，すべての点はパレート最適。

（注）
(1) ＊印は主要人物。＊＊印は理論的特徴
(2) 5, 7を広義のニューケインジアン，4, 6, 7'を広義のニュークラシカルとも言う。テキストはこの立場をとっているので注意。

索　引

【ア】

ＩＳ方程式　177
アザリアディス　194
アブソープション　222
暗黙の契約理論　194
異時点間限界代替率　29
異時点間消費計画　27
一括課税乗数　157
一般均衡　67
インフレギャップ　153
売上高最大仮説　88
エッジワース・ボックス　68
エッジワースの契約曲線　68
ＬＭ方程式　180
エンゲル曲線　18
黄金時代均衡　217
オーカン　212
オファーカーブ　101

【カ】

買いオペレーション　184
外国貿易乗数　159
外部経済　106
外部不経済　106
下級財　18
貸付資金市場　150

加重限界効用　7
加重限界効用均等の法則　7
過剰能力　94
価値限界生産力　57
価値尺度　169
価値貯蔵手段　169
貨幣錯覚　147
貨幣乗数　171
借り入れ家計　32
ガリバー型寡占市場　91
カルテル　90
環境的不確実性　115
関税政策　224
間接効用関数　22
完全代替　14
完全特化　122
完全ナッシュ均衡　86
完全補完　15
技術革新　203
技術的外部効果　106
技術的限界代替率　41
技術的限界代替率逓減の法則　42
技術的限界代替率の公式　42
基数的効用　4
期待インフレ率　208

期待値　115
ギッフェン財　19
逆選択　118
客体的均衡　61
競争均衡　102
競争均衡価格比　102
均衡国民所得　151
均衡予算乗数　158
金銭的外部効果　106
クールノーの仮定　79
クズネッツ　161
屈折需要曲線モデル　87
蜘蛛の巣理論　65
クラウディングアウト　185
ケインズ　151
ケインズケースの投資関数　167
ゲームの樹　85
限界革命　4
限界効用　4
限界効用逓減の法則　4
限界効用理論　4
限界収入　48
限界消費性向　151, 161
限界生産力　38
限界代替率　10
限界代替率逓減の法則　10, 12
限界代替率の公式　12
限界貯蓄性向　152

限界費用　47
限界費用価格形成原理　110
限界変形率　70
限界輸入性向　158
限界要素費用　97
現金残高方程式　145
現実資本係数　216
現実成長率　216
公開市場操作　189
公共財　110
公債の富効果　187
恒常所得仮説　162
厚生経済学の第1定理　102
厚生経済学の第2定理　104
公定歩合政策　189
購入可能領域　13
効用　4
効率的賃金仮説　194
コスト・プッシュ・インフレーション
　　205
固定相場制　222
固定費用　44
古典派　3, 145
古典派二分法　149

【サ】
財政乗数　157
財政政策手段　183
最適消費計画　13

最適性定理	99	需要の価格弾力性	23
差別独占	95	需要の交差弾力性	27
産業連関表	142	需要の所得弾力性	23
産業連関分析	143	上級財	18
参入阻止価格理論	92	乗数プロセス	155
ジェボンズ	3	消費者余剰	98
時間選好率	31	情報の非対称性	115
シグナリング	118	序数的効用理論	7
死重的損失	99	所得項	26
支出関数	23	所得効果	18
支出国民所得	141	所得消費曲線	16
市場均衡	58	ジョブサーチ理論	194
自然失業率	208	新貨幣数量説	210
自然成長率	216	新古典派	145
実質要素価格	57	新古典派成長モデル	219
私的限界費用	106	推移性の仮定	10
支配戦略	85	スクリーニング	118
支払い準備政策	189	スタグネーション	205
資本の限界効率	164	スタグフレーション	205
社会的限界費用	106	スルーツキー方程式	25
奢侈財	23	静学的期待	66
従価税	78	政策無効性命題	215
囚人のジレンマ	85	生産可能性曲線	70
修正フィリップス曲線	207	生産可能領域	70
従量税	77	生産関数	37
主体的均衡	61	生産国民所得	141
シュタッケベルク	82	生産者余剰	98
需要曲線	19	生産要素	36

生産力効果　217
セイ法則　149
全微分　11
総供給曲線　200
操業停止点　51
総需要拡張政策　202
総需要曲線　198
相対所得仮説　162
総要素利潤　97
粗代替財　26
粗補完財　26
損益分岐点　51

【タ】
第一公準　192
代替項　25
代替効果　18
代替財　26
代替性の仮定　9
第二公準　192
短期総費用　44
中級財　18
超過需要　63
超過需要価格　64
超過需要価格曲線　64
超過需要曲線　64
長期限界費用曲線　53
長期産業均衡　55
長期総費用曲線　53

長期平均費用曲線　53
貯蓄家計　32
貯蓄のパラドクス　155
通信的不確実性　115
ディマンド・プル・インフレーション　205
ティンバーゲンの法則　225
デフレギャップ　153
デューゼンベリー　162
投機的動機に基づく貨幣需要　171
投資乗数　156
投資の利子弾力性　177
等収入線　72
投入係数　143
トービン　163
トービンのQ理論　167
独占　74
独占的競争市場　93
独占度　76
取引手段　169
取引動機に基づく貨幣需要　171

【ナ】
ナッシュ均衡　82

【ハ】
ハイパワードマネー　170
バックワード・ベンド　35
パレート最適点　68
ハロッド＝ドーマーモデル　216

反応関数　82
比較生産費　121
比較優位　122
非競合性　110
ピグー課税　107
ピグー補助金　107
非自発的失業　194
ヒックスの需要曲線　22
ヒックス分解　18
ヒックスメカニズム　185
非排除性　110
微分値　6
100％クラウディングアウト　187
費用関数　44
費用曲線　44
費用逓減産業　109
フィッシャーの交換方程式　145
フィッシャー方程式　211
フィリップス曲線　206
部分ゲーム完全均衡　86
部分独占市場　91
不飽和の仮定　9
フリードマン　162, 206
フリーライダー　114
フルコスト原理　92
分配国民所得　141
平均可変費用　46
平均固定費用　47

平均消費性向　160
平均生産力　57
平均費用　45
平均費用価格形成原理　110
ベースマネー　170
ヘクシャー＝オリーンの定理　123
変動相場制　222
偏微分　11
補完財　27
保険プレミアム　117
補償需要曲線　22
保証成長率　216

【マ】

マークアップ原則　92
マークアップ率　92
マーシャル的安定性　64
マーシャルの需要曲線　22
マネーサプライ統計　169
マネタリスト　206
マンデルの定理　225
無差別曲線　7
メンガー　3
モニタリング　119
モラルハザード　118

【ヤ】

要素需要曲線　57
要素費用　42

【ラ】

ラーナー効果　187
ラムゼイ価格　110
リスク愛好者　115
リスク回避者　115
リスク中立者　116
流動資産仮説　163
流動性の罠　173, 180
リンダール均衡　112
リンダールメカニズム　112

ルーカス　212
連関財　26
労働の資本装備率　219

【ワ】

ワイントラウプ　207
割引現在価値　28
ワルラス　4
ワルラス的安定性　63
ワルラスの法則　72

《著者紹介》

大塚　晴之（おおつか　はるゆき）
1960年　長野県生まれ
1992年　一橋大学大学院商学研究科博士課程単位取得退学後，下関市立大学経済学部を経て，現在甲南大学経営学部教授。専攻は景気循環論，金融論，証券論など。

著　書　『資本市場と景気変動』（同文舘出版，2008年），『企業再生のための経済政策』共著（同文舘出版，2004年），『コーポレイトガバナンスと企業金融』（千倉書房，1998年）など。その他論文多数。

平成14年 5 月20日　初版発行　　《検印省略》
令和 5 年 2 月20日　初版 8 刷発行　略称─実践経済

実 践 経 済 学

著　者　　大　塚　晴　之
発行者　　中　島　豊　彦
発行所　　同 文 舘 出 版 株 式 会 社
　　　　　東京都千代田区神田神保町1-41　〒101-0051
　　　　　電話　営業(03)3294-1801　編集(03)3294-1803
　　　　　振替　00100-8-42935
　　　　　http://www.dobunkan.co.jp

© H. OTSUKA　　　　　　　　　　　　印刷：三美印刷
Printed in Japan 2002　　　　　　　　　製本：三美印刷

ISBN 978-4-495-43671-1

JCOPY〈出版者著作権管理機構　委託出版物〉
本書の無断複製は著作権法上での例外を除き禁じられています。複製される場合は，そのつど事前に，出版者著作権管理機構（電話 03-5244-5088, FAX 03-5244-5089, e-mail: info@jcopy.or.jp）の許諾を得てください。